地方债对金融风险的影响机制研究

闵晓莹 著

天津出版传媒集团

天津科学技术出版社

图书在版编目（CIP）数据

地方债对金融风险的影响机制研究 / 闵晓莹著. --

天津：天津科学技术出版社，2022.12

ISBN 978-7-5742-0664-9

Ⅰ．①地… Ⅱ．①闵… Ⅲ．①地方财政－债务管理－

影响－金融风险－研究－中国 Ⅳ．①F812.7②F832.5

中国版本图书馆CIP数据核字(2022)第204854号

地方债对金融风险的影响机制研究

DIFANGZHAI DUI JINRONG FENGXIAN DE YINGXIANG JIZHI YANJIU

责任编辑：吴文博

责任印制：兰　毅

出　　版：	天津出版传媒集团
	天津科学技术出版社

地　　址：天津市西康路35号

邮　　编：300051

电　　话：（022）23332377

网　　址：www.tjkjcbs.com.cn

发　　行：新华书店经销

印　　刷：天津市宏博盛达印刷有限公司

开本 787×1092　1/16　印张 14.875　字数 260 000

2022年12月第1版第1次印刷

定价：70.00元

内容摘要

全球范围内政府部门的杠杆率普遍上涨，政府债务问题成为各国经济发展中的重大风险隐患。2020年中国政府总体杠杆率水平为45.6%，其中中央政府杠杆率为20%，地方政府杠杆率为25.6%，政府部门的债务总额和增长率近年来都一直保持着较快的增长速度，地方政府的负债水平超过中央政府。由于地方政府长期担负着加速城市化进程、推动区域经济发展的重要职责，财政开支的压力相当大，特别是在分税制改革之后，财政资源和行政权力之间存在着不匹配的情况，财政收支之间的矛盾更加突出，地方政府通过不断加大债务融资规模来满足较大的财政资金缺口。截至2020年末，我国地方政府债务余额已经超过25万亿元，占全国政府债务总量的55.12%，地方政府债务规模的持续扩大尤其是隐性债务的快速增长，不仅给各地方财政带来巨大的偿债压力和债务风险隐患，还通过金融机构、融资平台、影子银行、房地产市场、债券市场等路径，对金融领域产生重大影响。

基于上述背景，本文首先对地方政府债务问题以及地方政府债务对金融风险影响的国内外研究文献进行详细梳理，回顾中国地方政府债务的发展历程并分析现阶段地方政府债务规模与结构的主要特征。从地方政府债务规模扩张对金融领域产生重要影响的相关理论和客观事实中得出，地方政府债务对金融风险影响的宏观传导机制和微观传导机制。其次，以地方政府债务对金融风险影响的理论分析为依据，分别基于宏观视角和微观视角，从时间维度、截面维度、个体维度等多个维度实证检验我国地方政府债务对金融风险影响的传导机制。再次，通过构建门槛效应模型和空间效应模型实证检验地方政府债务对金融风险的非线性效应和空间溢出效应。最后，基于理论分析与实证检验，分析得出本文的主要研究结论，提出进一步优化地方政府债务管理、防范与化解地方政府债务扩张对金融风险影响的相关政策建议。

本文得到的主要结论包括：第一，对我国地方政府债务发展现状与特征的研究表明，我国地方政府债务余额总量较大并且增长速度较快，特别是隐性债务规模大并且缺少透明性。地方政府债务总体风险仍在合理范围之内，但是部分地区、行业的局部风险越来越凸显并且向其他区域和领域不断扩散。由于地方财政部门和金融机构之间的紧密联系、地方政府对金融机构进行的行政干预、商业信贷系统对财政和土地的高度依赖性、以及地方政府债务与其融资项目之间具有期限错配等原因，地方政府的债务风险极易向金融领域蔓延，影响金融稳定性。第二，基于宏观视角，实证检验得出地方政府债务扩张对金融风险同时具有直接影响与间接影响，地方政府债务规模越大，金融风险也越大，其中东部地区的受到的影响尤为突出；地方政府的债务规模的扩张，分别通过了宏观金融杠杆、货币供应量和土地财政三个中介变量对金融风险产生间接影响，由此验证了地方政府债务对金融风险的宏观传导机制。第三，基于金融机构的微观视角，实证检验表明地方政府债务扩张对商业银行流动性风险、信用风险产生较为显著的正向影响；同时地方政府债务规模扩张将通过信贷扩张、影子银行和信贷期限结构这三个中介变量对商业银行的经营风险产生间接影响，由此验证了地方政府债务对金融风险的微观传导机制。第四，通过构建门槛效应模型和空间计量模型，表明地方政府债务对金融风险的影响同时具有非线性效应和空间溢出效应。以地方政府债务规模本身、货币供应量、土地出让金收入分别作为门槛变量，门槛效应模型检验结果表明地方政府债务与宏观金融风险之间均存在门槛效应。以地方政府债务规模本身、信贷规模、影子银行规模和信贷期限结果分别作为门槛变量，门槛效应模型检验结果表明地方政府债务与商业银行风险之间均存在门槛效应。通过建立空间计量模型，从空间关联的视角实证检验了地方政府债务对金融风险的影响具有空间溢出效应。金融风险在相邻区域之间具有溢出效应，当某一地区金融风险增加，它将通过金融资源的流动和聚集对相邻省份的金融稳定造成不利影响。实证检验的结论，体现出各地区金融风险与地方政府债务之间存在明显的空间关联性与空间异质性，这也印证了我国各区域在经济发展与金融发展方面都存在着不平衡性。地区政府债务规模的扩张不但加大了本地区金融风险，还因为空间溢出效应的存在诱发了其他地区金融风险的累积。

  针对上述的研究结论，本文给出如下政策建议以防范因地方政府债务迅速扩张引发的金融风险：第一，在强化地方政府的债务管理方面。进一步推进土地分税制改革、改革地方政府部门和官员的政绩考核、规范和创新地方政府投融资管理模式、对地方政府的投融资平台开展债务风险管理、确保地方政府债务的稳定偿还来源；第二，在加强金融体系风险防范方面。要完善地方金融机构监督管理，通过强化政府对商业银行的风险监督、健全区域监管制度，并强化区域间的财务监管合作、提高金融监管现代化水平。为了提高地方金融决策自主性，通过实施市场化经营管理，破除地方财政与国有企业部门的预算软约束，破除金融部门对地方政府与中央政府债务兜底和债务买单的"财政幻觉"，最终建立统一垂直的市场化金融管理体系。要利用区域内部合作来共同防范地方金融风险，完善对区域内部金融机构的共同监督和地方金融监管部门的协调合作；第三，在防止财政风险和金融风险的联动方面，政府部门努力致力于公共职责的实现从而避免缺位，减少对社会经济活动的直接干涉以避免越位，金融部门强化普惠金融的发展，进一步提升金融资源的有效配置，并且通过科技金融手段获取更加全面的金融信息，为财政政策提供协助。财政与金融部门在界定财政政策和货币政策边界的基础上加强政策合力，保持协调发展共同防御经济金融风险。

关键词：地方政府债务　金融风险　传导机制　非线性效应　空间溢出效应

Abstract

The leverage ratio of government departments is generally rising in the worldwide, and the government debt problem has become a major risk in the economic development of all countries. In 2020, China's government sector leverage ratio was 45.6%, with an increase rate of 5.5 percentage points and 5.8 percentage points higher than during the Asian financial crisis and the global financial crisis respectively, reaching the highest level in history. Among them, the central government leverage ratio was 20%, and the local government leverage ratio was 25.6%. The local government of China undertakes the important responsibility of accelerating the urbanization process and promoting the local economic development. The pressure of fiscal expenditure is very great, especially after the reform of tax sharing system, there is a mismatch between fiscal power and authority, and the contradiction between fiscal revenue and expenditure is more prominent, so the local government keeps increasing the debt financing scale. By the end of 2020, the balance of local government debt was 25.66 trillion yuan, accounting for 55.12% of the total government debt. The continuous expansion of local government debt, especially the growth of hidden debt, has not only brought huge debt repayment pressure and debt risks to local governments, but also has a significant impact on the financial sector through the ways of financial institutions, financing platforms, shadow banking, real estate market, bond market and so on.

Based on the above background, this paper firstly reviews the domestic and foreign research literature on local government debt and the impact of local government debt on financial risks, reviews the development process of Chinese local government debt, and analyzes the main characteristics of the scale and structure of local government debt at the present stage. From the relevant theories and objective facts that the scale expansion of local government debt has an important impact on the financial field, it can be concluded that the macro-transmission mechanism and micro-transmission mechanism of the impact of local government debt on financial risk.

Secondly, based on the theoretical analysis of the impact of local government debt on financial risk, the transmission mechanism of the impact of local government debt on financial risk is empirically tested from multiple dimensions, such as time dimension, cross-section dimension and individual dimension, respectively from the macro and micro perspectives. Thirdly, the nonlinear effect and spatial spillover effect of local government debt on financial risk are empirically tested by constructing threshold effect model and spatial effect model. Finally, based on theoretical analysis and empirical test, the main research conclusions of this paper are analyzed, and relevant policy suggestions are put forward to further optimize local government debt management and prevent and resolve the impact of local government debt expansion on financial risks.

The main conclusions of this paper include: First, the research on the development status and characteristics of Local government debt in China shows that the total balance of local government debt in China is large and the growth rate is fast, especially the hidden debt is large and lacks transparency. The overall risk of local government debt is still within a reasonable range, but local risks in some regions and industries are becoming more prominent and spreading to other regions and sectors. Due to the close link between local financial departments and financial institutions, local government administrative intervention in the financial institutions, commercial credit system of finance and land height dependence, as well as the local government debt and its term mismatch between the financing project, the local government debt risk is easily spread to the financial sector, financial stability. Second, from a macro perspective, empirical test shows that the expansion of local government debt has both direct and indirect effects on financial risks. The larger the scale of local government debt is, the greater the financial risks will be, especially in the eastern region. The expansion of local government debt has an indirect impact on financial risks through three intermediary variables, namely macro financial leverage, money supply and land finance, thus verifying the macro transmission mechanism of local government debt to financial risks. Third, from the micro perspective of financial institutions, empirical tests show that the expansion of local government debt has a significant positive impact on the liquidity risk and credit risk of commercial banks. Meanwhile, the expansion of local government debt scale will have an indirect impact on the operational risk of commercial banks through the three intermediary variables of credit expansion, shadow banking and credit term structure, thus verifying the micro transmission mechanism of local government debt to financial risk. Fourthly, the threshold effect model and spatial econometric model are constructed to show that the impact of local government debt on financial risk has nonlinear effect and spatial spillover effect. Taking local government debt scale itself, money supply and land transfer fee income as threshold variables, the threshold effect model test results show that there are threshold effects between local government debt and macro financial risks. Taking local government debt scale itself, credit scale, shadow banking scale and credit maturity results as threshold variables, the threshold effect model test results show that there are threshold effects between local government debt and commercial bank risks. By establishing a spatial econometric model, this paper empirically tests the spatial spillover effect of local government debt on financial risk from the perspective of spatial correlation. Financial risk has a spillover effect between neighboring regions. When financial risk increases in one region, it will adversely affect the financial stability of neighboring provinces through the flow and aggregation of financial resources. The empirical conclusions, reflects the regional financial risk between the local government debt and obvious spatial correlation and spatial heterogeneity.It also underlines that there is imbalance of economic development and financial development in various regions. The expansion of regional government debt not only increases local financial risks, but also induces the accumulation of financial risks in other regions due to the existence of spatial spillover effects.

In view of the above research conclusions, this paper puts forward the following policy suggestions to prevent and defuse financial risks caused by local government debt: First, strengthen the management of local government debt. We will continue to deepen the reform of tax sharing system, reform the performance assessment system of local governments and officials, standardize and innovate local government financing models, manage debt risks of local government financing platforms, and ensure the repayment sources of local government debt. Second, we will strengthen risk prevention in the financial system. It is necessary to strengthen the supervision of the financial system, improve the local financial supervision mechanism by strengthening the risk supervision of commercial banks, and strengthen inter-regional cooperation in financial supervision, so as to improve the modernization level of financial supervision. We need to make financial institutions more independent in their decision-making and break the budgetary constraints of local governments and State-Owned enterprises through market-based operation and management. The "financial illusion" of financial institutions covering the bottom of local and central governments' debts and paying for their debts should be completely broken, and a unified and vertical market-oriented financial management system should be finally established. It is necessary to prevent and control financial risks through cooperation within and outside the region, strengthen the mutual supervision mechanism of financial institutions within and outside the region and the coordination and cooperation of financial supervision departments. Third, in preventing the linkage between fiscal and financial risks, it is necessary to avoid the absence and offside of fiscal and financial functions. Government departments should devote themselves to the realization of public functions and avoid direct intervention in economic activities. The financial sector strengthens inclusive financial services, improves the allocation efficiency of financial resources, and obtains more comprehensive financial information through technological and financial means to provide assistance for fiscal policies. Moreover, on the basis of defining the boundary between fiscal and monetary policies, we should strengthen policy synergy, maintain coordinated development and jointly defend against economic and financial risks.

Key words: Local government debt; Financial risk; Transmission mechanism; Nonlinear effect; Spatial spillover effect

目录

内容摘要 I

Abstract IV

第1章 导论 1

1.1 研究背景、目的与意义 1

1.1.1 研究背景 1

1.1.2 研究目的 3

1.1.3 研究意义 5

1.2 研究内容、思路与方法 6

1.2.1 研究内容 6

1.2.2 研究思路 7

1.2.3 研究方法 8

1.3 研究的创新点与不足之处 9

1.3.1 研究的创新点 9

1.3.2 研究的不足之处 11

第2章 相关概念界定与文献综述 12

2.1 相关概念界定 12

2.1.1 地方政府债务的概念界定 12

2.1.2 金融风险的概念界定 13

2.2 相关文献综述 14

2.2.1 地方政府债务形成与扩张的原因 15

2.2.2 地方政府债务与经济增长的关系 18

2.2.3 地方政府债务风险的测度与防范 20

2.2.4 地方政府债务对金融风险的影响 24

2.2.5 文献述评 26

第3章 地方政府债务对金融风险影响的理论分析 28

3.1 相关理论基础 28

  3.1.1 金融风险相关理论......28
  3.1.2 地方政府债务相关理论......31
 3.2 地方政府债务影响金融风险的理论逻辑......34
  3.2.1 财政与金融之间的紧密联系......34
  3.2.2 地方政府对金融机构的行政干预......35
  3.2.3 商业信用体系对政府和土地的高度依赖......35
  3.2.4 地方政府债务与投资项目期限错配......36
 3.3 地方政府债务对金融风险影响的传导机制分析......37
  3.3.1 地方政府债务对金融风险影响的宏观传导机制分析......37
  3.3.2 地方政府债务对金融风险影响的微观传导机制分析......41
 3.4 本章小结......44

第4章 地方政府债务的发展现状及金融风险的测度......45

 4.1 地方政府债务的发展现状......45
  4.1.1 地方政府债务的发展历程......45
  4.1.2 地方政府债务的规模分析......49
  4.1.3 地方政府债务的结构分析......56
  4.1.4 地方政府债务的特征分析......58
 4.2 金融风险的测度......60
  4.2.1 金融风险指标体系的构建......60
  4.2.2 金融风险度量方法的选择......62
  4.2.3 金融风险指数的测算......66
  4.2.4 金融风险评估......70
 4.3 本章小结......71

第5章 地方政府债务对金融风险影响的宏观传导机制......73

 5.1 理论分析与研究假设......73
 5.2 地方政府债务对金融风险影响的宏观实证检验......74
  5.2.1 模型设定......74
  5.2.2 变量选取......75
  5.2.3 数据来源与描述性统计......77

5.2.4 实证检验与结果分析..78
　　5.2.5 基于区域异质性的进一步分析..................................80
5.3 宏观金融杠杆传导机制实证检验......................................81
　　5.3.1 模型设定..82
　　5.3.2 变量选取..83
　　5.3.3 数据来源与描述性统计..85
　　5.3.4 实证检验与结果分析..85
5.4 货币供应量传导机制实证检验..89
　　5.4.1 模型设定..89
　　5.4.2 变量选取..90
　　5.4.3 数据来源与描述性统计..91
　　5.4.4 实证检验与结果分析..92
5.5 土地财政传导机制实证检验..99
　　5.5.1 模型设定..99
　　5.5.2 变量选取...101
　　5.5.3 数据来源与描述性统计.......................................102
　　5.5.4 实证检验与结果分析...102
　　5.5.5 基于区域异质性的进一步分析.................................107
5.6 本章小结...109

第6章 地方政府债务对金融风险影响的微观传导机制..........111

6.1 理论模型与研究假设...111
6.2 地方政府债务对金融风险影响的微观实证检验.........................113
　　6.2.1 基于PVAR模型的实证检验.....................................113
　　6.2.2 基于面板模型的实证检验.....................................120
6.3 信贷扩张传导机制实证检验...127
　　6.3.1 模型设定...127
　　6.3.2 变量选取...128
　　6.3.3 数据来源与描述性统计.......................................129

    6.3.4 实证检验与结果分析....................................129
  6.4 影子银行传导机制实证检验..................................132
    6.4.1 模型设定..132
    6.4.2 变量选取..133
    6.4.3 数据来源与描述性统计................................134
    6.4.4 实证检验与结果分析..................................135
  6.5 信贷期限结构传导机制实证检验..............................138
    6.5.1 模型设定..138
    6.5.2 变量选取..139
    6.5.3 数据来源与描述性统计................................140
    6.5.4 实证检验与结果分析..................................140
  6.6 本章小结..144

第7章 地方政府债务影响金融风险的非线性效应和空间溢出效应
....147
  7.1 基于宏观视角的非线性效应实证分析..........................147
    7.1.1 门槛效应模型的设定..................................147
    7.1.2 数据来源与变量选择..................................148
    7.1.3 门槛效应检验与结果分析..............................149
  7.2 基于微观视角的非线性效应实证分析..........................155
    7.2.1 门槛效应模型的设定..................................155
    7.2.2 数据来源与变量选择..................................156
    7.2.3 门槛效应检验与结果分析..............................157
  7.3 空间溢出效应分析..165
    7.3.1 地方政府债务对金融风险的空间溢出效应分析..............165
    7.3.2 模型设定..168
    7.3.3 变量选取..171
    7.3.4 数据来源与描述性统计................................172
    7.3.5 空间相关性检验与模型的选择..........................173
    7.3.6 实证检验与结果分析..................................176

  7.3.7 基于区域异质性的进一步分析.................................185

 7.4 本章小结..187

第8章 基本结论与对策建议....................................189

 8.1 基本结论..189

 8.2 对策与建议..194

  8.2.1 加强地方政府债务管理..194

  8.2.2 加强金融体系风险防范..197

  8.2.3 防范财政风险与金融风险联动....................................199

 8.3 研究展望..200

参考文献..202

图目录

图 1.1 研究思路框架图 8
图 4.1 我国各地区金融风险平均得分 70
图 5.1 中介效应检验流程 83
图 6.1 脉冲响应分析图 118
图 7.1 地方政府债务门槛值估计 151
图 7.2 货币供应量门槛值估计 151
图 7.3 地方政府债务门槛值估计 152
图 7.4 土地财政门槛值估计 152
图 7.5 地方政府债务门槛值估计 161
图 7.6 信贷规模门槛值估计 161
图 7.7 地方政府债务门槛值估计 161
图 7.8 信贷规模门槛值估计 161
图 7.9 影子银行门槛值估计 161
图 7.10 信贷期限结构门槛值估计 161
图 7.11 四部门区域内金融空间关联路径图 167
图 7.12 四部门区域间金融空间关联路径图 168
图 7.13 2008 年金融风险 Moran 散点图 175
图 7.14 2008 年商业银行信用风险 Moran 散点图 180
图 7.15 2008 年商业银行流动性风险 Moran 散点图 180

表目录

表 4.1 2014-2020 年我国地方政府债务余额 51

表 4.2 2012 年不同算法下的我国地方政府债务负债率 51

表 4.3 2014-2020 年我国地方政府债务负债率 52

表 4.4 2012 年不同算法下的我国地方政府债务率 52

表 4.5 2014-2020 年我国地方政府债务率 53

表 4.6 2020 年地方政府债务余额地区结构 57

表 4.7 地方政府性债务余额举债主体情况表 57

表 4.8 各层级地方政府性债务规模情况表 58

表 4.9 金融风险指标体系 62

表 4.10 总方差解释 67

表 4.11 成分矩阵 67

表 4.12 主成分得分系数矩阵 68

表 5.1 变量定义与计算 77

表 5.2 主要变量的描述性统计 77

表 5.3 地方政府债务影响宏观金融风险的实证结果分析 78

表 5.4 替换主要解释变量和动态面板的稳健性检验结果 80

表 5.5 地方政府债务影响金融风险的区域异质性检验结果 81

表 5.6 变量定义与计算 84

表 5.7 主要变量的描述性统计 85

表 5.8 宏观金融杠杆中介效应检验结果 86

表 5.9 替换主要解释变量的稳健性检验结果 88

表 5.10 动态面板模型的稳健性检验结果 89

表 5.11 变量定义与计算 91

表 5.12 主要变量的描述性统计 92

表 5.13 货币供应量中介效应检验结果 93

表 5.14 剔除特殊样本的稳健性检验结果 95

表 5.15 替换中介变量的稳健性检验结果 96

表 5.16 货币供应量传导机制的区域异质性检验结果 97

表 5.17 区域异质性中介效应检验结果 98

表 5.18 内生性检验结果 99

表 5.19 变量定义与计算 102

表 5.20 主要变量的描述性统计 102

表 5.21 地方政府债务影响房地产市场的实证检验结果 103

表 5.22 土地财政中介效应检验结果 105

表 5.23 替换被解释变量的稳健性检验结果 106

表 5.24 替换主要解释变量的稳健性检验结果 107

表 5.25 地方政府债务影响房地产价格的区域异质性检验结果 108

表 5.26 区域异质性中介效应检验结果 109

表 6.1 主要变量的描述性统计 114

表 6.2 面板单位根检验 115

表 6.3 滞后阶数检验结果 115

表 6.4 PVAR 模型 GMM 结果 116

表 6.5 PVAR 方差分解 119

表 6.6 格兰杰因果检验 120

表 6.7 变量定义与计算 122

表 6.8 主要变量的描述性统计 123

表 6.9 地方政府债务影响微观金融风险的实证检验结果 124

表 6.10 替换变量的稳健性检验结果 125

表 6.11 内生性检验结果 126

表 6.12 变量定义与计算 129

表 6.13 主要变量的描述性统计 129

表 6.14 信贷规模中介效应检验结果 130

表 6.15 替换中介变量的稳健性检验结果 132

表 6.16 变量定义与计算 134

表 6.17 主要变量的描述性统计 135

表 6.18 影子银行中介效应检验结果 135

表 6.19 动态面板模型的稳健性检验结果 137

表 6.20 变量定义与计算 140

表 6.21 主要变量的描述性统计 140

表 6.22 信贷期限结构中介效应检验结果 142

表 6.23 替换主要解释变量的稳健性检验结果 143

表 6.24 动态面板模型的稳健性检验结果 144

表 7.1 主要变量的描述性统计 149

表 7.2 金融风险指数的门槛效应存在性检验 150

表 7.3 房地产风险的门槛效应存在性检验 150

表 7.4 金融风险指数门槛估计值与置信区间 151

表 7.5 房地产风险门槛估计值与置信区间 152

表 7.6 地方政府债务规模和货币供应量门槛效应回归结果 153

表 7.7 地方政府债务规模和土地财政门槛效应回归结果 155

表 7.8 主要变量的描述性统计 157

表 7.9 地方政府债务规模门槛存在性检验 158

表 7.10 信贷规模门槛存在性检验 158

表 7.11 影子银行规模门槛存在性检验 159

表 7.12 信贷期限结构门槛存在性检验 159

表 7.13 门槛估计值与置信区间 160

表 7.14 地方政府债务规模门槛效应回归结果 162

表 7.15 信贷规模门槛效应回归结果 164

表 7.16 影子银行规模和信贷期限结构门槛效应回归结果 165

表 7.17 变量定义与计算 172

表 7.18 主要变量的描述性统计 173

表 7.19 2008-2018年金融风险的Moran's I值 174

表 7.20 金融风险的空间计量模型检验 175

表 7.21 金融风险的空间溢出效应的回归结果 176

表 7.22 替换空间权重矩阵的稳健性检验结果 178

表 7.23 2008-2018年商业银行信用风险和流动性风险的Moran's I值.....179

表 7.24 商业银行信用风险和流动性风险的空间计量模型检验...........181

表 7.25 商业银行信用风险和流动性风险的空间溢出效应回归结果........183

表 7.26 经济距离空间权重矩阵下的稳健性检验结果....................184

表 7.27 地方政府债务对金融风险空间溢出效应的区域异质性检验结果....185

表 7.28 地方政府债务对商业银行信用风险溢出效应的区域异质性检验....186

表 7.29 地方政府债务对商业银行流动性风险溢出效应的区域异质性检验..187

第1章 导论

1.1 研究背景、目的与意义

1.1.1 研究背景

（1）地方政府债务问题凸显

中国自1994年开始进行"分税制"改革，根据"税收收入与事权"由中央与地方政府财政部门重新分配财政权力。改制后中央政府集中了更大比例的财权和财力，而地方财政收入也相应减少，与此同时政府更大比重的事权从中央政府向省级以及省级以下政府逐层下移。中央财政建立转移支付制度来解决地方政府的财政收支矛盾，但是由于现行转移支付制度不具备均衡各地区财力差距的功能，并且转移支付水平长期较低，仍然无法彻底弥补地方政府的财政缺口。地方政府一方面承担着基础设施建设、公共卫生、教育、社会保障等公共产品的提供，财政支出负担愈加沉重，另一方面财政收入却并没有实现同步增长，财政收支之间的矛盾、财权与事权之间的不对等必然迫使地方政府不断加大债务融资比重，地方政府债务急剧扩大。1995年起执行的《预算法》和《中华人民共和国担保法》对各地政府作为贷款者以及担保公司都进行了明确的约束，但在各地政府巨大的资金需求下，各地区政府自行举债、变相融资以及违法担保的现象仍然十分普遍，由于各地政府债务风险突出，各地政府外债管理工作的规范化也迫切需要增强。2008年全球金融危机爆发以后，中央政府通过实施经济刺激计划拉动投资与消费以平稳社会经济，地方政府需要筹集相应的投资配套资金来配合该项政策的实施，传统的债务来源已经无法满足地方政府庞大的资金需求，融资平台公司成为了这一时期地方政府投融资的重要载体，土地制度和金融制度也为融资平台公司的发展创造了条件。在政策的支持下融资平台数量和融资规模迅速扩张，地方政府融资规模中的百分之四十均来自各地方融资平台，债务风险也逐渐积累并暴露出来，这引起国内外的极大关注。

地方各级政府的债务问题是当前中国现阶段市场经济中最突出的风险隐患之一，为了严格规范中国地方各级政府的日常债务风险管理工作和积极有效防范中国地方各级政府中的债务管理风险，我国出台了多项法律法规。2015年1

月1日，在新《预算法》中对于地方财政的合法举债资金方式也做出了明确规定，各地财政部门可以采取发放地方政府债务的形式举债行为，其他尚未偿还债务将通过债券置换的方式进行转化，我们国家从此进入"开正门、关后门"的地方政府债务治理新阶段。2017年7月24日举行的中共中央政治局全会上第一次公开指出"地方政府隐性债务"，在法理层面上来说不会构成地方财政债务，不过一旦这种债务无法及时足额支付那么责任就转嫁给了当地人民政府，由当地人民政府负担主要的支付责任。国际清算银行、国际货币基金组织等主要研究机构以及国内专家学者，对于中国地方财政的隐性债务情况都有所预测，大约在二十万亿至五十万亿元左右，数额之庞大给地方政府带来巨大的偿债压力，同时也蕴含着潜在的债务违约风险。2019年12月举行的全国财政工作会议中，重点提到要规范地方政府的举债融资活动，以合理控制隐性债务增长，并防止或化解地方财政的隐性债务风险，这也是未来全国地方政府外债管理工作的主要方向。

（2）金融风险形势依然严峻复杂

自2008年全球金融危机以来，我国开始重视对系统性风险和区域性金融风险的监管。党的十九大报告中关于"健全金融监管体系，守住不发生系统性金融风险的底线"的要求受到各方关注，防范并化解重大金融风险是我国社会经济得以健康发展的重要保障。近年来我们国家对金融领域的监督力度也逐渐加大，金融机构中违法违规的现象也得以有效治理，化解存量风险和进一步防控增量风险也同步推进，可以看到现阶段我国金融风险整体呈现出收敛的态势，金融体系进入良性运行。2019年至今，全球的政治经济局势已出现了复杂博弈局面，新冠肺炎的疫情在世界范围内不断发作，诸多外部不确定性给中国经济金融体系带来巨大考验，更是加大了国内金融运行和政策应对的难度。与此同时，中国的东部沿海地区和内地之间，城市和乡村之间在资源的禀赋、经济发展水平和金融市场发育程度等各方面都存在着非常明显的差异，金融风险承受能力也不尽相同，金融风险从某种程度上是区域经济发展和风险的直接映射。因此，各地区还要强化防范金融风险的意识，特别是将防御区域金融风险作为有效防范和化解系统性金融风险的一个重要任务。此外，由于金融风险具有潜在性、滞后性、传染性和隐蔽化等特征，当风险累积到一定程度容易由局部性金融风险演化为整体性的金融风险，因此还要防止跨区域金融风险的溢出甚至导致大范围集中式爆发。

（3）地方政府债务扩张对金融领域存在风险溢出效应

首先，因为预算软约束的存在，地方金融机构尤其是由国家直接控股的股份制商业银行极易受到地方财政的控制与干涉，对地方财政部门和国有企业的发放贷款也不能遵守风险管理原则，在投资主体存在偿还能力严重欠缺的情形时，债务风险也极易转变为金融风险；其次，商业银行对地方政府债务融资的重要支持。新《预算法》出台之前，商业银行借贷一直是地方政府性债务的主体资金来源，全国政府性债务审计结果显示，在由中央政府直接承担偿债责任后的债务中超过一半以上是来自于银行借款。2014 年之后全国各地财政部门不可以通过商业银行直接获取政府信贷支持，但实际上通过政府债务置换之后的全国各类金融机构尤其是商业银行，依然是地方政府债务的实际持有者。一旦发生债务兑付问题导致的债务违约，将加大整个区域金融风险，而经过风险的快速传播将危及整个金融体系的整体稳定性，也不利于金融业的健康平稳发展；再次，地方财政偿债融资的主要来源为税收收入、土地出让金、政府转移性收入、项目利润等等。其中土地出让金已成为了许多地区财政的主要依赖项目，但受近年来房价行情、土地资源等因素影响，土地财政已难以维持，而且地区财政偿债资金有限，也增加了地方金融机构的流动性风险。2014 年之前，地方投融资平台已成为地方政府投资的主要来源，大部分贷款融资来自地方商业银行，虽然这部分的融资利息成本较高、时限短，但由于地方政府通常将其用作周期较长的投资项目上，资金错配的现象也十分普遍，这为地方政府偿债带来了压力。目前由于各地对政府外债监管加大，各地投融资平台企业的投资渠道收窄、投资难度增大，资本流动性缺失很可能造成融资链的切断，从而影响未到期银行借款的及时偿付，导致了违约风险。如果当地政府财务状况恶化，那么当地金融机构也将产生连带效应，进而引发当地的财政风险，从而危害金融机构安全，或者导致系统性财务风险的出现。

1.1.2 研究目的

地方政府债务的规范管理和金融风险的防范化解，是现阶段我国经济运行中面临的两个重要问题，也是政府工作的重点和难点。理清地方政府债务和金融风险两者之间的联系与影响机理，有助于从本质上探究金融部门受地方政府债务风险的影响路径和传导方式，有助于对地方政府债务融资和金融部门资金运用实施有效监管，从而最大程度上的控制风险的发生和大规模传播。本文试图从地方政府债务与金融风险的相关理论出发，分析地方政府债务规模膨胀的原因和规模结构特征，阐述地方政府债务对金融风险影响的理论逻辑，并结合金融风险生成、触发与防范的过程，探讨地方政府债务影响金融风险传导机制和渠道。建立起一套从微观到宏观的理论框架，为解决我国经济增速放缓、经济结构转型阶段地方政府债务管理和金融风险防范与化解提供理论参考与政策建议。基于上述研究目标，本文主要试图解决以下问题：

第一，我国地方政府债务现状分析及金融风险测度。一方面，全面总结国内外研究者所提供的有关理论，根据现有文献资料探讨地方政府债务产生的机理和影响因素，全面梳理了中国地方政府债务的发展历史，探讨地方政府债务规模持续扩大的原因，并说明了现阶段中国地方政府债务规模和结构所具备的主要特点。另外，通过科学手段在建立科学合理的金融风险指标体系基础上对金融风险指标加以测算，并对各地区的金融风险进行评估与比较。

第二，地方政府债务影响金融风险的传导机制分析。界定地方政府债务与金融风险的内在关联，重点探析地方政府债务影响金融风险的理论逻辑和宏观、微观传导机制。在理论分析的基础上，正确使用经济计量模型实证检验地方政府债务影响金融风险的宏观传导机制和微观传导机制，分别运用门槛模型和空间面板模型分析了地方政府债务对金融风险的非线性效应和空间溢出效应，为寻求防范和控制地方政府债务风险向金融领域溢出的系统可行措施奠定基础。

第三，防范债务风险由公共部门向金融部门传导，地方政府债务风险进一步向地方金融风险甚至系统性金融风险转化。本文拟从地方政府债务影响金融风险影响机制以及空间溢出效应的角度，探讨防范债务风险和金融风险的政策措施。不仅要通过加大地方政府债务本身的深层监管力度来有效预防和化解债务风险，更要关注金融风险受到地方政府债务风险波及的极大可能性，从传导渠道和传导机制入手，采取有效措施避免地方政府债务直接或者间接地对金融稳定造成重大影响，避免债务风险进一步演化为系统性金融风险。

1.1.3 研究意义

我国地方政府部门债务规模的急剧攀升具有鲜明的"中国特色"，近年来被称为中国经济最大的"灰犀牛"之一，债务规模的扩张特别是隐性债务的增长不仅给地方政府带来巨大的偿债压力和债务风险隐患，还由于地方政府以自身信用介入信用融资市场，通过金融机构、政府债务融资平台、债券市场等路径，对金融领域产生重大影响。本文首先对中国地方政府债务的发展历史、规模结构状况及其债务特点等进行了详细总结与分析，并采用新建立金融风险指标体系分别对中国各地方政府金融风险指数加以衡量。其次分析了地方政府债务影响金融风险的理论逻辑、宏观传导机理、微观传导机理、非线性效应和空间溢出效应。最后，根据以上理论和实证的分析给出了规范地方政府债务对金融风险影响的政策建议。本文的研究既可以对我国地方政府债务与金融风险关联性的理论探究做出补充，又可以为我国地方政府债务风险和金融风险的防范等实践工作提供借鉴，具有一定的理论意义和实践意义。

（1）理论意义

2008年以来，有关地方政府债务问题和金融风险的研究文献非常丰富，理论体系也越加完善，但是有关地方政府债务影响金融风险的研究还处于初级阶段，并且现有研究主要针对地方政府债务对金融风险产生影响的原因或者风险传导的某个路径展开，理论体系不够系统，还有补充和完善的空间。本文梳理了地方政府债务与金融风险的基础理论，分别从宏观层面和微观层面，对地方政府债务对金融风险影响的传导机制、非线性效应和空间溢出效应进行了较为全面的理论和实证研究，为我国地方政府债务与金融风险关联性的探究做出补充，具有重要的理论价值。

（2）实践意义

本文从地方政府债务与金融风险的关联性入手，一方面梳理我国地方政府债务从计划经济时期开始历经多次政策改革，构建合理地方政府举债融资制度和治理债务风险的历程，考察了我国地方政府债务的规模和结构现状；通过构建金融风险指标体系对各省份的金融风险指数进行测度与对比分析。另一方面从现有的地方政府债务和金融系统紧密联系的事实出发，系统研究随着地方政府债务的扩张，债务风险不断累积并通过宏观传导机制、微观传导机制以及空间溢出效应向金融领域传导的过程。地方政府债务对金融风险影响的系统性研究可以为监管当局提供政策建议和防范措施，加强地方政府债务管理和金融体系风险防范，避免财政风险与金融风险联动，通过政策合力，保持协调发展共同防御经济金融风险。

1.2 研究内容、思路与方法

1.2.1 研究内容

本文的结构安排如下：

第 1 章为导论。本章指出了本文的主要研究背景、研究工作目的和重要意义，并重点说明了本文研究的主要理论内容、基本思路和主要研究方法，总结了本文的主要创新点、突破点和不足之处。

第 2 章为相关概念界定与文献综述。本章先对文中所涉及到的主要概念加以界定，然后再对国内外有关文献进行归纳；其中涉及地方政府债务规模产生和扩大的主要原因、地方政府债务与经济增长之间的相互关系、地方政府债务风险测度与防范以及地方政府债务对金融风险的影响等几个方面，最后进行了文献述评。

第 3 章为地方政府债务对金融风险影响的理论分析。本章首先阐述金融风险与地方政府债务的相关理论，再次探讨地方政府债务影响金融风险的理论逻辑，最后分析地方政府债务对金融风险的宏观传导机制和微观传导机制。

第 4 章为地方政府债务的现状及金融风险的测度。首先，对中国地方政府债务的发展历史、地方政府债务的规模状况，以及地方政府债务的结构特征加以介绍与分析；其次，对当前地方政府债务的主要特点加以概括与总结；再次，通过构建金融风险指标体系，运用全局主成分分析方法对全国各省份的金融风险指标进行衡量。

第 5 章为地方政府债务对金融风险影响的宏观传导机制。本章基于宏观分析视角实证检验地方政府债务对金融风险的直接影响，同时以宏观金融杠杆、货币供应量与土地财政这三个指标作为中介变量分别进行中介效应的检验，进一步探讨地方政府债务对金融风险的宏观传导渠道和影响效应。

第 6 章为地方政府债务对金融风险影响的微观传导机制。本章基于商业银行的视角实证检验地方政府债务对微观金融风险的影响，首先通过面板自回归模型和动态面板模型的建立对地方政府债务和商业银行流动性风险、信用风险之间可能存在的影响机制进行分析。其次通过中介效应模型检验地方政府债务通过信贷扩张、影子银行和信贷期限结构这三个中介变量对微观金融风险产生的影响。

第 7 章为地方政府债务对金融风险影响的非线性效应和空间溢出效应。首先，分别基于宏观视角和微观视角，采用多个门槛变量分析地方政府债务对金融风险的门槛效应。其次，通过构建空间计量模型，基于空间关联视角实证检验我国地方政府债务对金融风险的空间溢出效应，由此验证地方政府债务的迅速扩张不仅会增加本地区金融风险，还可能通过空间溢出效应加大相邻地区的金融风险水平。

第 8 章为基本结论与对策建议。本章归纳前文的主要研究结论，针对地方政府债务对金融风险的影响机制分析，提出可以在风险传导渠道中有效控制风险的对策建议，并提出未来可以进一步研究的方向。

1.2.2 研究思路

本文基于地方政府债务相关的国内外研究成果，回顾我国地方政府债务的发展历程，分析债务规模与债务结构的现状以及债务特征，通过构建金融风险指标体系对我国各地区金融风险指数进行了测度。进一步，深入分析了地方政府债务扩张影响金融风险的理论逻辑以及传导机制，并采用多元的实证方法检验了地方政府债务影响金融风险的宏观传导机制、微观传导机理、非线性效应及其空间溢出效应。最后根据理论分析和实证检验的结果，提出有效防范地方政府债务规模扩张诱发金融风险的政策建议。本文整体的研究思路如图 1.1：

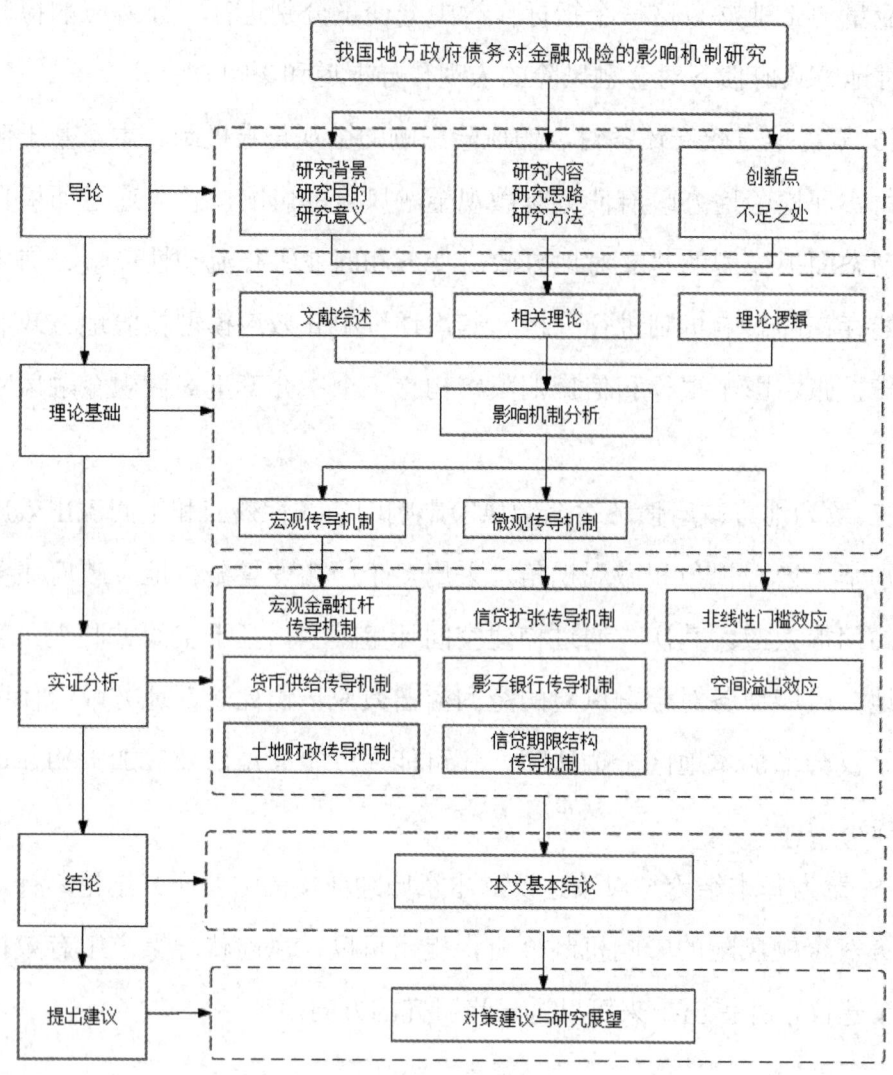

图 1.1 研究思路框架图

1.2.3 研究方法

本文将定量研究与定性分析相结合，并紧密围绕着两条主线进行探究，第一，中国地方政府债务对金融风险影响的传导机制与传导途径；第二，基于地方政府债务风险传导的金融风险防范研究。为解决我国经济增速放缓、经济结构转型阶段金融风险防范与化解提供政策建议和理论参考。具体包括以下几种研究方法：

（1）理论分析、数据测算和计量经济分析相结合的分析方法

本文以地方政府债务对金融风险的影响机理为核心研究内容，首先从理论逻辑入手进行分析，在机理层面上得到了地方政府债务对金融风险的宏观传导

与微观传导的依据；然后运用政府收支缺口法预测各区域地方政府的债务总规模，通过建立金融风险指标体系计算金融风险指数，以此作为宏观层面的金融风险数据，并搜集整理金融机构的微观数据作为微观层面金融风险的主要代理变量；最后利用固定效应模型、随机效应模型、动态面板模型、向量自回归模型、门槛模型和空间面板模型，对理论分析逻辑和研究假设进行实证检验，从而得到更加可信的研究结论。

（2）归纳演绎分析方法

文中对我国地方政府债务的发展历程进行梳理，探讨地方政府债务在不同历史阶段的特点以及不断演变的原因，在此基础上对地方政府债务的规模和结构现状进行归纳与总结，从而得出现阶段我国地方政府债务具有债务余额总量大增速快、总体规模可控但局部风险突出、债务期限结构较短、隐性债务规模庞大且透明度低、债务风险易扩散等特征。以理论分析与实证检验得出的地方政府债务对金融风险影响的宏观、微观传导机制作为重要依据，提出防范地方政府债务引发金融风险的政策建议。

（3）比较分析方法

文中在对当前地方政府债务发展状况的分析中，对不同口径下的地方政府债务绝对规模和不同算法下的地方政府债务相对规模均进行了比较分析。通过地方政府债务的结构特征，对比了当前我国中、东、西各地区以及各省份的地方政府债务规模与增长速度；比较了地方政府债务各举债主体的债务总额、政府负有偿还责任和政府或有负债的占比情况；比较了各层级地方政府性债务的规模状况。测算金融风险指数时，根据金融风险指数的综合得分，对比了不同地区的金融风险水平以及变化趋势。分析地方政府债务对于金融风险的影响机理时，对地方政府债务影响金融风险的宏观传导机制和微观传导机制进行了比较分析。

1.3 研究的创新点与不足之处

1.3.1 研究的创新点

本文从我国地方政府债务规模扩张、风险累积并对金融体系产生影响的理论与事实出发,综合应用多种研究方法,从地方政府债务与金融体系的关联性视角入手,从时间维度、截面维度、个体维度等多个维度研究我国地方政府债务对金融风险影响的宏观传导机制、微观传导机制、门槛效应和空间溢出效应,力图探索地方政府债务对金融风险的影响路径和影响机制,从而采取有效措施规范地方政府债务融资、规范金融市场行为、防范财政风险向金融领域溢出,对地方政府债务规模扩张过程中产生的风险进行遏制,维护我国金融体系的稳定。本文的创新之处可以总结为以下三个方面:

(1)从地方政府债务与金融体系的关联性视角分析地方政府债务规模变化对金融风险的影响。具体而言,综合使用全局主成分分析、空间计量分析、中介效应检验、线性因果关系检验和非线性因果关系检验等研究方法对影响机制进行系统分析。突破传统的地方政府债务管理研究范式,拓展地方政府债务影响领域的深度和广度,关注财政风险与金融风险的深度联动关系,深化和发展地方政府债务问题的研究,也有助于财政和金融政策协同合力采取联合防范措施,加强地方政府债务管理的同时,避免债务风险通过多种传导渠道向金融领域溢出,引发更大范围的系统性风险。

(2)本文分别从宏观视角和微观视角构建影响机制分析框架,对地方政府债务影响金融风险的传导机制做出全面系统的阐释。财政与金融体系关联紧密,地方政府债务对金融体系的影响具有复杂性、联动性、多路径传导的特点,因此从理论逻辑上探究地方政府债务对金融风险的传导机制非常具有必要性。考虑到宏观金融风险和微观金融风险的风险主体、形成机理、对经济社会影响的范围以及风险管理等方面都具有明显的差异性,因此在本文的分析框架中重点区别了不同层次的金融风险,不仅分析地方政府债务对整体性金融风险的传导机制,而且分析地方政府债务对金融机构自身风险的传导机制,有利于避免风险防范的责任边界模糊和政府监管的错位。

(3)本文将地方政府债务对金融风险的直接影响和间接影响效应分析同时纳入研究范畴,而且运用中介效应模型分析地方政府债务对金融风险的间接影响效应。首先从五个维度建立指标体系并测算了各省份历年的金融风险指数,既检验地方政府债务的直接影响效应,也对地方政府债务通过宏观金融杠杆、货币供应量以及土地财政这三个中介变量影响宏观金融风险的间接效应进行检验；其次将商业银行的信用风险和流动性风险作为微观金融风险的代理变量，既检验地方政府债务的直接影响效应，也对地方政府债务通过信贷扩张、影子银行和信贷期限结构这三个中介变量影响微观金融风险的间接效应进行检验。

1.3.2 研究的不足之处

第一，影响机制分析方面。本文主要分析了地方政府债务对金融风险影响的宏观传递机理和微观传递机理，但是受到数据条件等因素的影响，还是存在一部分影响路径和渠道不能采用实证方式加以检验。

第二，地方政府债务数据的衡量方面。目前我国审计署仅在 2011 年和 2013 年披露了比较详尽的地方政府债务审计结果，2015 年以后国家统计局开始公布各省地方政府债务年度余额，为了使面板数据具有一定时间跨度，文中对各省市地方政府债务的规模采用了估算的方法，可能与各省地方政府债务实际规模存在一定差距。另外，由于城市和县域宏观数据的缺乏，也未涉及省级以下地区政府债务状况的分析。

第三，金融风险的测度方面。对金融风险指标体系的建立尽可能选择了多维衡量指标，但仍不免存在偏薄与疏漏，未来对金融风险的度量可以尝试进一步优化技术方法来克服目前存在的问题。

第 2 章 相关概念界定与文献综述

本章对国内和国外关于地方政府债务相关的研究文献进行较为详尽的梳理，包括地方政府债务形成与扩张的原因、地方政府债务与经济增长的关系、地方政府债务风险测度与防范、地方政府债务对金融风险的影响等方面。在已有文献梳理的基础上，对学者们现有的研究情况进行分析评价，提出目前已有文献尚未涉及、仍然需要深入研究或者拓展之处。

2.1 相关概念界定

2.1.1 地方政府债务的概念界定

政府债务也称为公债，它是与私债相对的概念，由政府或者公共部门作为举债主体向国内或者国外各经济主体举借的各类债务。地方政府债务实质上归属公债的一类，它的举债主体为地方各级政府，为了履行其政府职能需要承担或者可能要承担的支出责任。本文主要研究的对象为各省级地方政府债务。

审计署、财政部以及国务院各部门对地方政府债务的划分，按照不同的分类标准划分为不同的债务类型。（1）政府负有偿还责任的债务、政府负有担保责任的或有债务、政府可能承担一定救助责任的其他相关债务。中华人民共和国审计署办公厅于 2011 年 3 月公布了关于我国政府性公共债务审计工作结果，对我国地方政府性公共债务的这四种类型做出了明确划分[①]。（2）显性债务和隐性债务。依据债务是否在政府预算限额管理范畴之内和债务能否被政府监管法规所授权许可，将中国地方政府债务划分为显性政府债务和隐性政府债务。2016 年财政部第 152 号文件[②]中明确规定了哪些政府债务"不属于政府债务，政府不承担偿债责任"，据此我们可以分析得出显性政府债务一般是指已经纳入国家预算管理体系中并实行财政限额管理的存量地方政府债务（地方政府债券和非债券形式存量政府债务），但对当前存量或有隐性债务以及今后不断增加的政府违法贷款和违规担保政府债务则按照隐性政府债务进行管理。（3）其

[①] 中华人民共和国审计署办公厅.《中华人民共和国审计署审计结果公告》，2011 年第 35 号
[②] 财政部.《地方政府性债务风险分类处置指南》，2016 年 11 月 3 日

他地方各级政府债券、非政府债券形式的存量政府债务以及清理甄别认定后重新确定的存量地方政府或有债务。2016 年国务院办公厅正式颁布的《地方政府性债务风险应急处置预案》③中明确提到，存量地方政府性债务包括以上这三种类型。政府文件中对地方政府债务的界定更加侧重于举债人法律责任主体的区别，而不是仅强调地方政府作为债务人，因为仍然有大量或有债务的存在，这样的界定更加符合我国目前的实际情况。

2.1.2 金融风险的概念界定

（1）风险

世界范围内的学者对风险的关注与研究由来已久，对风险的定义主要从不确定性、概率、损失、波动性、危险等不同角度进行界定。奈特指出：风险是可测量和不确定的[1]。在这里，强调了风险的不确定状态和在某种概率下出现的可能性，有相当的可度量性。对风险比较典型和传统的界定更加侧重单侧风险，认为风险是导致损失的可能性，比如国际风险管理委员会对风险的概念是"和人类所关注的事物相关联的事情或活动产生不明确的负面结果"，它在强调不确定性的同时认为一旦风险出现其后果是负面的，即将对事件主体产生不利影响。但在现代风险管理理论中，对于风险的定义也表现出了很大的灵活性与普适性，在《中国工商银行全面风险管理框架》中，就是如此说明的："本框架中所称风险，是指对于本行是否实现设定目标可能形成影响的不确定性，而这些不确定性既可能造成损失又可能造成经济利益。"它将上侧风险和下侧风险同时考虑进来，即未来发生损失的可能性和产生收益的可能性都可以称之为风险。

（2）金融风险

金融风险是风险的一种类型，是全世界范围内最突出的重大风险之一。金融风险，是指在金融交易流程中因为某种不确定性影响，所造成经济损失的情况可能性[2]。根据金融风险的不同特征，将金融风险划分为信用风险、流动性风险、市场风险和操作风险等。根据金融风险影响的范围，将金融风险划分为

---

③国务院办公厅.《地方政府性债务风险应急处置预案》，2016 年 11 月 14 日

宏观金融风险和微观金融风险。

① 宏观金融风险

宏观金融风险是从总体上描述金融体系的风险水平，是整个社会、甚至整个金融体系所面对的最大风险，具有关联性、广泛性、累积性、传染性和冲击性等特点。宏观金融风险是在宏观经济运行过程中，由于我国金融管理制度的严重脆弱性、金融体制的严重缺陷、金融监管政策的严重失误以及微观金融风险的不断累积等多种原因，造成资产损失的可能性。它的积累虽然是个相对缓慢的过程，但在持续而不断的积累酝酿之时会使整个金融体系中的微观个体遭受巨大影响，在风险累积到一定程度时就可能造成危害整个国家，乃至世界范围的重大金融危机和巨大经济风险。

② 微观金融风险

微观市场金融风险主要特点表现在作为微观金融本身所可能存在的各种风险，有市场风险、信用风险、利率风险、汇率风险等多种风险，并往往具有一定个体性、独立性、非连带性的特点。微观金融风险会引发金融机构的投资损失、利润减少、不良资产增加，甚至发生破产，需要金融机构通过内部风险控制进行规避与管理。随着移动支付、大数据分析、云计算技术、区块链等新信息技术在金融服务领域的快速发展与应用，资本跨行业、跨组织、跨地域流动的态势也越来越突出，而金融交易流程的网络化与资金关系的高渗透性也让金融风险在各区域之间迅速传染和蔓延，积累系统性风险。

本文中研究了地方政府债务对金融风险的影响，地方政府债务与地方财政、经济金融体系运行之间的关联较为密切，因此地方政府债务的规模特点、结构特征，及其相对风险的积累不仅对各区域总体的金融风险水平产生了影响，同时由于地方政府债务融资的最主要渠道为地方金融机构，所以地方政府债务也对社会微观领域的金融风险水平，也就是金融机构风险形成了影响。本文中所指的金融风险既包含宏观金融风险，又包含微观金融风险，理论研究和实证研究都将在这两个层面进行系统分析。

2.2 相关文献综述

2.2.1 地方政府债务形成与扩张的原因

国外学者对政府债务问题的研究起步比较早，最早可以追溯到亚当·斯密的著作《国富论》，其中提到"政府债务是非生产性的。"[3]他倡导主张市场经济的自由竞争，认为政府负债会阻碍社会的资本积累，给经济运行带来危害。大卫·李嘉图公债理论同样也对公债持否认的态度，公众并没有由于债务的存在而减少纳税，公债要尽快偿还否则国家会因过重的公债负担陷入困境[4]。而根据凯恩斯的公债学说提出"公债有益论"则指出政府有必要举借公债，因为它是克服财政赤字、社会对有效需求不足的最主要手段[5]。早期西方国家关于债务问题的研究主要针对主权债务方面，而对于地方政府债务问题大量研究成果的出现是在20世纪80年代之后。传统财政与联邦理论的基本观点是，地方政府比较准确地知道了公众对公共产品的偏好和需要，通过中央政府和地方供给公共产品就可以提高生产效率和决策的合理性，在地方政府财政收入无法解决财政支出需求时，采用地方政府的债务融资方法就能够高效处理地方政府财务赤字问题，这是地方政府债务形成的根本原因。

我国自建国至改革开放以前地方政府没有独立举债的权利，财政收支服从中央的安排和决定，改革开放以后的地方政府举债依然受到严格控制。中央与地方政府对财政权利进行重新分配，地方政府由于财权与事权的不对等、财政收支之间的矛盾不断加大债务融资的比重，地方政府债务急剧扩张。李永刚（2011）[6]把地方财政制度原因、国家投融资机制原因和我国宏观经济政策原因，视为当前地方政府债务问题产生的主要因素；龚强（2011）[7]在财务分权视野下，对地方政府债务的产生原因和影响因素做出了分析；邱栎桦、伏润民（2015a[8]，2015b[9]）通过财政分权、地方财政竞争制度对地方政府债务规模的影响研究，提出中国地方政府债务的形成与财政分权制度之间的直接关系，各地政府财力和事权不相匹配以及各地财政内部的争夺，造成了各地政府债务规模的不断扩大。

关于地方政府债务持续扩张的原因主要有三种观点：（1）财政收支之间的矛盾。地方财政担负着发展区域经济的体制与制度需要，通过地方财政大力举债为其实现了发展区域经济的主要目标，尤其对基础设施建设等重要公共服务物品的供给，尤为依赖于地方财政投资（杨十二和李尚蒲，2013[10]）。受到财政分权的影响，由中央政府直接负责集中财力，从地方政府得到的财政收入也逐渐开始下降，财政收支之间的矛盾、财权与事权之间的不对等必然迫使地方政府不断提高债务融资比例（杨志勇，2009[11]）。（2）地方政府竞争和晋升激励机制。如果说财权与事权的不匹配以及财政收支的不平衡是导致地方政府债务被动扩张的原因，那么地方政府的晋升考核激励与地区之间的竞争则促使地方政府主动进行负债。中国各地区之间的竞争是推动经济增长和社会事业发展的巨大动力，但也是导致"土地财政"、地方政府债务持续增长的主要原因（Qian 和 Roland，1998[12]）。由于上级政府对地方政府部门和官员的考核仍然以 GDP 增长等经济指标作为主要标准，这就产生了所谓的"锦标赛竞争"、"标尺竞争"（缪小林和伏润民，2013[13]；罗党论和佘国满，2015[14]），地方官员在任期时间内进行着一场"政治锦标赛"（周黎安，2004[15]）。因此，各地方政府在分权激励下展开的激烈竞争导致我国地方政府债务规模不断扩张（杨大楷等，2014[16]），而晋升激励强度越大，地方政府债务的规模也就越大（陈菁和李建发，2015[17]）。（3）预算软约束。预算软约束最早出现在计划经济时期政府对国有企业的扶持中（Kornai，1986[18]），之后众多学者将其用于对于财政问题的研究中。Persson 和 Tabellini（1996）[19]指出，中央政府对地方财政进行的破产风险隐性保障，成为地方财政过度举债的基础保障。如果地方政府面临软预算约束，就有可能增加债务规模，扩大财政赤字（Goodspeed，2002[20]；Wildasin，2004[21]）。在财政分权的背景下，当地方政府财政预算陷入危机时，中央政府对地方政府进行援助，隐性提供的担保导致更多的道德风险，这将导致地方政府债务融资翻倍增长，出现过度投资（吴洵和俞乔，2017[22]）。周学东等（2014）[23]利用博弈均衡模型分析了地方政府债务的形成原因，结论表明，预算软制约是地方政府过度举债的主因。郭平和江姗姗（2017）[24]利用省级面板数据分析财政分权、预算的软约束，对于当前地方财政与债务规模的影响都是呈正相关，特别是当财政分权达到一定水平时预算软约束将扩大地方政府债务规模。

随着地方政府规模不断扩张，对地方政府债务规模的合理性和适度性的研究更具有现实意义，适度举债不仅有利于政府职能的有效发挥和经济发展，也有利于地方政府对债务风险的控制（梅建明，谢霞飞，王志伟，2015[25]）。但值得关注的是地方各级政府债务的发行规模要始终保持在一定限度之内，举借债务超过承受范围就可能引发严重的财政问题（Krisztina 和 Bernard，2005[26]）。社会经济中诸多因素都会影响地方政府债务规模的变化，Ellis 和 Schansberg（1999）[27]研究发现美国州政府债务规模与总人口的年龄结果比例正相关，老年人支持提高负债用于消费型融资，而年轻人对过度负债持有反对意见。财政分权的制度因素对地方政府债务规模的影响也是非常显著的，Stein（1999）[28]和 Fujiki et al.（2011）[29]分别对拉美国家和日本地区地方政府发债受财政分权的影响情况展开了研究，并得出截然相反的结果：在拉美国家中分权程度越高的地区，地方政府举债水平就越高，而在日本，财务分权程度越彻底就越能减少地方政府的发债规模，并且提升地方政府财政支出效率。此外，徐占东和王雪标（2017）[30]通过求解跳跃的扩散过程，分析得出地方财政债务规模主要依赖于政府财政收入水平、财政收支增长率、政府财政收入水平对土地出让收入的依赖程度等因素。而地区金融发展水平、地方政府的治理能力、政府竞争、政府官员更替等因素同样也对地方政府债务规模产生影响（刘锡良和李秋蝉，2015[31]；夏诗园，2019[32]；杨大楷，2014[33]）。

张英杰等（2014）[34]认为适当的地方政府债务规模是指"在一定的债务规模水平上，最大限度地发挥地方政府单位债务规模所带来的经济增长效应，此债务规模水平就是地方政府适度债务规模，这一债务规模水平是地方政府的适当债务规模。如果政府债务继续增加，经济增长的边际效率将下降。"伏润民，王卫昆，缪小林（2008）[35]建立一个地方政府当期可持续性规模分析模型，将极大有助于准确判断地方政府债务能否按期达到最大可持续性规模，从而准确预测地方政府外债当期的最大可持续性规模。杜洪林（2010）[36]从政府债务对整体国民经济的正负驱动效应角度来看，采用数学方法测度地方政府的最佳债务规模。更多的学者从经济增长的角度下研究了中国地方政府债务的合理规模，并运用省际数据进行实证分析与预测（邱栎桦，伏润民，李帆，2015[9]；刁伟涛，2016[37]）。

2.2.2 地方政府债务与经济增长的关系

政府的举债融资从实质上来说是地方政府对市场的一个限制行为，体现的是政府和市场之间的特殊关系，地方政府发债后对经济成长也将形成一定程度的影响。政府债务的经济发展效应，一直以来都是学者们所关心的焦点。分析地方政府债务规模和经济增长之间的关联可以有助于确定债务规模的合理性，降低政府债务风险对宏观经济的影响。

政府债务与经济增长的关系主要存在三种观点。第一种看法认为政府债务不利于经济增长。经济学的主要奠基人之一亚当·斯密与古典政治经济学主要代表大卫·李嘉图，并不赞成政府举债的行为，认为政府发债行为短期的提高了收入，但长远来说债务增加却将造成更高的税收与通货膨胀率，而百姓一旦了解政府发债行为与未来税收增长之间的这种关联，就会提高储蓄、降低消费，所以政府举债行为与增加税收的经济增长效果是相同的，这是"李嘉图等价定理"或者"巴罗——李嘉图的债务中性定理"。Tobin（1978）[38]也持有这样的观点，短期内的政府债务比税收更能刺激消费，提高总需求，增加总产出。不过从长远考虑，政府利用债务融资会造成存款减少，市场利率提高，进而降低投资水平，对整体经济成长形成压制，会在一定程度上挤出社会资本，与此同时税收效应可能发生扭曲，这将会扩大公共债务对长期经济增长的负面影响（Elmendorf和Mankiw，1999[39]）。Cochrane（2011）[40]对Elmendorf和Mankiw的看法表示了支持，而且也指出如果政府债务的规模过大将会造成未来税收的更加不确定性，随之而来的通胀、金融抑制等都将使得政府债务对整体经济成长的影响进一步增强。第二种看法认为政府债务促进了经济成长。凯恩斯的基本观点是，政府举债是一国在经济大衰退时刺激经济的最明智之举。奥肯、托宾、萨缪尔森等人都指出，由于短期内产出由需求决定，在非充分就业条件下放大过高债务融资刺激了总需求、提高产出的正效应。20世纪30年代西方国家经济大萧条之后，支持政府债务有利于经济增长的学者倍增。从国际实践可以看到很多国家为了重振经济，通过发行公债、举借外债的方式筹集资金支持工业发展、公共事业建设，政府负债刺激了社会总需求、摆脱衰退的影响并且减少产出的损失（Cerrra和Saxena，2008[41]；Panizza和Presbitero，2014[42]）。第三种看法认为，政府债务对经济增长的影响是中性的或有一定条件的。多恩布什和费希尔认为短期内政府是否能解决社会有效需求不足、促进经济快速增长是政府债务促进经济增长的标志。2008年国际金融危机爆发之后，学者们开始通过实证方法分析政府债务与经济增长之间的非线性关系。Reinhart和Rogoff(2010)[43]的实证研究发现，公共债务规模和经济增速之间关联是非线性的，当公共债务规模与GDP之间的比率超过了百分之九十的债务阈值，当债务规模小于阈值债务时就能够带动经济增速，当债务规模达到阈值以上时经济增速则会下滑。

国内学者对政府债务与经济增长关系的研究起步较晚，同样一些学者认为地方政府债务对经济发展起到促进作用，投入大量资金并且建设周期较长的基础设施建设工程项目，主要依托于政府资金的投入，而这些又将有利于地方经济发展、普惠民生（郭庆旺和贾俊雪，2009[44]；胡翠和许召元，2011[45]）。也有部分学者认为政府债务将通过税收、影响长期利率水平、引发通货膨胀等路径对私人部门投资产生挤出效应，影响社会的投资效率，从而抑制经济增长（吕健，2015[46]；毛捷，黄春元，2018[47]）。更多的经济学者则采用了实证研究的方式，研究政府债务和经济增长率之间的非线性关联，在政府债务占GDP的比例较低时，经济增长受到政府发债的推动；如果政府债务占GDP的比例较高，当超过临界值时政府债务将会压制经济的成长（刁伟涛，2017[48]；刘澜飚，马珊珊，郭步超，2018[49]；刘哲希，任嘉杰，陈小亮，2020[50]；曹光远，张曾莲，2020[51]）。程宇丹和龚六堂（2014）[52]基于113个国家的面板数据对比分析了发达国家和发展中国家政府债务经济效应的差异，研究结果表明政府债务对经济增长影响是非线性的。韩建和程宇丹（2019）[53]通过省级数据分析了地方政府债务通过公共投资、私人投资和公共支出三条路径影响经济增长，影响结果不仅是非线性而且具有区域异质性。在地方政府债务对经济增长的影响分析中，地方政府债务的结构也是需要考虑的重要因素，隐性地方政府债务占总债务规模比重过高，民间投资所受到的挤出作用加剧，继而地方政府债务的增长对经济增长的负向影响也会更加显著（刘哲希，任佳杰，陈小亮，2020[54]）。

2.2.3 地方政府债务风险的测度与防范

确定地方政府债务适度规模根本目的是为了防范由于过度举债可能引发的地方政府债务风险以及其对经济发展的影响。关于我国地方政府债务风险方面的研究，首先是对我国地方各级政府债务风险的正确界定。沈沛龙和樊欢（2012）[55]认为政府债务风险是政府无能力支付的违约风险。马海涛和吕强（2004）[56]认为地方政府债务风险是偿债风险，当债务到期时无法进行按期偿还。呼显岗（2004）[57]则指出，地方各级政府的社会债务负担风险主要原因是由于一些地方各级政府疏于风险约束，而直接造成的一种社会经济道德风险。缪小林和伏润民（2012）[58]将我国地方各级政府共同债务承担风险程度分为政府承债承担压力风险和政府偿债承担能力风险，而刘昊和刘志彪（2013）[59]的分类方法则是现实经济风险、潜在经济风险以及可能引致的长期风险。

其次，地方政府债务风险的生成机理。Hana(1998)[60]创造性地提出了债务风险矩阵理论，并将政府债务风险的来源界定义为四种类型：直接显性债务、直接隐性负债、或有显性债务和或有隐性负债。Dobbs(2015)[61]文章指出，中国地方政府融资主要依靠土地出让金收入，有大量债务与地产业务密切相关，并且由于地方投融资平台等影子银行负债的快速增长，虽然各地政府发债规模依然在国家控制范围内，但面临着很多的潜在风险。张英杰和张良贵（2013）[62]认为政府投融资平台是地方政府债务风险的逻辑起点，宏观经济、金融体系和政府部门作用，地方政府债务风险通过金融体系传导、投资传导和政府传导三条路径传播和扩散。李升、陆琛怡（2020）[63]研究发现显性债务风险和隐性债务风险形成的机理存在显著差别，隐性债务主要基于地方政府的财政实力，财政实力强的地方政府更容易产生举债冲动，同时隐性债务风险受到 GDP 等晋升指标的影响也更为显著。马文杨（2020）[64]将地方政府债务风险归因为基础性因素和诱发性因素，其中基础性因素包括经济周期、经济增长驱动结构和影子融资等因素，诱发性因素包括外部事件冲击、资金流动性异动、房地产调整等因素。

再次，地方政府债务风险的表现。Horton(1972)[65]指出，一旦政府的资产规模大于其财政收入，那么财政上出现的违约几率就将增加，经济不景气也将随之而来。Alberto 和 Tabellini(1992)[66]认为政府的债务规模扩大容易造成政府违约率增加，严重影响政府财政信誉，从而带来巨大财务风险，并且还会增加货币贬值等宏观风险出现的可能性。Ma（2013）[67]认为中国地方政府债务负担沉重，主要表现在或有债务蕴藏着巨大的风险。周浩坤（2004）[68]归纳出地方政府无发债自主权背景下我国地方政府债务风险的五种表现形式，包括地方政府公共投资的债务风险、地方政府担保的债务风险、国债转贷和地方政府配套资金风险、历史欠账和国家财政支出硬性规定或承诺而产生债务风险以及县、乡镇政府的公共债务存在风险。张海星教授(2006)[69]基于近年世界银行机构债务风险分类控制理论研究总结而提出的一套中国银行地方各级政府银行债务控制风险规模来源的矩阵，以综合分析中国地方各级政府银行债务的规模数量控制风险、结构控制风险与经济效益控制风险。赵迎春（2006）[70]通过对发达地区样本进行检验，得出结论管理风险才是导致该地区债务风险的最重要的因素。

最后，地方政府债务风险的测度。据国内外相关文献调查分析，对衡量地方各级政府长期债务信用风险的主要信用测量方法大致可以概括为以下两类，第一类方法是通过计算建立衡量地方各级政府长期债务信用风险评价表的指标，对债务风险进行识别、排序并进行预测预警。常用的衡量债务风险的指标包括负债率、债务率、利息支出率、担保债务比重、债务依存度、财政自给率、财政收入增长率、隐性债务占比、显性债务率等（伏润民等，2008[52]；中国工商银行投资银行部课题组，2011[71]；甘泉和向妍，2020[72]）。主要的方法包括统计分析法（如因子分析法、熵值法、聚类分析法等），层次分析法，人工神经网络法等。赵树宽和李婷婷（2014）[73]利用 AHP（层次分析法）构建地方政府债务风险评价模型，得到的结论是债务违约风险、债务规模风险、债务偿债风险、债务结构风险分别对地方政府债务风险的影响程度依次减小。沈雨婷和金洪飞（2019）[74]综合运用熵值法的客观信息熵值和层次分析法的主观经验值对地方政府债务风险预警系统的指标进行加权，使风险预警系统更符合实际情况。甘泉和向妍（2020）[72]通过因子分析法，设定地方政府债务风险评价指标体系的一级指数，对外部特征风险、内部财务风险、偿债风险、潜在风险和经营环境风险等确定了二级指数，并通过层级分析法设定了三级指数对二级指标的相对权重，最后测算得出了地方政府债务风险预警指数的综合权重，并以此预测样本中省市地方政府的债务风险变化趋势。

第二类方法是采用未定权益分析法构建 KMV 模型预测地方政府债务违约风险。1974 年 Merton 在 Black 和 Scholes（1973）[75]传统期权定价模型基础上发展出现代信用风险度量模型，此后国内外学者将 CCA（未定权益分析法）运用到对政府债务信用风险的分析中。1997 年 KMV 公司提出建立在期权定价模型上的 KMV 模型，经改造可以运用到分析地方债券信用风险。韩立岩等（2003）[76]构建我国地方政府债券信用风险模型，并对北京和上海的政府债务的违约风险进行预测。沈沛龙和樊欢（2012）[77]通过可流动性资产负债表，分析了只考虑直接外债时的财政外债风险，以及在引入政府或有组织外债后所形成的财政外债风险。李腊生（2013）[78]采用 KMV 修正模型测算 2008 年—2010 年全国各省市的地方政府债务违约风险，压力测试分析表明地方政府发债规模占财政收入不超过 55%的省份违约风险非常低。洪源和胡争荣（2018）[79]基于流量和存量双维度地方政府偿债 KMV 修正模型对 2015 年和 2016 年各省地方政府债务违约风险进行评估，短期内来看债务置换可以显著降低债务违约风险，但是从长期来看置换不会从根本上消除还款责任和违约风险。

地方政府债务风险防范研究主要涉及以下几方面：

第一，完善的信息披露制度是关键因素。Coen Kruger（1998）[80]认为规范、有序的金融市场体系，特别是财政的透明度高有利于降低政府债务风险。中国财政部与世界银行合作报告（2016）[81]指出我国地方政府性债务具有的风险性特征表现为隐蔽性和不确定性，由此可能对社会公共安全和经济发展带来更大的不确定因素。第二，理清中央与地方的财政关系、理清市场与政府的分工。顾建光（2006）[82]指出责任不明晰是产生地方政府债务风险最大的隐患，因此需要明确各级政府之间、政府与其他行政部门之间，各部门与企事业单位之间的风险责任，当然这也需要法律法规的约束。吕健（2014）[83]建议加快推动市场化进程，让市场机制决定生产要素价格和使用，避免地方政府低成本融资。徐忠（2018）[84]认为要从根本上解决地方政府债务问题，要将中央和地方的财政关系理清，中央与地方政府的兜底边界要明确，通过培育地方为主体的税种以及房地产税改革来稳定地方政府财力和财权。第三，强化地方政府债务的预算约束。Gleich（2003）[85]研究发现 20 世纪下半叶，中东欧地区实施中期支出框架的国家，他们激励政府减少支出，财政赤字和政府债务规模都得到有效控制。赵迎春（2006）[86]从债务制度供给、债务需求约束和地方债务管理三个方面提出了防范地方政府债务风险的政策建议。廖家勤和宁扬（2014）[87]认为年度预期平衡制度导致地方政府债务风险不断积累，从而提出了更具有前瞻性的跨期预算平衡机制。第四，完善地方政府官员的激励约束机制。改变以 GDP 增长为核心的政绩考核体系，实行地方债务长期负责制，将其纳入政绩考核中，避免地方政府过度融资的短视行为（吕健，2014[83]；洪源等，2015[88]）。

由于地方政府隐性债务隐蔽性强、形式多样，只有将或有负债和隐性负债纳入政府财政赤字数据中，财政风险才能得到全面的刻画。不能及时披露、应对或有债务风险将导致公共债务大幅增加，并引发财政危机（Cebotari，2008[89]）。隐性债务是在任何种类的地方政府债务中风险最难以控制的，防范与治理都有其特殊性。首先，要在风险产生的源头入手、严加控制。不得以 PPP、财政项目投资基金、政府拨款购买基本社会保障服务等各种名目进行变相财政举债，切实严格控制政府新增财政外债（刘海申，2020[90]）。2017 年全国金融工作会议首度提出对地方政府债务终身问责并且倒查责任，同时《财政部关于坚决制止地方政府违法违规举债遏制隐性债务增量情况的报告》中提出要实施中央不救助的原则。此原则出台后将对地方政府负债加大监督问责力度，做到终身追责，以此来不断加强地方政府官员责任意识，减少工作中的短视行为（梁朋，2018[91]）。但是实践中地方政府仍然普遍存在依赖上级政府救助的观念，因此地方政府需要彻底转变观念，拓展地方财源，同时上级政府对其调整政绩考核指标体系，从重数量向重质量转变（崔瑜，2018[92]）。其次，完善地方政府隐性债务的信息披露与预算监督制度。信息不对称、不透明是造成地方政府隐性债务风险的主要原因，政府应在厘清隐性债务口径和边界的基础上构建全国统一的地方政府隐性债务统计、监测和发布制度（郑洁，2019[93]）。落实政府综合财务报告制度和全口径预算信息公开，设置公共平台对有关信息进行及时公开披露，广大公众进行监督与查询，有效降低地方政府隐性债务带来的风险（殷明，2019[94]）。邢俊英（2004）[95]认为直接隐性债务如果在发生的时候不进行反馈，那么计入当年财政支出的部分将低于实际发生额，这部分财政赤字隐性化，形成财政风险隐患。王涛（2019）[96]指出对于财政运行中资金占用形成的隐性债务，在短期内应当对财政收支进行预测与监控，提高资金使用效率；中期内提高财政透明度，加强政府财政信息的披露；长期内丰富不同期限结构的国库券，增强了财政资金的流动性水平。再次是堵住资金暗道，严格控制通过地方政府投融资平台的非法借贷。地方政府投融资平台拥有独特的政府信用背书身份，投资规模庞大，同时作为地方政府隐性外债的主要举债主体，还集聚着巨大的地方财政隐性外债（封北麟，2009[97]）。严格依据国务院办公厅四十三号文件剥离了地方投融资平台融资职能，加速融资平台市场化转型，回归 PPP 的功能本位，减少非规范的融资行为，有效管控地方隐性债务规模（刘海申，2020[98]）。最后是开明渠，以拓宽各地财政部门合理举债的渠道。马进和殷强（2010）[99]都认为通过赋予地方政府相应的举债权限来处理投资渠道的问题，一定程度上可以避免地方政府隐性融资方式，有助于将或有隐性债务显性化。封北麟（2018）[100]指出具有经济发展潜在优势的地区应该获得更高的新增地方政府债务配额，暂时的财政实力不能作为完全的判断标准。丰富了地方政府债务类型，加快了地方政府债务的发放速度，也提高了债务年限和项目期限之间的匹配度，有助于推进地方债的规范化和市场化进程（张庆君，闵晓莹，2020[101]）。

2.2.4 地方政府债务对金融风险的影响

地方政府债务由于规模不断扩张，债务融资过程以及管理方式存在问题从而引发债务风险，债务风险的危害不仅体现在对财政运行的影响，整个公共财政风险的形成也会通过风险传导机制扩散到金融系统，导致国家财政危机或经济危机（缪小林，伏润民，2013[13]）。研究地方政府债务对金融风险的影响机制，需要对债务风险向金融风险溢出及传导的路径进行分析。

首先是通过融资平台传导。地方财政的投融资平台，就是在土地分税制改革之后各地地方政府的事权财力不能相匹配和土地财政难以维持稳定的大背景下发展起来，并在 2009 年国家政策的支持下迅速增加。但是在融资平台的发展过程中出现了很多问题，并积累了大量的债务风险，债务风险极易通过贷款途径转移至商业银行体系，转化为银行不良资产，从而引致金融风险（黄国桥，徐永胜，2011[102]；罗潇，2018[103]）。杨艳（2013）[104]提出融资平台中的财政风险通过两种途径向金融风险转化，第一个途径是当融资平台出现偿债困难，通过金融机构累积和传播最终形成宏观金融风险；第二个途径是地方政府通过融资平台融资后出现偿债风险，中央政府利用财政风险货币化将财政风险向金融系统进行转移。刘忠（2014）[105]认为我国投融资平台管理不严，存在违约担保问题。同时，地方政府通过多种融资平台从不同的银行获得贷款，银行无法准确了解地方政府的真实负债以及担保状况，这加剧了银行的信用风险，导致不良贷款率上升。

其次是通过金融市场传导。由于早期融资平台管理松散，运作不规范，很多贷款属于违规担保，商业银行难以获得地方政府的真实负债与实际担保状况，随着商业银行不良贷款的增加，运营风险加剧，通过金融市场影响金融安全（李广析，2016[106]）。地方政府债务期限与政府资金投放期限经常发生不相匹配，地方政府干预金融市场使其金融功能财政化，加剧了地方政府债务金融风险（陈灿祁，2018[107]）。

再次是通过商业银行为主体的金融机构传导。Bonis 和 Stacchini(2013)[108]通过政府债务对银行信贷影响的分析，揭示出政府债务风险是如何向金融系统传导，并指出地方政府债务膨胀及风险的传导会对银行信用产生不利影响。伏润民等（2017）[109]介绍了地方政府债务风险对金融机构系统资金的空间外溢机理，利用空间计量模型与实证检验的结果表明，地方政府的债务风险主要由金融机构中长期贷款对辖区内外的居民企业融资，分别形成了直接外溢与间接外溢的效应，因此预防与处理系统性金融风险需要注重加强金融机构系统对地方政府债务风险外溢行为的机制约束。毛锐（2018）[110]通过构建 DSGE 模型的模拟实验发现商业银行对地方政府债务的大量认购促使债务风险向金融风险转化，商业银行等金融机构是地方政府债务风险的主要载体。郑洁（2019）[111]分析地方政府隐性债务的融资主要来自银行，一旦出现违约将导致金融机构巨大资金端风险，而隐性债务的期限错配也将导致金融机构的流动性风险。

最后是通过影响资产价格进而形成金融风险。徐海波（2013）[112]指出土地财政将地方财政、房地产行业和商业银行紧密捆绑起来，也将财政风险和金融风险捆绑在一起，如果防范资产价格快速上涨的宏观调控力度不够，资产泡沫有可能造成金融风险集中式大爆发。唐云锋和刘清杰（2018）[113]认为长期以来我国地方政府将土地出让收入作为担保与偿债来源的稳定性与保障性不足，如果政府到期无法清偿债务将造成财政危机,当规模过大可能会诱发金融风险。马树才(2020)[114]指出地方政府债务扩张通过土地财政传导路径加剧了房地产市场价格的持续上涨和房地产市场风险。

2.2.5 文献述评

国外研究者对地方政府债务问题的研究起步相对较早,因此不管在理论方面还是在实证方面的研究内容都十分丰富,包括政府债务的界定、分类、形成原因、影响因素、特征、风险测度方法与预警系统的构建、债务风险的防范等等方面,这些成果对我国研究地方政府债务提供了重要的理论基础和事实参考,特别在地方政府融资法律化和规范化管理、政府债券市场监管部门设置、信息披露制度建立、事前事中事后严格的风险控制等方面都具有非常重要的参考。国外学者对地方政府债务的研究主要是源于资本主义自由市场经济时代,后来又经过了垄断资本主义时期,以及现代资本主义时期等,但在不同的历史阶段研究者们对于地方政府债务的观点也具有不同的看法,并且因为政治体制和所处经济发展阶段的差异,所以中国学者关于地方政府债务的研究不能简单照搬西方发达国家的债务理论和解决地方债务问题的实际办法,需要结合我国国情和政府债务融资的实际情况找到解决债务问题的根本之道。

中国开展对地方政府债务问题的研究时间还比较晚,主要由于在分税制改革以前中国地方政府一直没有单独举债,所以地方政府债务的规模与风险都比较小,而中国地方政府的债务问题真正受到重视是在 20 世纪 90 年代以后,由于中国城镇化的迅速发展和财经体制变革,地方政府的债务规模急剧扩大,为中国经济金融持续稳健发展留下了许多隐患。中国地方政府债务的研究内容也开始由简单的概念界定、历史沿革和形成原因转向债务的影响因素分析、债务风险的度量、债务融资模式以及债务风险防范方面的研究,其中更加侧重于对债务形成的原因和债务管理对策的研究。研究方法方面,国内外专家研究者对地方各级政府债务负担问题的深入研究主要以不确定性指标分析和地方政策风险模型的建立为主,这也是由于相关数据的缺乏。由于国家审计机关只在 2010 年和 2013 年对全国各地政府债务进行过全面的审计工作,这也是目前最具权威的地方政府债务统计结果,国家财政部门于 2016 年开始逐年公布全国各省市的地方财政中一般性债务和专项外债余额，另外隐性债务的数据更加难以获取，因此大部分学者对于我国地方政府债务相关的实证研究中跨期较长的数据使用了不同的估算方法，缺乏统一性和准确性。从研究深度来看，我国对地方政府债务的研究还没有建立起一套符合国情的系统理论体系、研究模型和严密的分析逻辑，动态分析视角和省级以下的基层分析视角研究较少，地方政府债务与金融体系风险联动、地方政府债务对金融体系影响的路径与机理研究方面成果较少并且研究的深度仍需拓展。基于此，本文尝试从现有的文献基础出发，完善地方政府债务扩张对金融风险的宏观和微观传导机制，非线性效应和空间溢出效应的研究，力图更加全面深入地研究地方政府债务的金融风险问题，为我国地方政府合理有效利用债务融资、积极妥善处理地方政府债务风险、防范地方政府债务诱发金融风险提供理论与实证支撑。

第3章 地方政府债务对金融风险影响的理论分析

本章在前文相关文献综述的基础上,对金融风险和地方政府债务相关理论进行阐述,并进一步分析地方政府债务对金融风险影响的理论逻辑以及传导机制,为下文地方政府债务对金融风险影响的实证研究奠定理论和逻辑基础。

3.1 相关理论基础

3.1.1 金融风险相关理论

(1) 金融脆弱性理论

金融脆弱学说最早期是 Marx 对货币脆弱性的阐释,他提出源自于银行系统内的脆弱性假说,并提出了金融脆弱性之源于货币软弱性是因为与货币的职能相关,一方面货币成为价值尺度时商品的价值有可能脱离其价值,另一方面当货币成为商品交换媒介时购买力总是随物价而不断上下浮动,与此同时当纸币成为偿付手段以后债务供应链条具有破裂的风险。银行等金融中介机构在私人资本与社会资本中间构筑了桥梁,从而加快了货币的自由流动速率,但同时也增加了金融市场与金融中介机构的脆弱性。Fisher(1933)[115]最早对金融系统脆弱性的形成机理展开了系统研究,他从宏观经济周期视角来理解金融软弱性,银行系统的软弱性就是因为经济基础出现了变化,以及经由过度债务—通货紧缩过程产生的。因此,如果某经济部门过度负债,而债务人又要求其偿债时就会对宏观经济形成一系列的连锁效应:企业债权人会采取较低价出售资产以清偿企业债务,并由此导致资产净值与收益的减少,企业极有可能会因此减产停产、辞退大批员工,信息通过产业链条向上游与下游传导,国民经济的整体悲观情绪逐渐增加,甚至导致了经济衰退与萧条,使货币流通的速度逐步降低,企业债务偿还变得更加艰难,将融资链条逐步切断,从而影响金融机构的资金流动性,进一步增加了金融机构软弱性。后来的相关研究则指出即使没有经济大衰退的发生,但由于金融市场的膨胀发展而导致虚拟经济与实物经济之间脱节严重的情形下,内部金融软弱性呈现增强的态势,外部冲击则会加剧内部金融软弱性,使之转变为全球性金融危机。

金融脆弱性理论的现代研究中,Minsky 和 Kregel 分别从企业视角和银行视角度对金融脆弱性做进一步研究。Minsky（1982）[116]认为在抵补性借款企业、投机性借款企业和"庞兹"借款企业这三类借款企业中，投机性和"庞兹"性质企业在资金上都相对脆弱，企业必须通过长期滚动投资保证债务产业链条不致破裂，尤其是当社会经济形势繁荣时期银行等金融机构的信贷条件将相对宽松，越来越多的企业信用要求将得以实现，因此企业投机性与庞兹性趋势更加明显，如果社会经济形势变化导致企业信用要求无法持续，则公司的不良贷款将增多或者出现倒闭情况，银行等金融机构的稳定运营也将受到连带影响。Kregel（1997）[117]在安全边界说中将银行与贷款人之间约定的社会借贷利率视为安全边界，银行在放贷时以贷款人的历史信贷记录为放贷基础，在经济扩张阶段贷款人基本可以达到预期收入和支付本息，因此历史信贷记录良好，则银行对其判断比较乐观，但忽略了社会信用风险敞口的经济扩张有可能侵蚀安全边界，在社会贷款合同的安全边界减弱到最低程度时，如果经济形势偏离预期时社会债务的紧缩就将发生，继而引发经济金融危机。1983年Diamond和Dybvig[118]在著作中提出了D-D模型，并指出商业银行的脆弱性主要是基于存款人对于流动性需求的不确定性，以及商业银行资产流动性的缺陷。Jacklin和Bhattacharya[119]在该模型的基础上进一步得到结论，企业生产回报的不确定性导致银行债务偿还具有违约的可能性，也就导致了银行的脆弱性。Krugman（1998）[120]认为政府对于商业银行等机构的隐性担保和监督不严格造成了金融出现道德风险问题，将大量的信贷资金都投入了房地产业与证券市场，资产泡沫滋生，一旦资产价值下降，融资链条切断将造成资产价值的进一步降低，金融机构难以回收贷款，公众也对金融机构失去信心，金融机构的流动性更加恶化，危机随之产生。

（2）信息不对称理论

许多经典经济理论都是建立在充分信息假设的基础上，但在实际经济活动中，充分信息的情况很少存在，买卖双方很难掌握完全信息。信息不对称在经济活动中是一种常态，买卖双方会因为信息获取的渠道差异、掌握的信息量多少等原因导致谈判的不公平，从而造成市场失灵。信息不对称而引起市场信息失灵的典型事例很多，最早深入研究这类市场失灵现象的是Akerlof[121]，因为在旧二手车销售交易市场中由于买卖双方的信息往往是不对称的，卖家比其他买家更加了解二手车质量相关信息，这是造成市场失灵的主要原因。由于信息不对称的存在，购买者无法了解二手车的真实质量，他们只能通过对旧车市场的了解来推测二手车质量。因此，买家的出价通常基于他们自己的需求和市场上二手车的平均质量。对于劣质二手车，自然收益更高；但对于质量好的二手车，买家通常无法给出与之相匹配的成交价格。长此以往，质量好的旧车逐步退出市场，造成市场中旧车的质量愈来愈差，二手车市场的交易难以持续。逆向选择描述的就是这种"劣品驱逐良品"的现象，不能全面掌握产品信息的交易者很难做出正确的买卖决策，市场价格发生扭曲而且交易效率低下。

信息不对称的另外一个非常经典的例子是道德风险（Moral hazard）的产生。在市场交易中，如果合同的一方不必为发生的损失负责，那么他更加倾向于进行高风险的行为而从中获利。例如，已经购买过车辆保险的人对汽车保养和使用的用心程度会明显下降，正是因为汽车损坏的经济结果将会由保险公司来承担。道德风险是经济活动频繁且不可避免的结果。

信息的完整性在市场主体交易中具有重要的作用，信息不对称是现代市场体系存在的重要缺陷，Joseph Stiglitz 指出：经济中只要有"外部性"的存在，市场就存在缺陷不能运转良好，正的外部性表现为个人行为给他人带来好处而无法获得补偿，负的外部性表现为个人行为造成他人发生损失也无需付出相应代价。研究表明，只要存在信息不对称或不完善的风险市场，这些外部效应就会存在。

（3）金融自由化理论

20 世纪 70 年代以前，发展中国家的资本金融体系内普遍存在着金融结构扭曲和资本市场萎缩的不良现象，造成发展中国家资本金融系统正常运转效率大大降低，严重拖累国民经济快速增长。1973 年罗纳德·麦金农（R.I.Mckinnon）和爱德华·肖（E.S.Shaw）分别出版了两本书：《经济发展中的货币和资本》和《经济发展中的金融深化》，他们提出了金融抑制理论和金融深化理论，对世界经济增长停滞和经济危机做出了广泛的解释，为金融自由化奠定了理论基础。金融自由化理论自诞生以来一直被视为"华盛顿共识"所倡导的经济政策的重要组成部分，旨在消除或放松对金融部门的制度结构、金融工具和金融活动的限制。政策制定者认为，金融自由化改革措施可以改善金融部门在盈利能力、竞争力和中介方面的整体运作，并吸引国际资本进入国内投资项目。在思想方面，为了摆脱"滞胀"的凯恩斯主义的困境，发达国家寻求帮助和政策支持的新自由主义主张解除管制(王凤京，2007)[122]。

金融深化理论分析框架形成以后，学者们在此基础上进行了更加深入的拓展和充分的实证研究。Kapur(1976)[123]和 Mathieson (1976)[124]颠覆了"封闭经济"的原始假设，重新探讨了世界各国货币政策、经济发展与经济稳定之间的内在联系，有效回答了新兴市场国家如何通过改革措施寻求新的经济增长点。Galbis (1980)[125]的研究拓展重点主要表现在对政府融资有效性的分析上，并指出金融自由化将通过提高融资质量的途径推动经济增长。内生增长理论为西方宏观经济理论中的一个主要分支，它的提出代表着金融自由化理论进入新的发展阶段。该理论认为，金融市场和金融中介对经济增长具有内生作用，金融市场和金融中介的效率在一定程度上决定了经济增长率。因此，在引入内生增长理论后，自由化相关理论的研究核心集中在探索金融发展、金融中介效率与经济增长三者之间的关系上。其中，Pagano（1993）[126]利用 AK 模型，研究了自由化改革后所产生的新金融发展对经济成长的影响和传导机理，他认为大多数国家的自由化都是开始于放松利率市场的管制，利率的自由化会提高国民储蓄水平。

3.1.2 地方政府债务相关理论

（1）预算软约束理论

经济学家 Kornai[127]于 1980 年提出了著名的政府预算软约束学说。他还指出，社会主义国家的经济政策往往会拯救处于亏损中甚至濒临破产的国有企业。学者们认为中央政府与地方政府之间就存在着预算软约束，这就可以解释地方政府的不合规借款等一系列行为。随着经济理论的变化与发展，人们看到软预算约束问题并非社会主义国家所特有的经济现象，它在世界范围内广泛的存在。特别是在中央政府干预力度较大的国家，软预算约束所带来的问题更加普遍。

"预算软约束理论"不断发展，对我国预算软约束现象形成的根本成因已逐渐具有了内生和外生两种解释。外生的原因主要包括社会主义国家政府是否需要"父爱主义"的政治家获得更多政治上的支持,企业存在各种政策负担,信用与信用方之间的信息不对称。内生的原因主要涉及时间的不一致、国内外投资者数量以及财政联邦制,而这些原因都造成了软预算约束。Kornai 认为,国家预算软约束的形成过程应该包含以下两个主体:预算软约束主体和支持主体。预算软约束主体是指本身资源有限的经济实体,当发生困境时缺乏外界帮助就无法生存。预算支持主体的经济实体,通常由政府控制,有能力救助经济陷入困境的预算软约束主体。软约束主体如果预料到支持主体会帮助它,将会产生逆向选择和高道德风险的行为。地方财政受到来自于上级财政、当地选民、债权人、地方财政自身以及政府监管约束的五种软预算制约,导致地方政府突破预算约束、过度债务的道德风险行为。

随着时间的推移,国外学者对预算软约束的研究对象逐渐从企业特别是国有企业转向政府相关领域。Qian 和 Roland(1998)[128]认为预算软约束是降低社会资源配置的效率的重要原因。Boadway 和 Tremblay(2006)[129]认为,软预算约束将增加地方政府借贷的动力。基于国内文献,多数研究者指出根据地方财政和中央的隶属关系,如果地方财政发生了债务违约,那么中央会帮助地方财政自行偿还债务,防止问题扩大。基于这些固有优势,地方政府将倾向于不计后果地借贷,导致地方政府债务风险增加。陈凡和王海成(2013)[130]指出,我国地方政府对债务管理的最大困境就在于互联互通的金融市场治理能力不足,以及政府财务预算的软制约,容易引发地方政府越位融资活动,从而产生了债务风险。李尚蒲、郑仲晖和罗必良(2015)[131]都认为,地方政府对土地和信贷资金的控制使预算软约束具有了资本基础,从而促进债务规模扩张。张曾莲和江帆(2017)[132]实证检验得到财政分权、晋升机制和预算软约束这三个变量对地方政府规模影响的总效用更大。

(2)公共产品理论

公共物品最初是由英国学者 Hobbes 所提出的。此后,大卫·休谟(David Hume)、亚当·斯密(Adam Smith)、约翰·斯图亚特·密尔(John Stuart Mill)等学者进一步发展了公共物品思想。公共物品思想的核心是区分市场与政府的边界,公共物品成为公共经济学的核心概念和研究对象被广泛关注。公众物品的一般定义是由保罗·萨缪尔森(Paul A.Samuelson)在 1954 年提出,并将所有商品区分为一般私人消费品与公共消费品,但公众消费商品不同于一般私有消费品,它是任何一个人都能够消费的商品,且具有非竞争性,它的使用不影响也不会减少他人的消费。在萨缪尔森的理论的基础上,马斯格雷夫(Richard Abel Musgrave)(1959)[133]把公共消费品再进一步分成了纯公共物品和准公共物品,纯公共物品具有着强制消费的特性,如九年的义务教育等,消费者对这类商品不存在选择权而无法排除,也就无法排斥他人消费,这便是所谓的非排他性,至此非竞争性与非排他性就成为了评判商品是否是公共产品的两个主要标准。

此外,布坎南(James M. Buchanan)(1968)[134]从公有商品的供求机理入手加以阐述,指出了对产品和服务实现供应和需要的两种途径,一种是通过市场系统实现,另一种则是通过政治体系来完成,前者称之为私有商品,后者则称之为公有商品,较以往学者对公有物品属性的划分,更加明确了公有物品组织系统的含义。Michael Pickhardt(2001)[135]则认为,所有消费品按照消费模式都可分成竞争产品与非竞争产品,而所有以非竞争方式消费的商品也都是公共物品。新制度经济学学派的 Bazar 认为,商品本身并不能自然地划分成私有产品与公有产品,而只是个人通过对所有权划分的边际效用与边际成本之间的对比,选择了公有产品或私有产品或混合商品。德姆塞茨还指出,商品自身的技术属性并无法形成排斥性,而公共物品的非排斥性则主要依靠知识产权的界定。除了以上主流观点外,还有一些观点值得肯定。Ver Eecke[136]认为公共物品本身没有实质性的内容,只是一个抽象的、理想化的概念,其判断标准主要基于分析的视角和方法。公共商品的供给具有非竞争性与非排他性的基本特征,主要是为实现人类社会的公平需要,使整个社会的资源配备与效益最大化,并着眼于人类社会的整体利益与长远利益,以实现人类社会的生存与可持续进步发展。

(3)财政分权理论

财政分权,是指由中央政府向各地方政府依法赋予基层地方政府税收管理权利与预算财政支出的权力范围,他们有权来合理确定基层地方政府预算财政开支的收入规模与支出结构,基层地区政府能够自由选择所属的需要服务类型,并以此促使其积极参与基层地方政府社会服务管理,从而使其能够提供地方更多更好的社会公共服务。依法财政分权的核心理念是让中央政府在地方立法、财税等方面具有一定的独立性，从而更好地履行地方社会经济职能。简言之，中央政府让出财政权力，地方政府则掌握权力并履行义务。财政分权理论被广泛应用的主要原因是地方政府具有良好的地理优势，它们对当地人民的公共服务偏好更加了解。因此，为当地人民提供公共产品和公共服务方面更加符合当地人民的普遍需求。它符合经济运行的效率，有利于当地民生的发展。中央政府可以提供更多满足当地居民普遍需求的通用产品或服务。

  按照财政分权理论，地方政府在财税等事项上需要有更多的自主性，这样才能更好地履行地方经济社会责任。从一九九四年分税制改革开始，中国的财税制度实现了变革。这次的财税改革意义重大，对社会经济发展产生了重要的促进作用。但是，在改革具体实施过程中也出现的很多具体问题并没有得到很好的解决。另外，由于中央收紧了地方政府的大部分财政权限，取消了地方政府的诸多行政职权，地方财政的资金来源受到影响。此外，《预算法》对地方政府举债融资的方式进行了严格约束，地方政府的财政缺口不断扩大。要从根本上提高地方政府承担责任的积极性，不仅要为地方政府营造良好的债券市场融资环境，建立债务资金使用的监管制度，同时也从《预算法》和其他法律的角度，解开了地方政府的合理融资诉求。只有实施这些措施，才能从根本上缓解地方政府的财政压力，激发地方政府公共建设和提供公共服务的动力。

  从理论上讲，与资本市场的直接接触可以赋予地方政府更多的自主权、动力和所有权，这与债券市场的运作方式更为一致。同时，可以有效保护金融机构等债权人的合法经济利益，地方政府无论是在公共产品还是公共服务的投资效率方面都得到了提高。然而，我国资本市场仍属于弱有效市场，其成熟性还有待提高，各种非市场因素的干预扰乱了正常的市场秩序，也成为地方政府债务风险持续积累的原因，不能得以释放。

3.2 地方政府债务影响金融风险的理论逻辑

3.2.1 财政与金融之间的紧密联系

  首先，财政与金融都属于我国政府宏观调控经济的主体，它们的作用目标是一致的，通过两者之间的合理搭配，共同实现一国经济发展、物价稳定和充分就业的目标。特别是在宏观经济形势发生一定周期性大幅震荡的关键时期，财政政策与宏观货币政策往往通过政策组合的方式相互配合，共同推动发挥重要协调作用，熨平经济周期波动，保证经济稳定、持续发展。其次，财政资金和金融部门资金相互交织，相互扶持，相互依赖。财政的所有收入与开支都要通过银行部门，财政性存款和其他类型储蓄一样是银行系统最重要的资金来源，也形成了信贷资金的基础，而商业银行是地方政府债券的主要承销商和持有者，而银行信贷也为政府投融资平台建设以及重大的政府项目投资提供了融资保障。

3.2.2 地方政府对金融机构的行政干预

地方政府在以经济增长为主要考核指标的晋升与竞争背景下，存在着巨大的推动区域经济增长的动力，而地方金融机构资源又是在推动区域经济发展中所无法替代的关键资源，所以，商业银行等金融机构，特别是地方性金融机构易于受到地方政府的行政干预。但对商业银行而言，地方政府的扶持和对资源配置的控制权具有非常大的吸引力，例如为了争取税金、公积金、养老金等大额财政资金的存放，商业银行会在贷款融资方面更加地积极主动配合。同时，信用创造理论认为，当地方政府从金融机构获得信贷融资时，贷款可以派生新的存款来源。为了赢得派生存款，银行还将主动向当地政府提供信贷。城市商业银行等地方性金融机构，它们的信用度不及国有控股大型商业银行，但是它们的产生和发展与地方政府存在着紧密的联系，受到地方政府扶持的同时也形成一种寻租关系，双方各取所需，地方商业银行会通过满足其促进经济增长所需要的信贷资金来较为积极地配合地方政府的行政干预。事实上，地方政府对商业银行的行政干预是与商业银行对地方政府的依赖并存的。

3.2.3 商业信用体系对政府和土地的高度依赖

中国金融市场的信用担保体系非常显著的特征，是以政府信用和土地或房产提供担保。商业银行以提供担保贷款为主，而抵押率最高的资产主要包括国债、土地和房地产，由于这些资产的市场风险低、稳定性高，在相同条件的贷款申请中提供这些类资产更容易获得金融机构的融资。

由于中国经济的高速发展和城市化建设的不断深入，地方政府在城市基础设施建设、社会保障、环境治理、文化教育、公共卫生等各方面都承担供给公共商品的重要职能，自一九九四年中国实施"分税制"改革以后，虽然地方政府的财务支出负担逐渐增大，但财政收入也并不能实现同步增长，收与支之间的矛盾、财力和事权之间的不均衡，促使了地方政府不断扩大债务融资的规模。1998 年之后我国房地产价格不断上涨，不仅带动了整个国民经济，也为地方政府对"土地财政"的依赖提供了先决条件。一方面，由于目前地方各级政府具有土地收益权，土地出让金的收入约占地方公共部门一般预算财政收入的百分之八十，对于地方各级政府财政收入来说是非常重要的补充，这也为地方政府偿还债务提供的资金；另一方面，土地抵押是商业银行最偏好的优质抵押品，地方政府容易获得资金融通，用于日益增加的公共事务支出。土地财政通过"土地+政府+金融"的模式将房地产市场、地方政府以及金融体系紧密联系起来，形成了联结多主体与多市场的资金利益链条，但同时也蕴藏着潜在的债务风险和金融风险。土地价格和房产价值持续上涨，地产行业的投机机会更加泛滥，房地产风险将进一步积聚，而一旦地价和房价发生急剧或大幅贬值，由商业银行所放贷的抵押物价值也将相应萎缩，地方政府债务逾期和违约的风险加剧，商业银行不良贷款率提高，债务风险向金融风险转化，甚至引发大范围金融危机，那么良好的经济发展和社会秩序将受到威胁。

3.2.4 地方政府债务与投资项目期限错配

由于在 2009 年之前，发行地方政府债券融资的方式是不被允许的，我国各地方政府没有规范化的长期融资工具，这一阶段银行贷款成为各地政府主要的融资来源。商业银行基于流动性风险和信用风险管理的考虑，更倾向于向地方政府提供中短期贷款，地方政府的债务资金主要用于市政建设项目、交通运输设施建设、生态环保等资金数额大、回报周期长而且收益率低的领域，地方政府债务期限错配难以避免。

根据 2013 年我国审计署第 32 号报告的数据，地方政府债务中有 60%以上的债务规模偿还期限在 5 年以下，债务总体偿还期限较短。2015 年以后通过债务置换发行的地方政府债券平均年限逐减延长，2018 年和 2019 年地方政府债券平均发行年限依次提高到六年和十年以上，但是对于更长建设周期的工程项目还是难以匹配，仍需要多渠道筹措资金。

此外，基于政府信用和金融担保，地方政府融资平台可以从商业银行和其他金融机构获得贷款和资本融资，融资平台投资的项目通常也具有投资建设周期、回报周期长的特点，属于非经营或准经营性质，一旦政府融资平台出现风险，资金链断裂，项目将无法按期完成，前期资金难以回收，政府债务负担更重，如果政府出现债务偿还困难甚至违约，商业银行的流动性风险和信用风险都将增加。

3.3 地方政府债务对金融风险影响的传导机制分析

3.3.1 地方政府债务对金融风险影响的宏观传导机制分析

（1）宏观金融杠杆传导机制

地方政府债务对宏观金融杠杆产生显著影响主要是由于地方政府债务的融资渠道与金融机构具有紧密的联系性，地方政府的绝大部分债务资金是来源于金融机构。金融机构持有规模较大的地方政府债务，中国政府债务负担和金融杠杆的走势基本趋同，如影随形[137]。根据 2013 年审计署公布的《全国政府性债务审计结果》，在地方政府性债务的资金来源中，银行贷款及其他金融机构融资共计 104553.52 亿元，占总债务规模的 58.44%，如果再累计金融机构持有的地方政府债券以及融资担保等影子银行业务涉及的地方政府债权，金融系统持有的地方政府债权远远超过非金融系统。从地方政府债务资金来源于金融机构占比最高的三种形式，具体分析地方政府债务扩张影响宏观金融杠杆的传导路径。

第一是银行贷款。我国的商业银行在社会资金配置中发挥信用中介的功能，银行通过负债业务吸收公众存款形成信贷资金的基础，继而在向经济各部门（家庭、企业、政府等部门）投放信贷资金和信用扩张的过程中完成扩大资产负债表（即"扩表"），金融体系杠杆率水平增加。商业银行依据风险管理的原则，它们倾向于对具有更高信用等级的对象发放贷款，特别是在经济下行阶段，国有企业、融资平台、房地产等具有政府信用支持或者土地信用作为支撑的部门和行业成为信贷资金集中、持续增加金融杠杆的领域。2008年—2016年期间中国受到全球金融危机的严重影响，我国各部门的杠杆率均迅速攀升，政府部门杠杆率提升17.4个百分点，特别是2012年—2014年在影子银行业务和地方政府融资平台的快速发展过程中，地方政府的债务杠杆迅速增长。银行部门大量持有地方政府债务，是金融杠杆高企的重要表现。

  第二是地方政府债券。我国商业银行等金融机构不仅是地方政府的主要信贷来源，还是地方政府债券的主要认购者，商业银行持有地方政府债券的数量十年间增长十万亿元，超过了债券总额的二分之一。为了防范地方政府债务规模扩张带来的债务风险隐患，2015年我国制定并实施了地方政府债务置换政策，商业银行在债务置换中担当了重要的角色，贷款向债券形式转化和继续认购地方政府债券同时进行。而商业银行持有地方政府债券的收益率远低于贷款的收益率，因此银行具有扩大贷款额度弥补收益的倾向，张晓斌（2016）[138]从贷款的供需弹性角度分析，短期内地方债置换导致银行贷款规模增大的可能性较大。同时从商业银行资本充足率的角度分析，地方债在置换政府对投融资平台贷款的过程中使地方商业银行资产风险权重明显降低，而风险资产规模的减少使得地方商业银行的资本充足率明显提高，又进一步扩大了贷款投放的空间。

  第三是影子银行业务。地方政府债务与影子银行业务紧密关联主要是在2010年之后，国务院颁布《国务院关于加强地方政府融资平台公司管理有关问题的通知》，融资平台也不再具有政府的投资职能。融资平台为解决地方较大的企业融资需要，便开始借道信托贷款、委托信贷、理财产品、城投债等与影子银行有关的服务开展借贷，从而继续解决地方财政的融资需求，并弥补地方财政资金缺口。地方政府投融资的重大基础设施建设和重要民生工程项目等不管在投资收益率的稳健程度方面，或是在政府信誉背书的优势程度方面，均获得了影子银行的认可，是政府投融资平台企业和信托公司共同合作的重点项目类型，所以地方政府发债规模和影子银行规模存在着相互促进效果。影子银行通过商业银行理财、信托产品、融资租赁、担保等业务进行融资，进行信用扩张，增加了金融机构负债规模继而推升了金融体系的宏观杠杆率。

  金融机构在货币市场上拆借资金，通过多种形式大量持有地方政府债权，在货币投放和信用扩张的过程中增加金融杠杆。地方政府债务融资多投入在长期基础设施建设项目与民生工程中，与金融机构拆借的短期负债形成一定期限错配，这将降低金融机构资产的流动性并给整个金融体系带来风险隐患。当金融机构短期负债利率上升、长期资产回报率下降时，金融杠杆风险敞口将暴露出来。如果金融机构的债务人发生信用违约，高杠杆率不仅加大自身流动性风险，也将传染资金相关联的其他机构，各金融机构通过低价出售资产以缓解危机，又导致资产价格更加严重的下跌。

（2）货币供应量传导机制

公共债务对货币供应量的影响方面，巴罗（RobertJ.Barro）（1976）[139]指出，政府通过不断利用债务融资使债务余额的增长已经大于社会产出，而货币供给的增长也将导致通胀的产生。蒙代尔认为，由于在发达国家缺少以本国货币自由交易的发达的资本主义金融市场，因此扩张性的财政政策和货币政策效果趋同，财政发生赤字后将产生货币扩张。张雪莹等(2016)[140]在研究利率对通货膨胀的反应是否受到政府债务状况的影响中发现，一国的货币政策会因为政府债务规模过大而产生较大影响，很可能形成"高债务—高通胀"的恶性循环。具体到地方政府债务对货币供给的影响，长期以来，由于我国地方财政部门通过发行地方政府债券的筹资途径不够通畅，因此利用政府投融资平台进行举债便成了地方财政筹资的主要途径。政府利用地方投融资平台获取的资金主要投向于中长期重点基建项目，商业银行继续通过地方政府融资平台为这些项目提供信贷支持，信贷规模进一步扩张[141]。2015年以后为了缓解地方政府债务的存量风险，国家启动了地方政府债务的置换工作，并决定发行地方政府债券作为地方政府唯一法定的债务融资方式，过去商业银行自身通过融资平台持有大量的地方政府债务，在置换和认购地方政府债券过程中它也是最主要的购买方。根据现代货币理论，商业银行的信贷业务在信用货币和部分准备金制度下具有货币创造功能。当商业银行是地方政府债券的主要购买者时，它们在购买的同时已经在直接或者间接地向市场注入了货币流动性。张晓斌（2016）[142]把信贷供求的弹性作为货币供应量的影响因素，在开始进行地方债务置换的几年内银行贷款的规模会扩大，从而导致货币供给总量的扩大。商业银行在债务置换以后，资本充足率提高，可贷资金规模增加，银行的流动性和货币创造能力提高，衍生货币规模增加，从而扩大了货币供应量[143]。

货币供应量对金融风险变化的直接影响主要体现在流动性上。当货币供应量增加时，金融市场的流动性将迅速提高，这将在短期内增加金融系统的稳定性，不会产生金融风险。但从长远来看，货币供应量的大幅增加将导致价格水平的上升，从而导致泡沫和经济波动。特别是目前，我国正处于经济转型和产业结构调整的关键时期。当货币供应量增加的时候，投资者更倾向于将充裕的资金投资于利润率较高的金融行业。资金的产业集中度不均衡，会导致金融风险的积累。随着货币供应量的增加，许多金融投资者会通过影子银行杠杆化自己的资金和套利，这促进了影子银行业务的出现和发展。由于该业务形式与金融监管体系相分离，容易出现违法违规问题，加剧了金融风险的积累。综上所述，货币供应量的增加只能在短期内改善金融体系的稳定性，但从长期来看，如果不进行宏观调控和政策调整，就会增加金融风险的产生[144]。

（3）土地财政传导机制

地方财政部门对于土地财政的过分依赖，是造成了房地产金融风险的重要原因之一。"土地财政"是指各地人民政府在将土地当作产品进行出售时，以土地出让金收入作为财政收入的主要补充，而这种财政收入与税收等形式的政府收入存在差异，在我国一直以"第二财政"的方式存在。中国土地国有的财政制度最早追溯到20世纪80年代，伴随城镇化的快速深入推进，深圳、厦门最早以经济特区身份作为试点，在城市基础设施建设的财政资金中加入转让土地使用权收入。1994年分税制改革以后，由于各地政府的财力与事权出现严重不对等，地方财政资金压力增大，更加剧了地方财政对土地财政的依赖性，按照国家在土地制度方面的有关规定，地方财政是掌握土地出让权的唯一主体，而地方财政对土地收益的直接支配是土地财政体制赖以进行的前提条件。全国各级地方政府均利用土地出让增加的财政收入，使原始资本得以积累，土地成为中国地方政府一个巨大且不断增长的资金来源，城市基础设施得以不断改善，项目融资获得持续补贴，它为城市化提供了动力，给中国经济发展带来许多好处。在此基础上，地方政府债务压力也得到了很大程度上的缓解。但是"土地财政"这一模式也积累了诸多风险，房地产金融风险就是非常大的一个隐患。

一方面，由于地方政府在对土地使用权的出让过程中具有趋利性，强化了它的"经济人"定位，而弱化了重要的服务职能。为了维护"第二财政"收入的稳定，一旦房价出现波动时，地方政府凭借其在房地产市场上的主导地位，采取政策措施对房价进行调控和干预的行为，无疑破坏了房地产市场客观的发展规律，导致房地产市场风险的累积。

另一方面，中国银行业与房地产市场之间深度捆绑，商业银行房产抵押贷款的信贷资金安全受到房地产市场行情的直接影响。房价上涨时期，商业银行倾向于房产抵押贷款的发放并且收回本息较为顺利，房价下跌时期，商业银行信贷资金回流会发生困难，信用风险和流动性风险增加。房价一旦暴跌将导致抵押资产贬值，债务违约剧增，银行体系受到重大冲击，甚至引发难以想象的金融海啸。

3.3.2 地方政府债务对金融风险影响的微观传导机制分析

（1）商业银行为主体的金融机构传导机制

商业银行与地方财政具有千丝万缕的联系，如前文所述，财政资金和金融部门资金相互交织，相互依赖。一方面，财政性资金经由商业银行的专项账户存放及流转，成为银行重要的资金来源，为信贷规模奠定基础。另外，商业银行信贷资金也是政府弥补地方财政经费不足的主要来源之一，新《预算法》实施后虽然地方财政部门无法利用商业银行贷款直接获取债务资金，但政府投融资平台通过地方政府的直接信贷和隐性担保，依然能够获取商业银行等金融机构的宽松投资条件，即超过一半以上的政府信贷资金仍来源于商业银行贷款，成为地方政府投融资的重要载体，为政府的基础设施建设提供长期资金支持。地方政府举债属于财政行为，同时投融资行为又涉及到金融系统，地方政府债务是财政与金融体系发生联系的纽带。地方政府债务来源相对单一且集中，究其根源是它主要来源于银行体系，以政府信用为担保，这不仅增加了银行的财务负担，也加剧了银行的运营风险。当地方政府债务规模不断扩张，长期无法得到化解形成债务风险隐患，通过信用渠道和流动性渠道将风险溢出给商业银行，地方政府债务风险与商业银行经营风险直接关联程度非常高。在商业银行经营管理中信用风险和流动性风险是两种主要的商业银行经营风险类型，对商业银行体系形成较为严重的冲击。

①信用渠道

信用风险即违约风险，在商业银行经营中主要指的是借款人或担保人由于主观上的不愿履行合约或者客观上已经丧失履行合同的能力，可能导致商业银行无法正常回收债务资金，商业银行经营的业务特征使之面临此类风险的可能性非常大。地方政府作为直接借款人或者融资平台的担保人，由于偿债能力不足无法在约定的时间内偿付银行的借款本息，导致银行账款不能按时收回，即产生信用风险。

与其他各市场行为主体相比较，政府信用等级较高，银行更倾向于满足政府的融资需求，特别是国有控股商业银行和地方性商业银行与地方政府合作更加密切，可以为地方政府债务提供更大规模的资金支持。但是在银行对地方政府信用评估过程中，由于信息的不对称，商业银行对政府的财务状况和实际还款能力缺乏准确了解，对建设项目以及还款来源缺少充分的风险评估。同时，地方政府融资的建设项目一般以中长期为主，短期内即使出现现金流困难，政府也通过商业银行之间的拆借和借新还旧暂时解决，大规模违约的可能性比较小，但从长期来看地方政府是否能够按时偿还债务仍然存在风险。

②流动性渠道

商业银行的流动性包括资产的流动性和负债的流动性，实现流动性目标的基本原则是银行自有资产变现或者借入资金的成本更低，时间更短。一旦银行无法以合适的价格，及时获取资金来应付客户对提存和日常支出的需求，将会面临流动性的风险。商业银行为地方政府提供资金融通的过程中，由于债务期限发生错配存在引起这种流动性风险的可能性：

首先是商业银行的资产期限和负债期限的错配。商业银行所吸纳的公众存款中大多以活期存款居多，但投放的中长期贷款比例过高则会造成资产负债结构的不合理，导致了资产与负债期限不相匹配的问题。若当地政府因财力欠缺而产生还款问题，短期内会影响商业银行的资金流动性及资产管理计划；一旦出现债务违约则会形成商业银行的不良资产，引发流动性风险。

其次，是地方政府债务年限与社会资本使用年限之间的错配。地方政府债务融资大多来自于商业银行，以中短期债务为主，三年期以下的银行贷款占整体债务的 70%以上。但是，债务人的融资大多主要投放在城市公共基础配套设施项目建设、生态环境资源保护、科教文卫等各个领域，投资和建设周期普遍较长，而且投资回收率低、速度慢，变现能力比较差。一旦地方政府的融资项目发生了现金流问题，再次向商业银行贷款或者借新还旧，而商业银行为防止政府前期投放的贷款变成了不良贷款，极有可能继续发放贷款，直到展期超过了一定极限仍然无法按期还款，又或者最终发生债务违约，而这个银行借款年限与地方政府资金使用年限间的错配，极易引发流动性风险。

我国目前尚未发生大规模地方政府债务违约的情况，但是日益扩张的债务规模给地方政府带来巨大的偿债压力，通过商业银行等金融机构的融资渠道，财政风险与金融风险相互转化并交叉影响。

（2）影子银行传导机制

影子银行与地方政府债务、金融风险都具有非常紧密的联系。首先，地方政府债务与影子银行规模具有相互推动作用。分税制改革之后伴随着我国城市化和工业化的快速进程，地方政府承担了更为繁重的地方经济发展任务，对财政资金的需求也大大提高。《预算法》和《中华人民共和国担保法》都严格约束了地方政府的贷款与担保活动，同时新《预算法》颁布以前地方政府尚未具备自主发债的权力，在传统的债务融资渠道无法满足庞大的资金需求的情况下，各级地方政府借助间接融资方式补充财政缺口。其中，地方政府在这一时期把区域经济投融资平台公司视为主要的投融资载体，地方政府通过平台公司投资进行区域经济发展项目建设，包括无营利的公益性项目、有一定营利的准公益性项目和营利项目[145]。融资平台投资的主要途径不仅涉及从商业银行直接借款，而且涉及利用信托贷款、企业债券、个人理财产品和影子银行业务产品投资，据 2011 年和 2013 年审计署的审计报告中披露，BT、信托贷款、企业委托贷款、个人理财产品和影子银行均出现在地方政府的主要投资渠道中。影子银行体系拓宽了地方政府融资平台的融资渠道，促进地方政府债务增加，同时地方政府较大的融资需求和低风险、高收益的建设项目资金投向又进一步推动了影子银行规模的扩张。

其次，地方政府债务与影子银行规模的相伴增加滋生金融风险。一方面，影子银行业务在与地方政府债务发生关联时，由于影子银行投资标的物一般为中长期、回报率较低的基础设施建设项目，而通过银行理财产品和信托产品等融入的资金以短期资金为主，期限错配带来流动性风险。另外，地方监管部门对影子银行这种表外融资的业务形态也无法严格监管并加以制约，这也加大了地方政府债务风险对金融机构的溢出效应[109]。另一方面，与国外的影子银行不同，我国影子银行的重要主体依然是以商业银行为主体的金融机构，影子银行融资资金绝大部分仍然来自于商业银行，只是从表内转向了表外信贷继续向地方政府建设相关领域注入资金，商业银行成为影子银行业务的隐性担保[146]，一旦影子银行出现违约或者地方政府建设项目出现资金困难、项目停滞等情况无法按期偿还债务，商业银行经营风险加剧，甚至随着各金融机构之间的资产负债业务向整个金融体系溢出，引发系统性金融风险[147]。

3.4 本章小结

本文在前文相关文献综述的基础上，进一步开展了地方政府债务对金融风险影响的理论分析。首先根据国内外学者主要研究成果梳理了金融风险与地方政府债务的有关理论，其中将金融风险有关理论分为资金脆弱性理论、信息不对称理论、金融自由化理论，地方政府债务相关理论包括预算软约束理论、公共产品理论、财政分权理论；其次，分析地方政府债务影响金融风险的理论逻辑，是由于财政和金融机构之间的紧密联系、地方政府对金融机构存在着行政干预、商业信用体系对政府与土地存在高度依赖性、地方政府债务与投融资项目期限发生错配等原因，才使得地方政府的债务规模扩张对金融风险产生了重要影响；最后，阐述了地方政府债务对金融风险影响的宏观传导机制和微观传导机制，这也是文章实证检验的重要理论依据。

第 4 章 地方政府债务的发展现状及金融风险的测度

地方政府债务和金融风险是本文的两个核心研究对象，本章首先在文献综述和理论分析的基础上探究并总结我国地方政府债务的发展情况，特别是对债务规模和结构的特征、规模迅速膨胀的原因、债务风险的表现等方面进行分析。然后比较国内外金融风险的测度方法，运用全局主成分分析方法对我国各区域金融风险指数进行测算，作为后文地方政府债务扩张对金融风险影响机制实证分析的基本数据。

4.1 地方政府债务的发展现状

4.1.1 地方政府债务的发展历程

（1）计划经济时期的地方政府债务（1949-1978 年）

改革开放之前，我国在计划经济体制下的财政管理体制实行"统收统支"，中央财政高度集权，地方财政没有独立的支配权，没有独立的举债权力，财政收支服从中央的安排和决定。如果地方政府出现了债务，中央一方面收回下放给地方的信贷资金和项目投资管理权限，另一方面对债务予以清理，中央政府先行承担地方债务，再向银行透支最终由全社会来共同承担。这一阶段，在中央政府的大力支持下，地方政府发行的公债共有两次，第一次是由东北人民政府发行于 1950 年，即为"东北生产建设折实公债"。为了促进东北地区的经济发展，在 1952 年时，该政府正式发行了"东北生产建设折实公债"。主要特征为公债的募集以及还本付息在进行计算时，均是采用了实物为标准，所采用的单位是"分"。本次公债共发行 3629 万分，发行对象为东北地区职工、农民、工商界和市民，发行期限为 5 年，分五次偿还，利率为年息五厘，每年付息一次[148]。第二次是 20 世纪 50 年代末 60 年代初发行的"地方经济建设公债"。各地方急需筹集建设资金，中央对地方债券管理赋予了较大的自主权，各地方政府根据当地人民生产与生活的现实需要和购买公债的能力来安排是否发行债券和发行的数量，满足生产和消费的需要，调动了地方政府的积极性。1958 年 4 月 2 日中共中央发布《关于发行地方公债的决定》，并于当年 6

月 5 日的全国人民代表大会常务委员会第九次会议上通过《中华人民共和国地方经济建设公债条例》，对地方经济建设公债的发行目的、发行主体、收入归属、管理机构、发行方式、发行数量、利率水平、期限和偿还方式、流通、备案制等管理制度做出了原则性规定。地方经济建设公债实行货币计价，票面金额分 1 元、2 元、5 元、10 元和 50 元五种面额。在 1959 年到 1961 年这段时间内，四川、黑龙江以及安徽等多个省份实现了地方公债的发行，所筹集到的建设资金共计为 33723.5 万元，这也是我们国家首次对发行地方公债进行集中探索[149]。

（2）改革开放初期中央向地方财政放权（1978 年-1993 年）

随着改革开放的持续推进，为了激发出地方政府的积极性，从而大力发展社会经济，中央为此颁布了"让利放权、分灶吃饭"的政策方针，由此一来，也为地方财政提供了一定的支配权与自主权。在全国财政支出中，地方财政支出所占比例不断增长，1978 年仅为 52.6%，直至 1992 年时则增长到了 68.8%，有效提高了地方财政的资金支配能力。由于这一时期实行的还是相对集中统一的经济、财政政策，地方政府举债依然受到严格控制。1979 年中央财政对地方政府的预算内基本建设预算支出开始由拨款改为银行贷款形式，即"拨转贷"，这部分贷款本质上仍属于财政资金，成为地方政府债务。由于资金管理政策宽泛、使用管理约束不强等原因，留下诸多历史遗留问题，在 1988 年投资体制改革实施投资基金管理制度后结束。这一阶段国家不支持地方政府通过发行地方政府债券的形式进行举债，1985 年和 1993 年国务院办公厅分别发布《关于暂不发行地方政府债券的通知》，明确表示地方政府不得发行或变相发行地方政府债券。从整体来看，这一阶段地方政府债务问题并不突出。

（3）分税制改革后地方政府债务快速增长（1994 年-2008 年）

1994 年我国实行"分税制"改革，中央和地方政府以"税收收入与事权"为依据对财政权利进行重新分配。改革后财权向中央政府集中，地方政府的财权相对下降。地方政府一方面承担着更多的基础设施建设、公共卫生、教育、社会保障等公共产品的提供，财政支出负担增加，另一方面财政收入却并没有实现同步增长，财政收支之间的矛盾、财权与事权之间的不对等必然迫使地方政府不断加大债务融资比重，地方政府债务迅速膨胀。

1995 年开始实施的《预算法》和《中华人民共和国担保法》对地方政府作为借款人和担保人都做出了明确的限制,但是在地方政府强烈的融资需求下,各地方政府自行举债、变相融资和违规担保的现象非常普遍,地方政府债务风险凸显,地方政府债务管理的规范性迫切需要加强。与此同时,法律法规并没有明确禁止通过融资平台间接举债,因此融资平台公司成为地方政府投融资的重要载体,而且这一时期的土地制度和金融制度也为融资平台公司的发展创造了条件[150]。随着 1997 年亚洲金融危机和 2008 年全球金融危机的爆发,融资平台公司数量不断增加,举债规模迅速扩大,风险也逐渐暴露出来。

(4)规范地方政府债务,恢复发行地方政府债券(2009 年-2014 年)

全球金融危机爆发后,中国政府出台"四万亿"积极的财政政策,并通过地方政府融资平台开展投融资。自从欧洲爆发债务危机之后,我们国家逐渐开始对地方政府债务风险给予了高度重视,地方政府债务管理逐渐趋于完善,并且更加规范化,2010 年和 2014 年我们国家分别发布了《关于加强地方政府融资平台公司管理有关问题的通知》和《关于加强地方政府性债务管理的意见》(下文中称之为 43 号文)等诸多文件。

从 2009 年开始我国逐步恢复发行地方政府债券,主要分为三个阶段:第一个阶段是"中央代发代还模式"。在 2009 年时,我国国务院所发行的地方政府债券共计为 2000 亿元,各地方政府的身份为债务人,需要做到还本付息,向财政部缴纳本息以及发行费等,对于这一阶段发债权来说,则是隶属于中央政府;在第二阶段时,指的则是"地方自发中央代还模式"。2011 年,国务院选择上海、浙江、广东、深圳四个省市作为地方政府自行发债的先行试点地区,各地方政府在年度发债规模限额范围内自主决定发债机制,由财政部代办还本付息,地方政府开始拥有了一定程度的自主发债权;第三阶段是"地方自发自还模式"。2014 年十个省市获得批准进行地方债自发自还模式的试行工作[151]。与上一阶段相比较,地方政府的财政主体地位明显增强,成为独立的发债与偿债主体。

(5)地方政府债务治理新阶段(2015 年至今)

2015 年 1 月 1 日,新《预算法》开始实施,明确规定地方政府只能通过发行政府债券的形式举债,从此标志着地方政府举债进入"开正门、关后门"的治理新时期。"开正门"构建科学合理的地方政府举债融资制度，首先，基于增量债务层面考虑，严格管理地方政府债券的发行情况，提高管理效率。中央政府为此颁布了很多文件，其中包含以下几项，《关于对地方政府债务实行限额管理的实施意见》（财预〔2015〕225号），《地方政府一般债务预算管理办法》（财预〔2016〕154号），《地方政府专项债务预算管理办法》（财预〔2016〕155号），《关于做好2018年地方政府债务管理工作的通知》（财预〔2018〕34号）[152]；其次，对于存量债务方面，尽快实现存量地方政府债务置换任务④。在2015年之后，财政部逐渐对地方政府存量债务予以置换，在43号文中，主要阐述了债务置换的具体方法，选择利率长期比较低的政府债券对存量债务进行置换，与此同时，为了防止出现大量的债务违约事件，我国财政部正式出台了《关于对地方政府债务实行限额管理的实施意见》，利用三年过渡期对非政府债券模式存量债进行置换，缓解了地方政府需要承担的压力，除此之外，也降低了风险的不利影响。

应对违法举债的"后门"严厉禁止，第一，必须要及时整顿融资平台。在我国正式颁布的《关于加强地方政府融资平台公司管理有关问题的通知》（国发[2010]19号）中，明确规定了融资平台发行企业债券的标准要求，在《关于加强2013年地方政府融资平台贷款风险监管的指导意见》（银监发[2013]10号）中，明确提出了各金融组织法人不可以对融资平台的贷款规模进行新增，对于融资平台来说，必须要致力于加大贷款风险管理效力，最后实现分类退出的目的；第二，防范隐性债务风险。随着融资平台的不断发展，在转型以及债务置换期间，由于政府购买服务的兴起，再加上PPP模式的出现，从某种程度上来看，也为地方政府违规融资举债创造了更多的条件，在这一背景条件的影响下，基于地方政府债务考虑，也逐渐发展为隐性化趋势。我国对地方政府的债务管理以及风险防范予以了高度重视，在2018年时中央政府正式提出，将防控解决重大风险摆在首要位置，在此过程中，最为突出的就是地方政府面临的债务问题。《中共中央国务院关于防范化解地方政府隐性债务风险的意见》

---

④地方债务置换是指在财政部甄别存量债务的基础上，把原来地方政府短期、高息债务（包括银行贷款、城投债、信托融资等）置换成中长期、低成本的地方政府债券。

（中发〔2018〕27号）给出了隐性债务的第一个权威定义[⑤]。2017年国家相继出台了一系列关于隐性债务统计认定、监测、问责和风险管理等方面的文件[⑥]，为科学有效管控隐性债务及平稳化解隐性债务风险提供了重要的基础和依据。

4.1.2 地方政府债务的规模分析

（1）地方政府债务的绝对规模和相对规模

① 地方政府债务的绝对规模

改革开放以前，地方政府债务主要是两次地方政府公债的发行，其中1950年"东北生产建设折实公债"计划发行3045万分，实际完成3629万分；1959-1961年期间七个省份共发行33723.5万元，其中安徽省发行7660万元，四川省发行5982.9万元，辽宁省发行4892万元，黑龙江省发行4456万元，福建省发行2526万元，吉林省发行2246.1万元，江西省发行2056万元。

改革开放初期，由于我国地方政府不具有举债的自主权，地方政府债务主要是"拨转贷"形式，规模较小，地方政府债务问题也并不突出。在1979-1980年期间，是没有省级政府举债的，分别有4个市级政府和51个县级政府举债。1981-1985年期间，分别新增28个省级政府、56个市级政府和300个县级政府进行举债。在1986-1990年这段时间内，举借债务的省级政府累计33个，市级政府累计为181个，县级政府则有1184个。直至1996年末期，举债的市级政府共有353个，县级政府有2405个[153]。

在1994年时，我国正式实施了分税制改革，在这一背景条件的影响下，地

---

⑤隐性债务指地方政府在政府债务法定限额之外直接或者承诺以财政资金偿还以及违法提供担保等方式举借的债务。其中可包含：地方国有单位等取代政府举借，由政府负责担保，或者提供相应的财政资金，对债务偿还予以支持；地方政府在建立政府投资基金、PPP模式以及政府购买服务等期间，采用约定回购投资本金以及承诺保底收益等方法的政府中长期支出事项债务。

⑥具体政策和文件包括《财政部关于坚决制止地方政府违法违规举债、遏制隐性债务增量情况的报告》、《中共中央国务院关于防范化解地方政府隐性债务风险的意见》、《关于坚决制止地方以政府购买服务名义违法违规融资的通知》、《地方政府隐性债务问责办法》、《地方政府债务和隐性债务口径及认定标准》、《关于规范政府和社会资本合作（PPP）综合信息平台项目库管理的通知》、《地方政府债务统计监测工作方案》、《关于进一步加强政府和社会资本合作（PPP）示范项目规范管理的通知》以及《财政部地方全口径债务清查统计填报说明》。

方政府债务规模也持续扩增，财政支出与财政收入之间的缺口越来越大，与此同时，地方财政需求不断增长，尤其是在金融危机和经济危机的影响下，地方政府债务规模增长的越来越明显。其来源途径、形式以及类型等具有多样性，政府、学术领域以及实务机构的统计口径并不相同，其中可包括以下几个方面，即：地方债、地方政府债券、城投债、显性债务、隐性债务、一般债券以及专项债券等，由于存在信息不对称的问题，在统计地方政府债务规模的过程中，也面临了很多的困难与挑战。中国银监会、中国人民银行等部门都进行过地方政府债务规模的统计，但由于口径的差异和信息来源问题，它们得出的结果相差较大。

在 2010 年和 2013 年时，我国审计部门对地方政府债务采取了全方位的审计工作，迄今为止，这也是最具有权威性的地方债统计数据。2010 年审计部门对省、市县级地方政府的地方政府债务进行了详细的审计分析，根据所提供的审计数据可知，截至 2010 年末地方政府债务的余额共计达到了 107174.91 亿元，第一种类型政府负有偿还责任的债务共计为 67109.51 亿元，所占比例达到了 62.62%；第二种类型政府负有担保责任的或有债务共计为 23369.74 亿元，所占比例为 21.80%；第三种类型政府可能承担一定救助责任的相关债务共有 16695.66 亿元，所占比例为 15.58%[7]。在 1997 年之后，国内地方政府债务规模呈现为持续增长状态，自从发生金融危机与经济危机后这种影响开始凸显出来，1998 年与上年相比，地方政府债务余额增长了 48.2%，到 2009 年时则增长了 61.92%。2013 年审计署将审计范围扩大到中央、省、市、县、乡镇五级政府。截止到 2013 年 6 月底，各级地方政府债务总余额增加到 17.89 万亿元，比 2010 年底增长近 70%。这地方政府债务总额中，第一种类型的债务共计为 108859.17 亿元，所占比例达到了 60.85；第二种类型的债务共有 26655.77 亿元，占比达到了 14.9；第三种类型的债务共计 43393.72 亿元，占比达到了 24.25[8]。2014 年以后我国将地方政府债务全部纳入预算管理，实施限额控制，财政部每年公布地方政府一般债务余额和专项债务的发行额和余额，表 4.1 是 2014 年-2020 年我国地方政府债务余额的情况。

---

[7]数据来源：《全国地方政府性债务审计结果公告》，2011 年第 35 号
[8]数据来源：《全国地方政府性债务审计结果公告》，2013 年第 32 号

表4.1 2014-2020年我国地方政府债务余额　单位：亿元

年份	一般债务余额	专项债务余额	地方政府债务余额
2014	94272.4	59801.9	154074.3
2015	92619.04	54949.33	147568.37
2016	98312.88	55244.71	153557.59
2017	103631.79	61468.01	165099.8
2018	110484.51	74134.16	184618.67
2019	118670.79	94426.99	213097.78
2020	127393.4	129217.37	256610.77

数据来源：财政部网站

② 地方政府债务的相对规模——负债率和债务率

第一，负债率。负债率可以用来衡量一国或者地区经济总规模对该国或者该地区政府债务的承载能力，是基于本年末债务余额与该地区本年度 GDP 的比率进行测算的。《马斯特里赫特条约》将政府负债率的上限为 60%作为衡量政府债务风险的标准。结合审计部门 2010 年发布的审计公告，将后两类债务由财政资金偿还比例分别按照 19.13%和 14.64%计算，那么 2010 年地方政府债务的负担率为：

（67109.51+23369.74*19.13%+16695.66*14.64%）/412119.3=17.96%

若是按照 50%的标准进行计算，那么债务负担率则是：

（67109.51+23369.74*50%+16695.66*50%）/412119.3=21.14%

如果将所有或有负债计入总负债，则债务率达到 26%。这些计算口径均低于国际公认警戒线 60%，说明 2010 年我国地方政府债务负债率较低。依据以上计算方法，可以得到 2012 年不同算法下的地方政府债务负债率，见表4.2。

表4.2 2012年不同算法下的我国地方政府债务负债率 单位：亿元

	负有偿还责任	负有担保责任	可能承担一定救助责任	负债规模	负债率
官方算法	96281.87	24871.29*19.13%	37705.16*14.64%	106559.78	19.79%
实际算法	96281.87	24871.29*50%	37705.16*50%	127570.1	23.69%
宽口径算法	96281.87	24871.29	37705.16	158858.32	29.5%

数据来源：《全国地方政府性债务审计结果公告》（2013年第32号）

根据我国财政部公布的 2014 年以后的地方政府债务余额，可以计算得出历年全国地方政府负债率情况，见表4.3。

表 4.3 2014-2020 年我国地方政府负债率

年份	地方政府债务余额（亿元）	GDP（亿元）	负债率
2014	154074.3	643563.10	23.94%
2015	147568.37	688858.22	21.42%
2016	153557.59	746395.06	20.57%
2017	165099.8	832035.95	19.84%
2018	184618.67	919281.13	20.08%
2019	213097.78	986515.20	21.60%
2020	256610.77	1015986.20	25.26%

数据来源：财政部网站和国家统计局网站

直至 2020 年末为止，我们国家地方政府债务余额共计达到了 256615 亿元，该年度我国 GDP 共计为 1015986 亿元，地方政府负债率为 25.26%，仍处于国际公认的警戒线以下，总体风险是可控的。但是有个别省份的负债率较高，需要尤为重视，包括青海、贵州、海南、云南、内蒙古、宁夏等地区。另外由于审计结果中未包含大量隐性政府债务，并不能完全反映我国地方政府债务风险的真实情况，我国地方政府债务风险要远远高于以上测量水平。

第二，债务率。所谓债务率，表示年底债余额和本年度政府综合财力之比，和负债率一样也是对债务相对规模进行衡量的一项重要指标。对于地方政府来说，其综合财力主要包含了以下几种类型，即第一种类型是地方本级的财政收入，第二种类型是中央对地方税收返还与转移支付收入，第三种类型是地方政府性基金本级收入，第四种类型是地方国有资本经营收入。通过分析国际货币基金组织可以得出，债务率控制标准参考值则设定为 90%-150%。2012 年我国地方政府综合财力中的第一种类型财政收入达到了 61077.33 亿元，第二种类型收入为 45383.47 亿元，第三种类型收入为 34203.57 亿元，第四种类型收入为 602.01 亿元，可以得到 2012 年地方政府综合财力总量为 141266.38 亿元。由此可以得到 2012 年地方政府债务率为 68.16%。不同算法下的地方政府债务率见表 4.4。

表 4.4 2012 年不同算法下的地方政府债务率   单位：亿元

	负有偿还责任	负有担保责任	可能承担一定救助责任	负债规模	债务率
官方算法	96281.87	24871.29*19.13%	37705.16*14.64%	106559.78	75.43%
实际算法	96281.87	24871.29*50%	37705.16*50%	127570.1	90.3%
宽口径算法	96281.87	24871.29	37705.16	158858.32	112.45%

数据来源：《全国地方政府性债务审计结果公告》（2013 年第 32 号）

结合财政部公布的数据结果可知，截至 2012 年底我国有 3 个省级、99 个市级、195 个县级、3465 个乡镇政府负有偿还责任债务的债务率高于 100%。表 4.5 是 2014-2020 年我国地方政府债务率，与 2012 年相比债务率显著提高。从债务率指标来看，我国地方政府债务整体规模仍处于国际警戒线 100%-120% 标准以内，但是已经超过适度规模，存在规模过大的风险。同时，部分地区的债务负担较重，甚至突破国际警戒线水平，包括贵州、辽宁、内蒙古、云南、天津、湖南等地区，青海和海南两省份也接近 100%的债务率水平，各地方政府应该严格控制政府债务规模过快增长，防范债务风险的发生。

表 4.5 2014-2020 年我国地方政府债务率

年份	地方政府债务余额（亿元）	综合财力（亿元）	债务率
2014	154074.3	178072.58	86.52%
2015	147568.37	177329.02	83.22%
2016	153557.59	190293.33	80.70%
2017	165099.8	215637.78	76.56%
2018	184618.67	240524.98	76.76%
2019	213097.78	258292.54	82.50%
2020	256610.77	276358.51	92.85%

数据来源：根据财政部网站数据计算整理

（2）地方政府显性债务规模和地方政府隐性债务规模

① 显性债务

显性债务是指政府负有直接偿债责任的债务，以财政资金进行偿还。目前我国地方政府显性债务主要包括三部分：第一部分是《地方政府存量债务纳入预算管理清理甄别办法》（财预〔2014〕351 号）对 2014 年 12 月 31 日之前政府性债务甄别后的债务，直至 2014 年末为止，我国地方政府债务余额共计达到了 15.4 万亿元。为了控制和化解地方政府债务风险，财政部通过三年时间对 2015 年之前地方政府的存量债务，以发行地方政府债券的方式进行置换，共计 14.34 万亿元，这也是官方正式承认的地方政府债务；第二部分是 2009 年-2014 年进行地方政府债券自发自还试点之前，财政部代理发行的规模为 1.6 万亿元地方政府债券；第三部分是新增地方政府债券而产生的债务。自从 2015 年之后，我们国家的地方政府债券规模呈现为快速增长趋势，直至 2017 年末期时，与政策性金融债相比，地方政府债券已经高出了这一标准，一跃发展成国内债券市场排在首位的债券种类。2015 年至 2020 年，我国地方政府债券发行金额分别为 38350.62 亿元、60458.40 亿元、43580.94 亿元、41651.58 亿元、43624.27 亿元和 45525 亿元，发行只数分别为 1035 只、1159 只、1134 只、794 只、1093 只和 1848 只。截止到 2020 年 12 月我国地方政府债务余额为 256615 亿元，未超过 2019 年全国人大批准的限额 288074.3 亿元⑨。

② 隐性债务

2017 年 7 月 24 日召开的中共中央政治局会议上首次正式提出"地方政府隐性债务"，从法律层面来讲它不属于地方政府债务，但是如果这些债务不能偿还将转嫁给地方政府，由地方政府承担主要的支付责任。实际上，隐性债务的形式一直存在，特别是在地方政府不具备独立举债权力的阶段，以及正规渠道的融资规模无法满足财政支出需求时，目前地方政府隐性债务仍没有统一的口径和认定标准，它的来源主要包括融资平台因承担公益性项目举借的债务、通过不合规操作（如担保、出具承诺函）发生的或有债务、通过假 PPP 包装成政府购买等变相举债而产生的债务，其中融资平台债务是主要来源。如果将 2017 年底融资平台的有息债务进行累加，可以得到有息债务共 32.3 万亿元⑩，扣掉部分已经纳入财政预算的债务，可以估算出截至 2017 年底我国地方政府隐性债务规模约为 30.6 万亿元。国际清算银行（BIS）、国际货币基金组织(IMF)和一些学者都对我国的隐性债务规模进行了估计，BIS 数据显示我国 2017 年底政府债务余额 38.8 万亿元，与我国官方口径债务余额 29.9 万亿元相差 8.9 万亿元，BIS 认为这部分未纳入我国财政预算，属于我国地方政府的隐性债务；IMF 估算我国地方政府隐性债务规模达到 19.1 万亿元；国内学者的测算结果基本在 20 万亿至 50 万亿元之间。

2017 年我国地方政府债务余额为 16.47 万亿元，负债率为 20%，远低于 60%的国际警戒线，但是如果加上估算出的 30.6 万亿隐性债务，地方政府债务总额就达到 47 万亿，负债率提高到 57%，已经相当接近 60%的警戒线。所以，我们国家在防范地方政府债务风险时，重点体现在隐性债务防范，对隐性债务的增量进行抑制，妥善解决存量隐性债务的问题，这也是今后发展的重要趋

---

⑨数据来源：财政部预算司历年统计数据
⑩数据来源：财政部网站

势。

(3) 地方政府债务规模扩张的主要原因分析

通过对我国地方政府债务规模的分析，可以看到我国目前的地方政府债务规模过大，并且呈现持续增长的态势，地方政府面临较大的偿债压力和债务风险。债务规模形成并扩张的原因是多种因素共同作用的结果，主要体现在以下几个方面：

首先，财政收支方面的矛盾。瓦格纳提出了"政府活动扩张法则"，他明确表示，随着城市化进程的持续推进，社会与经济实现了迅速发展，从而导致对政府活动也有了更多需求，这也是公共支出持续扩张而导致的，具有客观必然性。地方政府承担着更多的城镇化和基础设施建设、公共卫生、教育、社会保障等公共产品的提供，财政支出负担随之增加。此外地方政府还承担着大量的中央和地方共同支出责任，即使他们获得了转移性支付，仍然存在巨大的支出缺口。地方政府财政收入并没有实现同步增长的目标，财政收支之间的矛盾、财权与事权之间的不对等必然迫使地方政府不断加大债务融资比重。

其次，预算软约束制度。该理念最初是由亚诺什·科尔奈提出的，源自于《短缺经济学》[154]，他发现在国民经济中如果出现国有企业资不抵债的情况，通常政府将会追加贷款或投资，并且为之提供相应的财政补贴，他将这种情况称作是"预算软约束"。在财政分权的背景下，预算软约束表现为地方政府财政预算出现危机时中央政府对地方政府进行救助，隐性担保导致更多的道德风险，这不但会引起地方政府债务融资倍增以及过度投资的出现，还使债务风险从地方政府向中央政府聚集，如果大规模的债务风险长期得不到有效化解，继续扩散和蔓延容易诱发财政危机最终引发系统金融风险。商业银行等金融机构对国有企业和地方政府、融资平台进行融资时，会受到行政因素的干扰进而违背盈利性原则和风险管理机制，强化向这两个主体贷款的意愿。

最后，地方政府竞争和晋升激励机制。我国的政治体制是由上而下的中央集权体制，上级政府对地方政府部门和官员个人的工作考核主要指标还是以 GDP 增长率等经济指标代表的地方经济发展情况，这就产生了所谓的"锦标赛"竞争。这种考核方式在一定程度上确实提高了地方政府发展区域经济的主动性，但是在高债务杠杆下大量重复建设和盲目投资的现象频现，经济增长效率低下，地方政府负债累累，财政的可持续性降低。债务风险不断累积并通过金融机构与地方融资平台等渠道向金融市场蔓延，危害金融体系的稳定性。

4.1.3 地方政府债务的结构分析

（1）地方政府债务的区域结构

通过对我国各区域债务余额进行分析可以发现，2020年末我国东部地区⑪的债务余额是排在首位的，金额共计达到了114336.86亿元人民币；第二名是西部地区，金额共计为63993.24亿元；排在第三位的是中部地区，金额共有78280.67亿元人民币，2020年各地区地方政府债务余额见表4.6。从总规模上来看，我国东部地区的地方政府债务余额较大，2020年东部地区政府债务余额占比为44.56%。地方政府债务余额超过一万亿元的省份共九个，包括河北、江苏、山东、浙江、广东、湖南、湖北、四川和贵州；地方政府债务规模处于8000亿-10000亿元之间的省份包括辽宁、福建、安徽、河南、云南和内蒙古；地方政府债务规模处于7000亿-8000亿元之间的省份包括江西、广西和陕西。债务规模较小的省份主要集中在西部地区，如西藏、甘肃、青海和宁夏。债务规模与经济发展水平正相关，经济越发达，就越需要完善的配套基础设施和其他公共物品的提供，地方政府的财政支出规模也随之增加，同时经济实力强的地区也更容易获得债务融资。

从债务余额的增长速度上来看，与2019年相比2020年东部地区地方政府债务余额增加20.59%，中部地区地方政府债务增加23.02%，西部地区地方政府债务增加18.13%，其中中部地区的债务增长速度最快，主要集中在山西、江西、河南和湖北这几个省份。从各省份的对比情况均超过40%；增幅最小的地区是辽宁省，增幅只有4.19%，其次是贵州、内蒙古、陕西和宁夏，增幅均在15%以下。

---

⑪东部地区包括北京、河北、天津、辽宁、山东、上海、江苏、浙江、广东、福建、海南11个地区，中部地区包括山西、吉林、黑龙江、安徽、江西、河南、湖北、湖南8个地区，西部地区包括四川、重庆、贵州、陕西、云南、西藏、内蒙古、广西、甘肃、新疆、青海、宁夏12个地区。文中实证检验中对东中西部地区的异质性检验也按此区域划分方法。

表 4.6 2020年地方政府债务余额地区结构

地区	一般债务余额（亿元）	专项债务余额（亿元）	合计（亿元）
东部地区	50085.49	64251.37	114336.86
中部地区	33030.34	30962.9	63993.24
西部地区	44277.57	34003.1	78280.67

数据来源：根据财政部网站数据整理得到

2020年受到新冠肺炎疫情的影响，我国经济增长压力增加，同时也和减税降费政策的因素有关，各省份的财政收入收缩，甚至十四个省份出现了财政收入的负增长。东部地区财政收入水平最高，西部地区的财政收入水平常年普遍较低，中部地区受到疫情的影响最大，财政收入增速均值下降到-3.89%。中西部地区财政自给程度较低，地方政府债务规模增长快速也是源于此原因。

（2）地方政府债务的主体结构

表 4.7 地方政府性债务余额举债主体情况表

举债主体类别	债务总额（亿元）	占比（%）	政府负有偿还责任的债务（亿元）	占比（%）	政府或有负债（亿元）	占比（%）
融资平台公司	69704.42	38.96	40755.54	37.44	28948.88	41.33
政府部门和机构	40597.2	22.69	30913.38	28.40	9684.2	13.82
经费补助事业单位	23950.68	13.39	17761.87	16.32	6188.81	8.83
国有独资或控股企业	31355.94	17.53	11562.54	10.62	19793.4	28.26
自收自支事业单位	6025.46	3.37	3462.91	3.18	2562.55	3.66
其他单位	3994.06	2.23	3162.64	2.91	831.42	1.19
公共事业单位	3280.52	1.83	1240.29	1.14	2040.23	2.91
合计	178908.66	100	108859.17	100	70049.49	100

数据来源：《全国地方政府性债务审计结果公告》，2013年第32号

如表 4.7 所示，地方政府债务举借主体一般包括：融资平台公司、政府机关、经费补助事业单位、自收自支事业单位、国有独资或者控股企业以及公用事业单位等[155]。结合 2013 年审计部门公布的数据结果可以得出，最大的举债主体即为融资平台公司，地方政府应承担的债务达到了 4.1 万亿元、地方政府或有债务共计达到了 2.9 万亿元，占据总债务的 38.96%。政府机关、国有独资和控股企业排在了第二位，其中，前者所占的比例达到了 22.69%，后者所占的比例达到了 17.53%。

（3）地方政府债务的政府层级结构

在地方政府总债务占比中，排在首位的是市级政府，占比为 40.75%，紧随其后的是省级政府，占比为 29.03%（见表 4.8）。结合债务种类考虑，对于地方政府负有偿还责任的债务来说，一般在市级政府与县级政府比较集中，前者占比为 44.49%，后者占比为 36.35%，排在其后的是省级政府，乡镇政府占比是最少的。这主要是由于不同层级的政府承担的支出责任大小不同，市级和县级政府承担着更多的城市化基础设施建设等公共物品的提供，但是它们的财权却不能与事权相匹配，当财政收入不足以满足财政支出的资金需求时，债务融资压力增大。省级政府或有债务比重为 48.76%，是所有层级政府中最高的。这是由于省级政府相对于其他层级政府具有更大的财政支配权，同时也承担着更多的债务担保责任和救助责任，这也体现出隐性债务更多集中在省级政府。

表4.8 各层级地方政府性债务规模情况表

政府层级	债务总额（亿元）	占比	政府负有偿还责任的债务（亿元）	占比	政府或有负债（亿元）	占比
省级	51939.75	29.03%	17780.84	16.33%	34158.91	48.76%
市级	72902.44	40.75%	48434.61	44.49%	24467.83	34.93%
县级	50419.18	28.18%	39573.6	36.35%	10845.58	15.48%
乡镇	3647.29	2.04%	3070.12	2.82%	577.17	0.82%
合计	178908.66	100%	108859.17	100%	70049.49	100%

数据来源：《全国地方政府性债务审计结果公告》，2013 年第 32 号

4.1.4 地方政府债务的特征分析

建国七十年以来，从地方政府举债受到严格控制到各级地方政府普遍负债，地方政府债务增长迅速，从地方政府债务无序扩张到国家加紧对地方政府债务的严格规范管理，我国地方政府债务伴随着社会主义建设的不断发展而发生巨大的变化，现阶段地方政府债务呈现如下突出特点。

（1）债务余额总量较大而且增速快

如前文所述，2020 年末我国地方政府债务余额为 256610.77 亿元，2014 年以来地方政府债务年平均增长速度为 2.4%，但是隐性债务的增长率却超过 77%。一些地级市债务总额甚至超出一般公共财政收入，地方政府的偿债压力非常大，债务违约的概率也较高。当地方财政由于收入无法抵补支出，债务清偿

出现困难将会引发债务风险，对经济和社会稳定造成损害。政府债务是一把"双刃剑"，如果规范举债并有效使用可以促进地方经济的发展，有利于财政的可持续性；但是如果地方政府债务规模增长的速度加快，过度举债累积到一定程度并且长期得不到有效的化解时将逐步酿成债务风险。在地方政府与市场其他经济主体发生联系的过程中，债务风险也将从财政体系溢出并沿着一定的路径扩散和蔓延，对经济的发展和社会的稳定产生极大的影响。

（2）总体债务规模可控但局部风险突出

综合国内的发展现状来看，我国地方政府债务的总体债务率以及负债率均未超过 60%，地方政府债务融资风险仍在可以控制的范围内。但是我们也应该清醒地认识到部分地区和单位违规融资和提供担保的现象依然存在，部分地区的债务负担较重，比如江苏、四川、浙江的隐性债务规模超过 1 万亿元，天津、甘肃、新疆等地区债务余额增长速度超过 40%，局部风险越来越凸显。

（3）债务期限结构较短

目前已经发行的地方政府债券中，有 1、2、3、5、7、10、15、20 和 30 年共九个期限的品种，其中 2 年、15 年、20 年和 30 年期限的债券品种是在 2018 年以后增设发行的。按照债券发行的只数和发行额占比来看，地方政府债券 7 年期品种占比均最高。地方政府的债务资金投向大部分是基础设施建设和大型项目，资金回收期限往往在 5 年以上，甚至达到 10 年或者 20 年，投融资的期限不匹配隐含着偿债压力和违约风险。

（4）隐性债务规模庞大且透明度低

43 号文出台后，各地一直将地方政府与城投公司、国有企业等主体之间的债务剥离和清查作为政策调控的重点，但是这些举债主体与地方政府之间存在着紧密的联系，一旦它们的债务出现问题必然会波及到地方政府信用，债务风险不断积累，影响经济的正常运行与发展。

（5）债务风险易扩散

首先，地方政府债务风险由下级财政向上级财政传导，可以引发全国财政风险。我国实行单一制国家结构形式，中央政府与地方政府的关联非常紧密，也对地方政府的财政运行进行监督和保障。所以，基于地方政府债务考虑，若是规模不断扩大，财政风险也会越来越多，地方政府的财力无法支撑，那么上级政府则需要负责承担这些债务，上级政府采用豁免地方政府债务以及提高转移支付效率等多种方式，从而解决风险问题，与此同时，针对局部性地方政府债务风险来说，也会不断扩大化，最后甚至会蔓延到全国各地。

其次，地方政府债务风险向金融机构传导，引发系统性金融风险。第一，由于预算软约束的存在，地方金融机构特别是国有控股的股份制商业银行，容易受到地方政府的制约和干预，对地方政府和国有企业发放贷款不能严格依据风险管理原则，当融资主体清偿能力不足，债务风险转化为金融风险。第二，地方政府偿债资金的主要来源是税收收入、土地出让金、转移性收入、项目收益等，其中土地出让金成为多数地方政府的依赖，但是受到近年来房市行情、土地资源等影响，土地财政不可持续，地方政府偿债资金受限，加大了金融机构的流动性风险。第三，2014年之前地方融资平台作为地方政府融资的重要来源，贷款资金主要来自商业银行，这些资金利息成本高、期限短，而地方政府往往将其用于周期较长的建设项目上，资金错配的现象非常普遍，这给地方政府偿债造成压力。目前地方政府债务监管加强，剥离融资平台公司政府融资职能，地方融资平台公司的融资渠道收窄、融资难度加大，资金流动性不足很可能导致资金链条的断裂，影响未到期银行贷款的按时偿还，引发违约风险。基于以上的原因，一旦地方政府财政状况恶化，地方金融机构会产生连锁反应，从而诱发系统性金融风险的发生，影响金融安全。

4.2 金融风险的测度

4.2.1 金融风险指标体系的构建

参考已有文献，并根据当前我国宏观经济状况和相关数据的可得性，从以下五个主要层面中选择十四个指标建立了金融风险指标体系。这五大维度依次是宏观经济风险指标、地方财政风险指标、金融机构风险指标、金融市场风险指标和外部冲击风险指标，由它们共同构成了指标体系的一级指标，再由居民消费价格指数、GDP增长率、工业增加值增长率、房地产投资占GDP比重、财政收入增长率、赤字增长率、赤字依存度、不良贷款率、存款增长率、贷款增长率、股票总市值占GDP比重、保险深度、进出口总额占GDP比重、外商直接投资额占GDP比重等8个正向指标和6个逆向指标构成二级指标，具体如表

4.9所示。

宏观经济风险。地区金融的市场稳定性受当前整个地区宏观经济政策环境的直接影响，它们之间存在着较强的关联性，主要影响因素包括地区经济社会持续发展能力水平、宏观经济政策制度、居民收入增长水平、政府公共财政收支、国际贸易收支状况等等因素对区域金融运行起到促进或者抑制的作用。经济危机、债务危机、货币危机等宏观经济因素极易引发地区金融风险。本文根据现有的研究文献，把居民消费价格指数、GDP 增长率、工业增加值增长率以及房地产投资占 GDP 比重这四个方面作为宏观经济风险指标的二级指标，其中居民消费价格指数、GDP 增长率、工业增加值增长率为逆向指标，逆向指标升高意味着金融风险降低，房地产投资占 GDP 比重是正向指标，正向指标升高意味着金融风险增加。

地方财政风险。区域实体经济的快速发展，以及城市基础配套设施的完善建立都往往离不开来自当地政府公共财力的有效保障，因此需要公共财政资金的大力支持，其中包括财政收入和债务融资，我国各地区经济发展的基础不同，地方财政政策和财政实力存在非常大的区别，尤其当偿债能力出现问题时，地方财政风险会通过金融机构向金融体系转移风险。选择财政收入增长率、赤字增长率、赤字依存度三个方面作为地方财政风险指标的二级指标，其中财政收入增长率是逆向指标，赤字增长率和赤字依存度是正向指标。

金融机构风险。中国目前的金融机构体系，主要由银行业、证券业、保险业等机构所组成，按照中国人民银行的统计数据，截至 2019 年末金融业机构总资产 318.69 万亿元，其中银行业金融机构占比 91%，证券业金融机构占比 2.55%，保险业金融机构占比 6.45%。由此可见，保险业和证券业的资产比重仍和银行业相差悬殊，间接融资为主导的金融体系并未改变，银行业与社会中各经济主体联系都非常密切，向社会提供绝大部分融资支持，其他金融机构业务的开展也与其密不可分。选取不良贷款率、存款增长率和贷款增长率三个指标来综合反映金融机构风险承担程度，其中银行不良贷款率和贷款增长率为正向指标，而存款增长率为逆向指标。

金融市场风险。我国的金融市场体系由货币市场、股票市场、债券市场、黄金市场以及外汇市场等组成，金融市场高效充分整合社会资金资源，扩大融资渠道可以增强金融市场的稳健性，有利于抵御金融风险。选取股票总市值占 GDP 比重与保险深度两种指标反映金融市场风险，它们分别为正向指标和逆向指标。

外部冲击风险。随着经济全球化深入发展，国际间经济合作的水平提高，区域经济和金融体系更容易受到来自于国际经济环境波动的影响。选择进出口总额占 GDP 比例和外商直接投资额占 GDP 比例两种指标评估外部冲击风险，它们都属于正向指标。

表 4.9 金融风险指标体系

一级指标	二级指标	代表符号	指标属性
宏观经济风险指标	居民消费价格指数	X1	逆向指标
	GDP 增长率	X2	逆向指标
	工业增加值增长率	X3	逆向指标
	房地产投资占 GDP 比重	X4	正向指标
地方财政风险指标	财政收入增长率	X5	逆向指标
	赤字增长率	X6	正向指标
	赤字依存度	X7	正向指标
金融机构风险指标	不良贷款率	X8	正向指标
	存款增长率	X9	逆向指标
	贷款增长率	X10	正向指标
金融市场风险指标	股票总市值占 GDP 比重	X11	正向指标
	保险深度	X12	逆向指标
外部冲击风险指标	进出口总额占 GDP 比重	X13	正向指标
	外商直接投资额占 GDP 比重	X14	正向指标

4.2.2 金融风险度量方法的选择

（1）金融风险度量方法的分析

随着金融市场发展的多元化、复杂化以及重大金融危机的爆发，各国政府希望能够对金融风险进行监测与预警，因此对金融风险测度的各种方法和技术手段不断涌现，比较具有代表性的方法有以下几种。

第一，模型法。模型法是根据金融市场公开数据建立模型，对金融体系和金融机构的系统性风险做出衡量与评价。主要的模型测度方法有 1994 年由 J.P. 摩根公司曾向各类机构推出的 VaR 风险计量模型，Adrian 和 Brunnermeier 于 2008 年提出的条件在险价值模型(CoVaR)，Chan-Lau 在 2010 年提出的条件风险模型(CoRisk)，Acharya et al. 在 2011 年提出的边际预期损失模型(MES)，以及 Brownlees 和 Engle 在 2011 年提出的系统性金融风险指数模型(SRISK)。利用这些模型对金融风险进行测度和评估较为全面和直观，可以及时反映金融风险的变化情况，具有较强的可操作性，并且可以对金融风险进行前瞻性预测。

第二，压力指数法。压力测试是评估金融体系受到宏观经济冲击时所受到影响的一种方法，它既可以对金融机构进行微观压力测试从而度量金融风险，如国际银行业将其作为风险度量工具的重要补充；该方法也可以对金融体系进行整体宏观压力测试从而评估金融系统运行状况，国际货币基金组织和世界银行把它作为分析金融系统稳定性的重要工具。2003 年，加拿大著名经济学家 Illing 与 Liu 共同研究提出了应对金融危机压力物价指数的新基本概念，后来由 Cardarelli，Hakkio，Keeton，Balakrishnan 等学者将这种方法运用到系统性金融风险的预警模型建立和分析中。

第三，综合指数法。金融风险综合指数是反映一系列经济金融相关指数的综合指标，基于目前国内外研究文献、国家经济发展水平以及国际金融市场的运行状况，运用综合指数法通过研究建立包括经济金融各维度指标的综合指标体系，并通过专家评分、层次分析法、模糊综合评分法、熵值法、因子分析法和主成分分析等赋值方式，决定综合指标框架中的各项指数权重，最终合成为金融风险指数。这种方法不需要历史经验数据作为支撑，较为直观、灵活和简单。

第四，宏观资产负债表编制方法和或有权益法。宏观资产负债表是一种基于微观分析视角的宏观测度方法，根据公司财务资产负债表的编制方法，Gray 等（2007a[156]，2007b[157]，2013[158]）将或有权益方法（CCA）运用到经济部门风险调整资产负债表的编制过程中，构建能够反映市场信息的或有权益资产负债表。国内外很多学者运用此方法对宏观金融风险、区域金融风险以及银行业风险的起源、部门间溢出效应、传染机制等方面进行分析。

（2）金融风险度量方法的选择

在对已有的金融风险评价方法进行综合对比分析之后，本文将使用金融风险综合指数的方法来评价我国金融风险水平。前文选择的金融风险度量指标既包括了国际金融机构与金融市场的有关指标，又包括到国家宏观经济、区域财政和对外贸易投资情况等对国际金融市场发展产生了重大影响的指标，因此金融风险指数是反映一系列经济金融相关指标的综合指数。基于目前国内现有的相关学术研究经验成果，对相关综合评价指标的正确处理方式一般认为是在对相关原始数据资料进行了系统规范化分析处理以后，通过分别赋予相应的权重对基础指标进行合成，继而得到最终的综合指数。指标赋予权重的方法主要包括层次分析法、变异系数法、专家打分法、主成分分析法、熵权法、因子分析法等等。

主成分分析方法（Principal Component Analysis，PCA），是采用数学降维的方式从原始变量中提取出具有代表性且互不相关联的信息，保持重要信息且不重叠。本文的分析主要是根据全国三十一个省市的11年的面板数据表进行金融风险指数的构建，因为根据不同的数据表确定的主平面存在差异，所以根据每年的截面数据得到的主成分分析结果是无法进行比较的，这将造成指数建立和后续分析的偏误。为了实现各年分析结果能够进行横向比较，就必须把多个不同年份的平面资料表综合成统一的立体时序资料表，这便是全局主成分分析法（Global Principal Component Analysis，GPCA）。

全局主成分分析，也称为时序主成分分析或者时序全局主成分分析。它在经典主成分分析的基础上，将地域维度和时间维度纳入进来，通过建立涵盖地区、年份和指标的时序立体数据表，进行多指标的综合评价，保证了系统分析的一致性、系统性和可比性。因此，全局主成分分析法十分适合我国区域金融风险指数的构建与分析。

全局主成分分析法的具体原理和步骤如下：

设Z_i表示第i个主成分，$i = 1,2,\cdots,p$,可设

$$\begin{cases} Z_1 = C_{11}X_1 + C_{12}X_2 + \cdots + C_{1p}X_p \\ Z_2 = C_{21}X_1 + C_{22}X_2 + \cdots + C_{2p}X_p \\ \cdots\cdots\cdots\cdots\cdots\cdots\cdots\cdots\cdots\cdots\cdots\cdots\cdots \\ Z_p = C_{p1}X_1 + C_{p2}X_2 + \cdots + C_{pp}X_p \end{cases}$$

其中对每一个i，均有$C_{i1}^2 + C_{i2}^2 + \cdots + C_{ip}^2 = 1$

选取几个主要成分来代表原来的p个变量，不同的主要成分所蕴含的重要信息也是不同的，用统计学的方式表达就是每两个主成分的协方差是零，而用几何的方式表达就是每两个主成分的方向正交。

首先，政府必须对原始资料进行严格规范管理，以减少对量纲的影响。假

设这里一共m个变量要进行主成分分析：x_1, x_2, $\cdots$, x_m，同时共有n个评估标的，我们令第i个评估标的第j个指标为x_{ij}。这样就可以将各指标值转化成标准化指标$\tilde{x}_{ij}$，

$$\tilde{x}_{ij} = \frac{x_{ij} - \bar{x}_j}{s_j}, \quad (i = 1,2,\cdots,n; j = 1,2,\cdots,m)$$

其中$\tilde{x}_j = \frac{1}{n}\sum_{i=1}^{n} x_{ij}$，$s_j = \frac{1}{n-1}\sum_{i=1}^{n}(x_{ij} - \bar{x}_j)^2$，$(j = 1,2,\cdots,m)$，即$\bar{x}_j$，$s_j$分别表示第$j$个指标的样本平均数和样本标准差。

对应的，称$\tilde{x}_i = \frac{x_i - \bar{x}_i}{s_i}$，$(i = 1,2,\cdots,m)$为标准化指标变量。

其次，建立变量之间的相关系数矩阵R。

相关系数矩阵$R = (r_{ij})_{m \times m}$

$r_{ij} = \frac{\sum_{k=1}^{n} \tilde{x}_{ki} \cdot \tilde{x}_{kj}}{n-1}$，$(i,j = 1,2,\cdots,m)$，其中$r_{ii} = 1$，$r_{ij} = r_{ji}$，$r_{ij}$表示第$i$个指标与第$j$个指标的相关系数。

再次，通过计算我们得到相关系数矩阵R的特征函数值和特征向量。

计算相关系数矩阵R的特征向量值$\lambda_1 \geq \lambda_2 \geq \cdots \geq \lambda_m \geq 0$，及得到相应的特征向量$u_1$, u_2, $\cdots$, u_m，其中$u_j = (u_{1j}, u_{2j}, \cdots, u_{nj})^T$，由特征向量进行构造得到$m$个新的相关指标特征变量：

$$\begin{cases} y_1 = u_{11}\tilde{x}_1 + u_{21}\tilde{x}_2 + \cdots + u_{n1}\tilde{x}_n \\ y_2 = u_{12}\tilde{x}_1 + u_{22}\tilde{x}_2 + \cdots + u_{n2}\tilde{x}_n \\ \cdots\cdots\cdots\cdots\cdots\cdots\cdots\cdots\cdots\cdots\cdots\cdots \\ y_m = u_{1m}\tilde{x}_1 + u_{2m}\tilde{x}_2 + \cdots + u_{nm}\tilde{x}_n \end{cases}$$ 式中y_1是第1主成分，y_2是第2主成分，$\cdots$，y_m是第m个主成分。

最后，写出主成分并计算综合得分。

① 计算特征值λ_1（$j = 1,2,\cdots,m$）的信息贡献率和累计贡献率

$b_j = \frac{\lambda_j}{\sum_{k=1}^{m} \lambda_k}$（$j = 1,2,\cdots,m$）为主成分$y_j$的信息贡献率

$a_p = \frac{\sum_{k=1}^{p} \lambda_k}{\sum_{k=1}^{m} \lambda_k}$为主指标成分$y_1, y_2, \cdots, y_p$的累积贡献率，当$a_p$接近 1（$a_p = 0.85, 0.90, 0.95$）时，要直接选择前$p$个指标成分变量$y_1, y_2, \cdots, y_p$来作为$p$个主要成分，从而直接代替原来$m$个指标成分变量，这样我们才能对$p$个主要成分变量

做出一个综合性的分析。

② 计算综合得分

$Z = \sum_{j=1}^{p} b_j y_j$，其中$b_j$为第$j$个主成分的信息贡献率。

4.2.3 金融风险指数的测算

根据《中国统计年鉴》、《中国金融年鉴》、《中国区域经济统计年鉴》、国家统计局官方网站、中国人民银行官方网站、万得数据库等数据来源，选取 2008 年-2018 年中国 31 个省市的相关数据测算各地区的金融风险指数。

（1）数据的标准化处理

进行主成分分析之前必须应对原始数据进行规范化预处理，这样才能减少量级与量纲变化对于数据质量的影响，数据也更加具有可比性。本文将采用极差法对数据进行标准化，具体公式如下：

正向指标：$X_{ij} = \frac{X_i - X_{min}}{X_{max} - X_{min}}$ （4.1）

逆向指标：$X_{ij} = \frac{X_{max} - X_i}{X_{max} - X_{min}}$ （4.2）

其中，i、j分别表示指标和年份，X_{min}表示同一年份中指标的最小值，X_{max}表示同一年份中指标的最大值。将八个正向指标：房地产投资占 GDP 比重、赤字增长率、赤字依存度、不良贷款率、贷款增长率、股票总市值占 GDP 比重、进出口总额占 GDP 比重、外商直接投资额占 GDP 比重，按公式 4.1 加以标准化处理，将六个逆向指标：居民消费价格指数、GDP 增长率、工业增加值增长率、财政收入增长率、存款增长率、保险深度，按照公式 4.2 进行标准化处理。

（2）利用全局主成分分析法对各项指标的主要成分加以提取

本文将采用 SPSS25.0 软件对标准化后的数据进行主成分分析，首先进行 KMO 检验和 Bartlett 球形度检验。检验结果表明 KMO=0.619>0.5，而 Bartlett 球形度检验显著度等于 0，是低于 0.05 的显著性水平，说明数据符合主成分分析的方法。各成分的方差贡献率和累计贡献率见表 4.10，主成分的成分矩阵见表 4.11。

表 4.10 总方差解释

成分	初始特征值			提取载荷平方和		
	总计	方差百分比	累积 %	总计	方差百分比	累积 %
1	3.321	23.722	23.722	3.321	23.722	23.722
2	2.062	14.728	38.45	2.062	14.728	38.45
3	1.636	11.684	50.133	1.636	11.684	50.133
4	1.317	9.406	59.539	1.317	9.406	59.539
5	1.134	8.098	67.637	1.134	8.098	67.637
6	1.021	7.296	74.933	1.021	7.296	74.933
7	0.845	6.035	80.968			
8	0.771	5.51	86.478			
9	0.562	4.014	90.492			
10	0.375	2.677	93.169			
11	0.323	2.309	95.479			
12	0.303	2.162	97.641			
13	0.237	1.696	99.337			
14	0.093	0.663	100			

提取方式：主成分分析法。
数据来源：本文计算整理得到。

根据表 4.10 我们就已经能够明显看出各特征成分的方差贡献率和累积贡献率，根据每个特征值大于 1 的计算原则我们选择六个最重要的主成分，这六个主成分对方差的解释分别为 23.722%、14.728%、11.684%、9.406%、8.098%和 7.296%，它们的累积贡献率达到 74.933%，说明这六个主成分代表原来 14 个原始指标对金融风险进行评价具有接近 75%的把握，较为充分的代表了原始信息量。

表 4.11 成分矩阵

成分 指标	1	2	3	4	5	6
X1	0.268	0.282	0.117	-0.109	0.144	-0.657
X2	0.357	0.667	0.405	-0.014	-0.136	0.222
X3	0.416	0.684	0.338	0.044	-0.089	0.072
X4	0.266	-0.096	-0.292	0.185	0.428	0.528
X5	0.306	0.551	0.169	-0.089	0.507	0.103
X6	0.099	0.017	-0.381	-0.226	0.69	-0.158
X7	-0.808	0.119	0.125	0.334	0.109	-0.131
X8	0.098	-0.075	0.141	0.767	0.082	0.147
X9	0.02	0.493	-0.713	0.17	-0.207	-0.081
X10	-0.018	-0.504	0.7	-0.212	0.203	0.045
X11	0.67	-0.351	-0.014	0.379	0.033	-0.269

X12	−0.555	0.103	−0.129	−0.466	−0.084	0.219
X13	0.905	−0.196	−0.088	−0.161	−0.137	−0.074
X14	0.732	−0.259	−0.165	−0.224	−0.2	0.22

提取方法：主成分分析法，提取6个成分。X1为居民消费价格指数，X2为GDP增长率，X3为工业增加值增长率，X4为房地产投资占GDP比重，X5为财政收入增长率，X6赤字增长率，X7为赤字依存度，X8不良贷款率，X9为存款增长率，X10为贷款增长率，X11为股票总市值占GDP比重，X12为保险深度，X13为进出口总额占GDP比重，X14为外商直接投资额占GDP比重。

数据来源：本文计算整理得到。

(3) 计算金融风险指数

利用主成分分析的筛选方法得出六个主成分，接下来再将各自主成分载荷向量除以六个主成分特征值的算数平方根，这样可以得出主成分得分系数矩阵，见表4.12。

表4.12 主成分得分系数矩阵

成分 指标	1	2	3	4	5	6
X1	0.147062	0.196383	0.091473	−0.09498	0.135225	−0.65021
X2	0.1959	0.464495	0.316638	−0.0122	−0.12771	0.219705
X3	0.228275	0.476334	0.264256	0.038341	−0.08358	0.071256
X4	0.145964	−0.06685	−0.22829	0.161205	0.401918	0.522542
X5	0.167914	0.383714	0.132128	−0.07755	0.476104	0.101935
X6	0.054325	0.011839	−0.29787	−0.19693	0.647952	−0.15637
X7	−0.44338	0.082871	0.097728	0.291041	0.102358	−0.12965
X8	0.053776	−0.05223	0.110237	0.668348	0.077003	0.14548
X9	0.010975	0.343323	−0.55744	0.148134	−0.19439	−0.08016
X10	−0.00988	−0.35098	0.547276	−0.18473	0.190629	0.044535
X11	0.367655	−0.24443	−0.01095	0.330253	0.030989	−0.26622
X12	−0.30455	0.071729	−0.10086	−0.40606	−0.07888	0.216736
X13	0.496608	−0.13649	−0.0688	−0.14029	−0.12865	−0.07324
X14	0.401677	−0.18037	−0.129	−0.19519	−0.18781	0.217726

数据来源：本文计算整理得到。指标X1-X14的含义同上表。

根据表4.12的主成分系数可以得到主成分F1、F2、F3、F4、F5和F6的表达式，其中表达式中的指标是标准化处理后的变量。

$$F1 = 0.147062X_1 + 0.1959X_2 + 0.228275X_3 + 0.145964X_4 + 0.167914X_5 \\ + 0.054325X_6 - 0.44338X_7 + 0.053776X_8 + 0.010975X_9 \\ - 0.00988X_{10} + 0.367655X_{11} - 0.30455X_{12} + 0.496608X_{13} \\ + 0.401677X_{14}$$

$$F2 = 0.196383X_1 + 0.464495X_2 + 0.476334X_3 - 0.06685X_4 + 0.383714X_5$$
$$+ 0.011839X_6 + 0.082871X_7 - 0.05223X_8 + 0.343323X_9$$
$$- 0.35098X_{10} - 0.24443X_{11} + 0.071729X_{12} - 0.13649X_{13}$$
$$- 0.18037X_{14}$$

$$F3 = 0.091473272X_1 + 0.316638248X_2 + 0.264256118X_3 - 0.228292268X_4$$
$$+ 0.132128059X_5 - 0.2978745X_6 + 0.097727854X_7$$
$$+ 0.11023702X_8 + -0.557439681X_9$$
$$+ 0.547275984X_{10} - 0.01094552X_{11} - 0.100855146X_{12}$$
$$- 0.068800409X_{13} - 0.129000768X_{14}$$

$$F4 = -0.094980316X_1 - 0.012199307X_2 + 0.038340678X_3 + 0.161205124X_4$$
$$- 0.077552735X_5 - 0.196931665X_6 + 0.291040602X_7$$
$$+ 0.668347729X_8 + 0.148134438X_9 - 0.184732358X_{10}$$
$$+ 0.330252659X_{11} - 0.406062636X_{12} - 0.140292026X_{13}$$
$$- 0.195188906X_{14}$$

$$F5 = 0.135225X_1 - 0.12771X_2 - 0.08358X_3 + 0.401918X_4 + 0.476104X_5$$
$$+ 0.647952X_6 + 0.102358X_7 + 0.077003X_8 - 0.19439X_9$$
$$+ 0.190629X_{10} + 0.030989X_{11} - 0.07888X_{12} - 0.12865X_{13}$$
$$- 0.18781X_{14}$$

$$F6 = -0.65021X_1 + 0.219705X_2 + 0.071256X_3 + 0.522542X_4 + 0.101935X_5$$
$$- 0.15637X_6 - 0.12965X_7 + 0.14548X_8 - 0.08016X_9$$
$$+ 0.044535X_{10} - 0.26622X_{11} + 0.216736X_{12} - 0.07324X_{13}$$
$$+ 0.217726X_{14}$$

如果将以上每个变量代入上述表达式，就能够计算得出各自主成分的得分。然后再将每个主成分的方差贡献率作为权重，计算可以得到 2008-2018 年各地区金融风险指数的综合得分F，计算公式如下：

$$F = \frac{23.722F_1 + 14.728F_2 + 11.684F_3 + 9.406F_4 + 8.098F_5 + 7.296F_6}{74.933}$$

（4.3）

4.2.4 金融风险评估

根据上文公式计算出来的 2008-2018 年各地区金融风险指数的综合得分，可以得到每个省份的观察期平均得分，为了能够更好地进行数据之间的比较，对数据进行归一化处理，得到图 4.1。

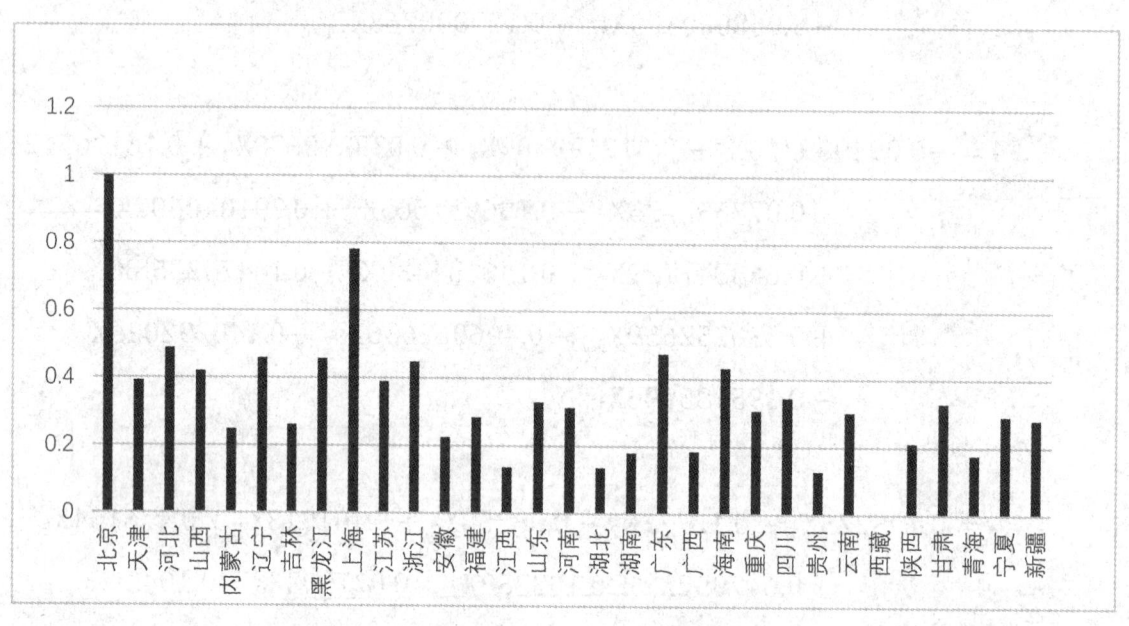

图 4.1 我国各地区金融风险平均得分

根据各地区金融风险指数的综合得分以及图 4.1 的直观比较，可以对我国各地区的金融风险状态进行基本的分析和评估，得到以下结论：

一方面，从金融风险指数综合得分的时间趋势特点来看，从 2008 年至 2018 年期间，大部分省市的金融风险指数从 2009 年开始都出现了下降的趋势，2016 年以后又逐步呈现出上升的态势。

另一方面，从金融风险指数综合得分的区域特点来看，我国金融风险指数在全国各个地区间存在着很大的不平衡性，其中北京、上海、广东等东部地区金融风险指数的得分较高，金融风险较大，而金融风险指数较低的区域则大多集中在中西部地区。各区域的金融风险既可以是在区域内部产生、扩散并可能向其他区域传播的金融风险，也可以是系统性金融风险在区域上的具体体现。区域金融风险不仅直接受到宏观经济等各种外部因素的影响，也受到地区整体经济社会发展水平、金融市场结构、市场化程度、政府干预程度、财政政策等内部因素的影响[159]。从金融风险指数的测度结果来看，我国的区域发展不平衡的现象依然较为突出，不同的区域受到金融风险的影响因素和影响程度都有所区别。需要根据不同区域的经济金融环境制定有所侧重的区域金融政策，防范地方金融风险向地理或经济相邻的区域溢出，积累后集中爆发，甚至引发系统性金融风险。

4.3 本章小结

本章对我国地方政府债务的现状进行了详细分析，并测算了金融风险指数，为后文的实证分析提供现实依据和重要数据基础。针对当前地方政府债务，首先总结了我国自建国以来对地方政府债务的体制演变，地方财政部门在计划经济时代缺乏独立的举债权力、分税制改革后债务规模急剧扩大、地方政府债务风险逐步暴露后对地方政府的发债管理也逐步完善、新《预算法》出台后开始对地方政府发债实施强化管理。其次是通过对各地财政债务规模的分析，改革开放以前和改革开放初期我国各地的财政因不具备举债自主权，所以债务规模相对较小，地方政府债务问题并不突出。分税制改革之后，受地方政府财政需求扩大以及世界经济危机的共同影响，中国地方政府债务的相对规模增长明显加速，这不仅反映在地方政府债务的绝对规模上，而且经过负债率与债务率两指数的综合计算，发现全国各地政府债务的相对规模均有明显增加，尽管仍然处在国际警戒线之内，但都已超过合理规模，具有规模过大的风险。此外，因为在我国的审计结果中并未涉及隐性债务规模，也没有充分体现出当前地方政府债务风险的真实情况，因此实际的地方政府债务风险应大于可测量水平。再次，本文对地方政府债务的结构特征进行了详细分析。从债务的区域结构分析，由于中西部区域经济欠发达，且经济发展速度较为较慢，所对应的融资需求相对较小，无论债务需求或者融资能力均比较薄弱，从而体现债务规模上低于东部地区一般水平。就政府债务的主体构成分析，投融资平台企业是最大的举债主体、其次为政府部门和金融机构等。从债务的顶层机构分析，市级县区政府因为要承受更多的城市化基础设施建设等重要公共物品的供给，债务融资压力也更大，所以它们的债务虽然在总债务占比中排在首位，但隐性债务更多集中在省级以下政府部门中。最后，在分析地方政府债务的规模与结构基础上，本文又进一步对中国地方政府债务的主要特点做出了概括总结，现阶段我国地方政府债务呈现债务余额较大且增速快、总体债务规模可控但局部风险突出、债务期限结构较短以及隐性债务规模庞大且透明度低等特点。关于金融风险指数的测算，先构建我国金融风险指标体系，然后根据文章研究的目的和样本的选择，对金融风险的度量方法进行选择，确定使用金融风险综合指数法并运用全局主成分分析法对指标赋予权重，最终得到我国各地区的金融风险指数，该指数将作为后文实证分析中的重要指标数据。

第5章 地方政府债务对金融风险影响的宏观传导机制

5.1 理论分析与研究假设

财政与金融都是国家宏观调控经济的主体,两者相互协调的制度安排是现代经济体系的核心制度之一。目前在我国社会主义市场经济的转型阶段,财政和金融对资源配置仍存在不平衡的问题。徐忠教授指出"金融资源配置的过程中会受到地方政府运用财政补贴、委托存款、高级管理人员任免权奖励等财政手段进行干预,金融机构在其引导下加大对地方经济建设的资金支持,从而承担一部分应尽的财政责任。"近年来地方政府债务规模加速增长,很多省份的偿债压力过大,债务风险已经凸显,举债项目管理漏洞以及预期收益率无法实现导致违约等问题都将导致债务风险加大,而财政与金融产生的职能交叉又将导致债务风险进一步演化为宏观金融风险。基于此,本文提出假设1:

假设1:地方政府债务的扩张将对金融风险产生直接影响。

如前文所述,地方政府债务通过银行贷款、地方政府债券、影子银行业务等路径影响宏观金融杠杆,政府债务规模走势与金融杠杆表现为同向变化,政府债务规模增加导致宏观金融杠杆率的提高。地方政府的长期投资项目和金融机构的短期资产形成一定期限错配,当金融机构短期负债利率上升、长期资产回报率下降时,金融杠杆风险敞口就将暴露出来,高杠杆率会使相关金融机构的投资损失成倍上升,并通过融资链向其他金融机构蔓延,进而危害更大区域的金融稳定性。一旦金融机构的债务人出现了信贷违约,高杠杆率会加剧流动性风险,金融机构必须低价售出资产以解决危机,这将造成资产价值的贬值严重,反过来也会影响到抵押品的价值,金融机构的信用风险将与流动性风险同时增加。基于此,本文提出假设2:

假设2:地方政府债务的扩张对金融风险具有间接影响,即通过提高宏观金融杠杆水平对金融风险产生影响。

地方政府提高债务融资规模,加大基础设施建设投资,将会带动相关产业投资水平的不断提升,市场货币需求量将伴随着总产出的增加而扩大。同时,根据现代货币理论,作为货币运行主体的商业银行具有货币创造功能。商业银行是地方政府债券的主要认购者,通过购买地方政府债券直接或者间接地增加了市场整体流动性。获得国库现金定期存款的商业银行以地方债作为质押品，也可以向市场释放一定流动性，金融市场整体的流动性将随着货币供给量的增加迅速加大，从较短的时间来看金融体系的安全性和稳定性会因此而增加。但从长远来看，过剩的货币供给量更多集中到回报率较高的金融行业或者房地产行业，从而导致经济"脱实向虚"以及资产价格泡沫增加，不断累积金融风险。基于此，本文提出假设3：

假设3：地方政府债务的扩张对金融风险具有间接影响，即通过货币供应量对金融风险产生影响。

地方政府对土地财政的过度依赖是引发房地产金融风险的重要原因之一。我国各地方政府通过土地出让收入增加财政资金，不仅地方基础设施建设不断完善，还为建设项目注入补贴资金，近年来依靠土地收益中国地方政府获得财政资金收入的重要补充，地方政府债务压力也得到了很大程度上的缓解。但是，地方政府凭借其在房地产市场上的主导地位对房价进行调控和干预，破坏了房地产市场客观的发展规律，导致房地产市场风险的累积。同时，由于金融机构体系和房地产市场的联系更加密切，房地产抵押资产一旦发生价格下滑，商业银行的信贷资金很可能就无法按期顺利回流，商业银行体系也积累着更大的信用风险和流动性风险。当政府债务违约风险剧增，银行体系受到重大冲击，甚至引发难以想象的金融海啸。基于此，本文提出假设4：

假设4：地方政府债务的扩张对金融风险具有间接影响，即通过土地财政对金融风险产生影响。

5.2 地方政府债务对金融风险影响的宏观实证检验

5.2.1 模型设定

本节的研究目的是通过实证分析来检验地方政府债务规模的扩张对金融风险是否具有显著的影响以及影响的程度如何。首先利用31个省市的面板数据构建地方政府债务扩张影响金融风险的估计模型如式（5.1）所示。在模型中以前文测算得到的金融风险指数（$RFRI$）作为被解释变量，以地方政府债务水平（$Gdebt$）作为主要解释变量。

$$\text{RFRI}_{it} = \alpha_0 + \alpha_1 \text{Gdebt}_{it} + \sum_{j=2}^{n} \alpha_j Z_{it} + \lambda_i + \nu_t + \varepsilon_{it} \tag{5.1}$$

其中，下标i和t分别表示区域和年份，Z_{it}表示控制变量，λ_i用于控制不可测的个体效应，ν_t用于控制不可测的时间效应，ε_{it}为随机扰动项，它满足相互之间独立性、零均值和等方差的假设。

5.2.2 变量选取

（1）被解释变量

本节选取金融风险（$RFRI$）作为被解释变量，用前文计算得到的金融风险指数衡量，从宏观上反映各区域的金融风险情况。

（2）主要解释变量

本章选取地方政府债务（$Gdebt$）作为核心解释变量，由于目前我国审计署只公布了2011年和2013年两年的地方政府债务审计结果，国家统计局公布了2015年以后的各地方政府债务余额，因此无法直接使用各地方政府债务余额的统计数据来衡量地方政府债务水平。文章借鉴了张忆东和李彦霖（2013）[160]的估算方法，利用地方政府现金流收支差额衡量财政资金缺口，吕健（2014）[161]，肖鹏、樊蓉（2019）[162]也使用了这种计算方法，杨灿明和鲁元平（2015）[163]认为这种测算地方政府债务的方法最为精细。具体公式如下：

地方政府债务=市政领域的固定资产投资-地方政府可用收入

其中，地方政府可用收入包括地方政府对市政领域固定投资的预算内资金投入、土地出让收入中用于投资的资金和投资项目的盈利现金流入（假设政府的投资项目不以盈利为目的维持零利润，盈利现金流入为市政领域固定资产投资额乘以折旧率）。按照国民经济行业分类标准，市政基础设施投资领域包括电力、燃气及水的生产和供应业；交通运输、仓储和邮政业；科研、技术咨询服务服务和自然地质资源勘查业；工程水利、环保和其他公共设施管理业；公共事务管理和社会组织等七个主要行业。

（3）控制变量

地区经济发展水平（$Lpgdp$）：地区生产总值反映的是该地区的整体经济社会发展能力水平，经济发展水平既能够直接反映出地区经济对地方政府债务的承受能力，又能够反映出它对区域金融的支持程度。本文主要通过地区生产总值与地区总人口数量的相对比率，即人均 GDP 来反映某一地区经济社会发展水平。

城镇化水平（$Urban$）：城镇化主要体现一个地区的经济水平和经济建设发展速度，同时地方政府通过债务融资的最重要目的就是完善地方基础设施建设，从而提升城市化水平。本文主要通过城镇人口占区域总人口的比例来反映城市化水平。

产业结构（$INstr$）：产业结构影响区域经济发展水平和地方财政收入水平，合理优化的产业结构也会对该区域的金融市场发展具有极大的促进作用。本文主要通过第三产业和第二产业增加值的相对比重来体现地区的产业结构。

地方政府的干预程度（$Ginter$）：地方经济和金融受到地方政府的干预程度对金融风险和地方政府债务规模都具有一定的影响。本文主要依据樊纲等（2003）[164]对我国地方政府财政与市场关系的分析研究，采用地方政府财政支出占地区 GDP 的比重反映地方政府的市场干预程度。

市场化指数（$Market$）：我国产品市场和要素市场的快速发展，对区域金融风险具有一定影响。这里使用王小鲁等（2019）[165]计算的市场化指数刻画各省份的市场发展程度，官方测算的市场化指数截止到 2016 年，2017 年和 2018 年数据根据 2009-2016 年市场化指数数据计算得出。

基础设施水平（$Constr$）：基础设施水平与该地区的经济发展水平、居民收入水平等都具有紧密联系，它是城市公共服务的基础，能够反映出该地区发展的硬件水平。本文主要通过铁路和公路运营总里程合计占区域面积来反映基础设施水平。

信贷期限结构（$Credit$）：信贷期限结构反映货币政策和金融机构的信贷政策，它对经济发展和社会物价水平产生了重大影响，因此本文主要通过短期贷款占中长期贷款比率来反映信贷期限结构。

具体变量的说明详见表 5.1。

表 5.1 变量定义与计算

	变量名称	变量符号	变量定义与计算
被解释变量	区域金融风险指数	RFRI	区域金融风险指数综合得分，其值越大区域金融风险越大
主要解释变量	地方政府债务	Gdebt	市政领域的固定资产投资-地方政府可用收入，取对数
控制变量	地区经济发展水平	Lpgdp	人均国内生产总值，取对数
	城镇化水平	Urban	城镇人口/总人口
	产业结构	INstr	第三产业增加值/第二产业增加值
	地方政府的干预程度	Ginter	财政支出/GDP
	市场化指数	Market	王小鲁等（2019）测算
	基础设施水平	Constr	铁路和公路营业里程合计/区域面积，取对数
	信贷期限结构	Credit	短期贷款/中长期贷款比重

5.2.3 数据来源与描述性统计

本部分的实证分析采用 2008-2018 年全国 31 个省（市、自治区）的相关数据进行模型估计，相关数据分别来源于《中国统计年鉴》、《中国金融年鉴》、《中国固定资产投资统计年鉴》、《全国政府性债务审计结果》以及 Wind 数据库。使用的统计工具是 Stata14.0。

表 5.2 汇报了各主要统计变量的基本描述性统计结果，可以看到区域金融风险指数的均值为-0.00220，接近 0，最小值为-1.530，最大值达到了 2.790，表明我国各地区金融风险程度相差较大。地方政府债务的对数均值为 8.718，最小值为 5.949，最大值为 10.52，表明我国各省份的地方政府债务水平不平衡存在一定差异。

表 5.2 主要变量的描述性统计

变量	样本量	均值	标准差	最小值	最大值	25%分位数	50%分位数	75%分位数
RFRI	341	-0.00220	0.704	-1.530	2.790	-0.470	-0.120	0.390
LnGdebt	341	8.718	0.938	5.949	10.52	8.222	8.832	9.355
LnLpgdp	341	10.60	0.520	9.196	11.85	10.27	10.60	10.95
Ginter	341	0.268	0.202	0.0870	1.379	0.176	0.218	0.286
Credit	341	0.574	0.289	0.00760	1.772	0.392	0.534	0.709
LnConstr	341	8.825	0.889	6.045	9.993	8.550	9.081	9.452
Market	341	6.157	2.121	-1.140	10.83	4.810	6.160	7.400
INstr	341	1.093	0.623	0.500	5.022	0.753	0.900	1.198
LnUrban	341	3.962	0.261	3.087	4.495	3.820	3.972	4.104

5.2.4 实证检验与结果分析

（1）实证检验结果

如表 5.3 所示，被解释变量为金融风险指数，第（1）列是作为参照的 OLS 回归结果、第（2）列是基本固定效应回归结果、第（3）列和第（4）列分别是将解释变量的滞后一期和滞后二期后的回归结果。综合以上这几项回归结果分析，地方政府债务规模扩张对金融风险指数具有正向影响，并且都在 1%的水平上显著。地方政府债务规模扩张程度越大，金融风险水平也越高。回归结果证实了假设 1。同时，为了探究地方政府债务规模的扩张是否对金融风险水平的影响具有滞后性，本文还对自变量进行了滞后处理，其结果表明地方政府债务当期、滞后一期和滞后两期的系数分别为 0.639、0.569 和 0.561，递减趋势没有特别显著，这说明金融风险不仅受到当年地方政府债务规模的影响，还受到前两年地方政府债务规模的正向影响。

表 5.3 地方政府债务影响宏观金融风险的实证结果分析

变量	(1)	(2)	(3)	(4)
LnGdebt	0.190***	0.639***		
	(2.92)	(6.19)		
LnGdebt$_{-1}$			0.569***	
			(6.86)	
LnGdebt$_{-2}$				0.561***
				(4.51)
LnLpgdp	-0.544*	-1.748***	-1.347**	-0.907
	(-1.97)	(-2.76)	(-2.04)	(-1.35)
Ginter	0.753	-2.905**	-2.658**	-3.190**
	(1.13)	(-2.21)	(-2.18)	(-2.11)
Credit	0.472***	0.564**	0.554**	0.243
	(3.44)	(2.16)	(2.41)	(0.99)
LnConstr	0.0171	1.109**	1.390**	1.307**
	(0.18)	(2.14)	(2.36)	(2.22)
Market	-0.00156	0.0611	0.103	0.0990*
	(-0.03)	(0.87)	(1.63)	(1.90)
INstr	0.592***	0.367	0.438	0.717**
	(8.69)	(1.39)	(1.59)	(2.23)
LnUrban	2.100***	0.959	0.919	1.424
	(3.03)	(0.80)	(0.83)	(1.04)
常数项	-5.163**	-1.135	-6.742	-12.38
	(-2.40)	(-0.16)	(-0.95)	(-1.57)
组内R^2	0.5945	0.4079	0.4342	0.4058

注：***、**和*分别表示估计参数在 1%、5%和 10%水平下显著，括号内为 t 检验值。

（2）稳健性检验

为了检验上述结果的稳健性，本文将采用替换主要解释变量与系统 GMM 估计两种方式进行稳健性检验，具体的检验结论见表 5.4。

第一，替换地方政府债务的衡量指标进行稳健性检验。

为了检验模型的稳定性，在这里把主要解释变量地方政府债务规模替换成债务率（Gdebtd，即地方政府债务余额占地方财政预算收入的比重），债务率这个指标能够体现地方政府的债务规模，反映政府偿还债务的能力。表 5.4 中的第（1）列和第（2）列分别汇报了混合回归和固定效应模型的回归结果。结果显示，地方政府债务规模对金融风险影响分别在 5%和 1%的水平下显著为正，与前文分析的结果一致，表明模型具有稳健性。

第二，利用动态面板模型进行稳健性检验。

由于固定效应模型检验中发现金融风险会受到上期地方政府债务规模的影响，并且考虑到金融风险指数构建的指标中包括了赤字增长率、赤字依存度等财政方面指标，所以地方政府债务规模和金融风险指数可能存在着双向因果关系，具有内生性问题。本文采用系统广义矩估计（SYS-GMM）方法，构建动态面板模型解决被解释变量与主要解释变量之间的内生性问题，作为稳健性检验。在前面基础模型的基础中引入了被解释变量的滞后一期，得到模型（5.2）。如表 5.4 的第（3）列所示，地方政府债务规模与金融风险在 10%水平上显著正相关，与前文分析结果一致，并进一步有效解决了内生性的问题。

$$RFRI_{it} = a_0 + a_1 RFRI_{i,t-1} + \alpha_2 Gdebt_{it} + \sum_{j=3}^{n} \alpha_j Z_{it} + \lambda_i + v_t + \varepsilon_{it} \quad (5.2)$$

表 5.4 替换主要解释变量和动态面板的稳健性检验结果

变量	RFRI		
	(1)	(2)	(3)
Gdebtd	0.038**	0.0869***	
	(2.06)	(3.12)	
$RFRI_{t-1}$			0.476*
			(2.04)
LnGdebt			0.543*
			(1.81)
LnLpgdp	-0.349**	-0.922**	-0.826**
	(-1.99)	(-1.71)	(-2.20)
Ginter	0.055	-1.617	1.720*
	(0.17)	(-1.47)	(1.81)
Credit	0.480***	0.273	0.392**
	(4.57)	(1.13)	(2.26)
LnConstr	0.058	1.28**	-0.0211
	(0.92)	(2.36)	(-0.30)
Market	0.016	0.063	-0.0137
	(0.49)	(0.83)	(-0.28)
INstr	0.553***	0.208	0.498**
	(7.80)	(0.73)	(2.15)
LnUrban	1.642***	1.111	2.402**
	(4.51)	(0.82)	(2.56)
组内R^2	0.5857	0.3730	
常数项	-4.333***	-6.823	-6.958**
	(-3.59)	(-0.95)	(-2.06)
样本数	341	341	310
Hansen值			10.38
			[0.663]
AR(1)			[0.027]
AR(2)			[0.051]

注：***、**和*分别表示估计参数在 1%、5%和 10%水平下显著，括号内为 t 检验值，中括号内为相应检验统计量的 p 值。

5.2.5 基于区域异质性的进一步分析

考虑到我国地区的发展存在差异性，因此本文把样本分为了东部、中部和西部三个地区进行异质性检验，研究不同区域地方政府债务规模对金融风险影响的差异以及存在差异性的原因。从表 5.5 的实证检验结果我们可以看到，东部地区的地方政府债务规模对金融风险的影响在 5%的水平下显著为正，中部地区的地方政府债务规模对金融风险的影响在 10%的水平下显著为正，而西部地区的地方政府债务规模对金融风险的影响则不显著。东部地区与中部地区地方政府债务的系数分别为 0.853 和 0.395，表明东部地区金融风险受到地方政府债务规模扩张的影响更大。这主要由于东部地区的经济发展水平较高，金融发展也相对领先，金融机构众多，化解地方政府债务融资的金融渠道畅通，虽然我国现阶段不允许商业银行等金融机构直接向地方政府提供贷款，但通过各种渠道融资后最终的债务人依然以商业银行为主，因此这里蕴藏着大量的金融风险。此外，通过前文的分析可知这些经济发达区域也正是地方政府债务规模增长迅速的区域，在地方政府逐步增加债务融资规模的过程中，地方货币供应量将明显增加，从而带动了房地产市场投资的增长、房价上涨，房地产金融风险也更加显著。因此，接下来我们有必要对地方政府债务规模扩张对金融风险影响的机制进行更加深入的分析，探究地方政府债务是通过影响哪些经济变量或者通过哪些渠道进而对金融风险水平产生影响的。

表 5.5 地方政府债务影响金融风险的区域异质性检验结果

变量	RFRI		
	东部地区	中部地区	西部地区
LnGdebt	0.853**	0.395*	-0.704
	(2.57)	(2.04)	(-1.17)
LnLpgdp	-1.795*	-0.830	-0.558
	(-1.85)	(-1.09)	(-0.23)
Ginter	-4.027***	0.0380	0.975
	(-4.20)	(0.02)	(0.45)
Credit	0.822*	1.182	0.343
	(1.84)	(1.38)	(0.70)
LnConstr	-0.298	1.240	0.593
	(-0.38)	(1.05)	(0.56)
Market	0.110	-0.154	0.202
	(1.47)	(-0.83)	(1.56)
INstr	-0.312	0.300	0.603
	(-0.88)	(0.57)	(0.89)
LnUrban	-0.943	3.057	-7.278
	(-0.64)	(1.25)	(-1.47)
常数项	17.59	-17.81	30.46
	(1.57)	(-1.49)	(1.14)
时间效应	YSE	YES	YES
个体效应	YES	YES	YES
组内R^2	0.5359	0.5475	0.4711
样本数	154	119	68

注：***、**和*分别表示估计参数在1%、5%和10%水平下显著，括号内为t检验值。

5.3 宏观金融杠杆传导机制实证检验

本节主要探究地方政府债务对金融风险的影响机制，通过实证方法来分析地方政府债务规模扩张能否通过影响宏观金融杠杆进而对金融风险产生影响，即检验宏观金融杠杆的中介效应。

5.3.1 模型设定

本节的研究目的是通过实证分析来检验地方政府债务是否能够通过对宏观金融杠杆的影响进而对金融风险产生显著的影响，并且进一步判断影响的程度如何。根据中介效应的逐步检验方法，构造了中介效应方程。首先，利用面板数据构建地方政府债务影响金融风险的基准估计模型如式（5.3）所示；其次在基准估计模型的基础上建立模型（5.4）和（5.5），将宏观金融杠杆作为中介变量，对它在地方政府债务规模与金融风险之间可能起到的中介效应进行检验。将金融风险指数 RFRI 作为被解释变量，以地方政府债务水平 Gdebt 作为解释变量，以宏观金融杠杆 Lev 作为中介变量。

$$RFRI_{it} = \alpha_0 + \alpha_1 Gdebt_{it} + \sum_{j=2}^{n} \alpha_j Z_{it} + \lambda_i + \nu_t + \varepsilon_{it} \quad (5.3)$$

$$Lev_{it} = \beta_0 + \beta_1 Gdebt_{it} + \sum_{j=2}^{n} \beta_j Z_{it} + \lambda_i + \nu_t + \varepsilon_{it} \quad (5.4)$$

$$RFRI_{it} = \gamma_0 + \gamma_1 Gdebt_{it} + \gamma_2 Lev_{it} + \sum_{j=3}^{n} \gamma_j Z_{it} + \lambda_i + \nu_t + \varepsilon_{it} \quad (5.5)$$

其中，下标 i 和 t 分别表示区域和年份，Z_{it} 表示控制变量，λ_i 用于控制不可测的个体效应，ν_t 用于控制不可测的时间效应，ε_{it} 为随机扰动项，必须满足相互之间独立性、零均值以及等方差的假设。

根据温忠麟等（2014）[166]提出的中介效应检验流程，如图 5.1 所示：其中 X 表示主要解释变量，Y 表示被解释变量，M 表示中介变量。路径 c 是主要解释变量对被解释变量的总效应，即方程（5.3）；路径 a 是解释变量对中介变量的效应，即方程（5.4）；路径 b 是在基础回归方程加入了中介变量后，中介变量对被解释变量的影响和解释变量对被解释变量的直接影响，即方程（5.5）。假设路径 c 的总效应显著、路径 a 中解释变量对中介变量的影响显著，同时路径 b 中的中介变量对被解释变量的影响也表现显著，那么基本可以确定中介效应的存在，而完全中介效应或者部分中介效应，可以进一步通过路径 b 中解释变量对被解释变量的显著性来判断。系数不显著的属于完全中介效应，而系数显著的属于部分中介效应。后文中所有的中介效应检验都依据此检验流程，之后将不再赘述。

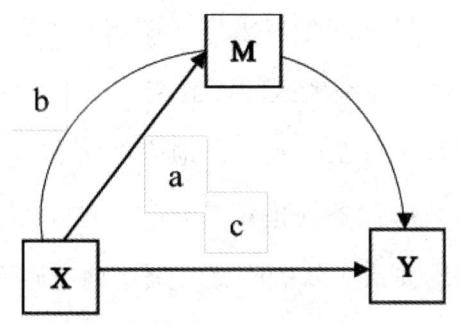

图 5.1 中介效应检验流程

5.3.2 变量选取

（1）被解释变量。本节选取金融风险（$RFRI$）作为被解释变量，用前文建立指标体系计算得到的金融风险指数进行度量，从宏观上反映各区域的整体金融风险情况。

（2）主要解释变量。本节选取地方政府债务（$Gdebt$）作为核心解释变量，采用地方政府现金流收支差额来衡量财政资金缺口的方法进行估算，具体测算方法与前文一致。

（3）中介变量。本节选取宏观金融杠杆（Lev）作为中介变量。关于宏观金融杠杆水平的衡量，在国际比较分析中宏观金融杠杆一般选用私人部门信贷占/GDP 的比重来进行衡量（陈雨露等，2014[167]；马勇、陈雨露，2017[168]），在区域层面一般选用本外币贷款余额/GDP 的比重来进行衡量（林进忠，2020[169]；张璟等，2021[170]）。由于在本文实证检验中采用的省级面板数据，因此采用第二种衡量方法。

（4）控制变量

地区经济发展水平（$Lpgdp$）：地区生产总值反映的是该地区的整体经济社会发展能力水平，经济发展水平既能够直接反映出地区经济对地方政府债务的承受能力，又能够反映出它对区域金融的支持程度。本文主要通过地区生产总值与地区总人口数量的比重，即人均 GDP 来衡量。

产业结构（$INstr$）：产业结构影响区域经济发展水平和地方财政收入水平，而合理优化的地方产业结构也会对该地区的经济金融市场发展产生很大的促进作用，另外地方的产业结构越合理，工业生产过程中对环境污染影响也越小，经济高质量发展，则地区全要素生产率水平就越高。这里采用第三产业和第二产业增加值的比值来体现地区的产业结构。

地方政府的干预程度（Ginter）：地方经济和金融受到地方政府的干预程度对金融风险和地方政府债务规模都具有一定的影响。参考樊纲（2003）对我国地方政府财政与市场关系的分析研究，采用地方政府财政支出占地区GDP的比重反映地方政府的市场干预程度。

市场化指数（Market）：由于产品市场和生产要素市场的迅速发展有力地促进了金融业全要素生产力的提升，也在一定程度上影响区域金融风险程度。这里采用王小鲁等（2019）测算的市场化指数刻画各个地区的市场发达程度，官方测算的市场化指数截止到2016年，2017年和2018年数据根据已有的市场化指数数据2009-2016年数据计算得出。

基础设施水平（Constr）：基础设施水平与该地区的经济发展水平、居民收入水平等都具有紧密联系，它是城市公共服务的基础，能够反映出该地区发展的硬件水平。本文主要通过铁路和公路营业里程合计占区域面积来反映基础设施水平。

信贷期限结构（Credit）：信贷期限结构反映货币政策和金融机构的信贷政策，它对经济发展和社会物价水平产生了重大影响，因此本文主要通过短期贷款占中长期贷款比率来反映信贷期限结构。

具体变量的说明详见表5.6。

表5.6 变量定义与计算

	变量名称	变量符号	变量定义与计算
被解释变量	区域金融风险指数	RFRI	区域金融风险指数综合得分，其值越大区域金融风险越大
主要解释变量	地方政府债务	Gdebt	市政领域的固定资产投资-地方政府可用收入，取对数
中介变量	宏观金融杠杆	Lev	本外币贷款余额/GDP
控制变量	地区经济发展水平	Lpgdp	人均国内生产总值，取对数
控制变量	产业结构	INstr	第三产业增加值/第二产业增加值
控制变量	地方政府的干预程度	Ginter	财政支出/GDP
控制变量	市场化指数	Market	王小鲁等（2019）测算
控制变量	信贷期限结构	Credit	短期贷款/中长期贷款
控制变量	基础设施水平	Constr	铁路和公路营业里程合计/区域面积，取对数

5.3.3 数据来源与描述性统计

本部分的实证分析采用 2008-2018 年全国 31 个省（市、自治区）的相关数据进行模型估计，相关数据分别来源于《中国统计年鉴》、《中国金融年鉴》、《中国固定资产投资统计年鉴》、《全国政府性债务审计结果》以及 Wind 数据库。本文使用的统计工具是 Stata14.0。各主要变量的描述性统计详见表 5.7。

表 5.7 主要变量的描述性统计

变量	样本量	均值	标准差	最小值	最大值	25%分位数	50%分位数	75%分位数
RFRI	341	-0.0022	0.7041	-1.53	2.79	-0.47	-0.12	0.39
LnGdebt	341	8.7182	0.9377	5.9488	10.5154	8.2219	8.8317	9.3547
Lev	341	1.2711	0.4646	0.5528	3.0853	0.938	1.1923	1.4743
LnLpgdp	341	10.5997	0.5203	9.1957	11.8509	10.2679	10.597	10.9488
Market	341	6.1573	2.121	-1.14	10.83	4.81	6.16	7.4
LnConstr	341	8.8252	0.8893	6.0454	9.9935	8.5496	9.081	9.4522
LnUrban	341	3.962	0.261	3.0865	4.4954	3.8199	3.9716	4.104
Ginter	341	0.2681	0.2024	0.087	1.3792	0.1757	0.2183	0.2858
Credit	341	0.5738	0.2893	0.0076	1.772	0.3919	0.5344	0.7085
INstr	341	1.0933	0.6227	0.4996	5.0222	0.7535	0.8999	1.1977

5.3.4 实证检验与结果分析

中介效应的检验分为三个步骤进行：首先，通过模型（5.4）验证地方政府债务对金融风险的影响效应。其次，通过模型（5.5）验证地方政府债务对宏观金融杠杆的影响效应。再次，通过模型（5.6）检验是否存在中介效应，宏观金融杠杆是不是地方政府债务和金融风险之间的中介变量。如果α_1、β_1和γ_2系数均显著，那么地方政府债务通过影响宏观金融杠杆，进而影响金融风险的中介效应成立。若γ_1不显著，则宏观金融杠杆是唯一中介；若γ_1显著，则宏观金融杠杆是部分中介，进一步来说如果$\beta_1\gamma_2$与γ_1同号，则属于互补中介，$\beta_1\gamma_2$与γ_1异号，则属于竞争中介。

（1）基准模型回归结果分析

表 5.8 的第（1）列报告了模型（5.4）中地方政府债务影响金融风险的基准回归结果，这也是要验证中介效应系数α_1的估计。从回归结果来看，地方政

府债务的估计系数在 1%的水平下显著为正,且每增加 1 个百分点,金融风险将提高 0.676 个百分点,这与上文的分析结论一致,随着地方政府债务规模的扩张,金融风险程度明显加大,地方政府债务规模的增加对金融风险产生了推动的效应。首先可以按中介效应立论,继续后面的检验。

表5.8 宏观金融杠杆中介效应检验结果

变量	(1) RFRI	(2) Lev	(3) RFRI
LnGdebt	0.676***	0.0608*	0.658***
	(6.80)	(1.66)	(6.27)
Lev			0.294*
			(1.77)
LnConstr	1.174**	1.100***	0.850
	(2.09)	(5.76)	(1.48)
LnLpgdp	-1.589**	-0.553***	-1.426***
	(-2.66)	(-4.07)	(-3.58)
Ginter	-2.984**	2.874***	-3.831***
	(-2.17)	(8.75)	(-3.64)
INstr	0.324	-0.198***	0.382**
	(1.18)	(-3.00)	(2.01)
Market	0.0448	-0.0578***	0.0618
	(0.68)	(-2.97)	(1.10)
Credit	0.555*	0.182**	0.502**
	(2.03)	(2.20)	(2.11)
常数项	0.240	-3.797**	1.358
	(0.04)	(-2.04)	(0.25)
组内R^2	0.4053	0.7775	0.4116
样本数	341	341	341

注:***、**和*分别表示估计参数在1%、5%和10%水平下显著,括号内为t检验值。

(2)中介效应检验结果分析

表 5.8 中的第(2)列是对模型(5.5)的估计,分析地方政府债务对宏观金融杠杆的影响,即检验中介效应系数β_1。从回归结果可以看到,地方政府债务系数β_1在 10%的水平下显著为正,说明了由于地方政府债务规模的扩张,宏观金融杠杆将明显增加,如果地方政府债务规模扩大 1 个百分点,宏观金融杠杆就将增加0.0608 个百分点。

接下来对模型(5.6)进行估计,分析地方政府债务是否通过宏观金融杠杆对金融风险产生影响,即检验中介效应系数γ_1和γ_2。从表 5.8 中的第(3)列回归结果可以看到，在地方政府债务对金融风险的影响中加入宏观金融杠杆这个中介变量之后，地方政府债务的影响依然显著，但是系数有所减小，γ_2在1%的水平下显著为正，这说明宏观金融杠杆是部分中介。宏观金融杠杆的系数γ_1在10%的水平下显著为正，这说明随着宏观金融杠杆的提高，金融风险水平将有所上升，降低金融体系的稳定性。

从中介检验的结果可以看出，地方政府债务规模的扩张通过宏观金融杠杆这个中介变量，对金融风险的水平产生显著的影响。为提振地方经济，地方政府调整了债务结构，并通过发行债券、融资平台贷款、PPP等方式扩大举债规模是一把双刃剑，在短期内可以缓解财政压力，加大公共设施与项目建设的力度，但是地方政府大规模举债融资在一定程度上导致宏观金融杠杆率攀升，进而不利于金融市场、金融机构等对金融风险的控制，加大了金融风险水平，从而验证了假设2。

（3）稳健性检验

第一，替换核心解释变量的稳健性检验。

为了检验模型的稳健性，这里把核心解释变量地方政府债务规模替换成债务率（Gdebtd，即地方政府债务余额占地方财政预算收入的比重），债务率这个指标能够体现地方政府的债务规模，反映政府偿还债务的能力。替换主要解释变量后对原模型重新进行回归，表5.9汇报了替换主要解释变量后，地方政府债务通过宏观金融杠杆影响金融风险的回归结果。债务率影响金融风险的估计系数在1%水平下显著为正，表明地方政府债务规模扩张将促进金融风险水平提高。财政赤字率影响中介变量宏观金融杠杆的系数在1%的水平下显著为正，表明地方政府债务规模扩张促进宏观金融杠杆的提高。第（2）列中债务率的系数在1%水平下显著为正，第（3）列中债务率系数和中介变量宏观金融杠杆的系数均在1%水平下显著为正，因此宏观金融杠杆的中介效应成立，与上文基准回归的结论相符。稳健性检验回归结果表明，地方政府债务水平越高，债务风险水平越高的地区金融风险越高，并且存在以宏观金融杠杆为中介变量的中介效应，研究结论保持不变，通过了稳健性检验。

表 5.9 替换主要解释变量的稳健性检验结果

变量	(1) RFRI	(2) Lev	(3) RFRI
Gdebtd	0.0971***	0.0394***	0.0639***
	(3.43)	(3.76)	(3.54)
Lev			0.392***
			(3.61)
LnConstr	1.348**	0.967**	0.0279
	(2.37)	(2.40)	(0.32)
LnLpgdp	-0.677	-0.457*	0.234
	(-1.34)	(-2.01)	(1.59)
Ginter	-1.577	3.324***	-1.358***
	(-1.43)	(6.19)	(-3.43)
INstr	0.150	-0.193	0.514***
	(0.49)	(-1.14)	(6.15)
Market	0.0461	-0.0457	0.0351
	(0.63)	(-1.65)	(0.79)
Credit	0.242	0.155	0.272*
	(0.97)	(1.16)	(1.75)
常数项	-5.490	-3.474	-3.733**
	(-0.94)	(-1.01)	(-2.18)
组内 R^2	0.3696	0.8000	0.3463
样本数	341	341	341

注：***、**和*分别表示估计参数在1%、5%和10%水平下显著，括号内为t检验值。

第二，利用动态面板模型的稳健性检验。

考虑到地方政府债务与金融风险之间的互动逻辑，可能出现由样本选择性偏误和双向因果关系带来的内生性问题，因此本文采用系统广义矩估计（SYS-GMM）方法，构建动态面板模型解决被解释变量与主要解释变量之间的内生性问题，作为稳健性检验。首先，在前文基准模型中引入被解释变量的滞后一期，得到模型（5.6）-（5.8），然后按照中介效应的检验方法对三个模型逐次进行检验。从表5.10的稳健性检验结果可以看到，地方政府债务在10%的显著性水平下明显增加了金融风险水平，系数为0.475；地方政府债务在10%的显著性水平下显著推动了宏观金融杠杆的增加，系数为0.042；在地方政府债务对金融风险的影响中加入宏观金融杠杆这一中介变量之后，宏观金融杠杆在10%的水平下显著为正，而正是由于宏观金融杠杆的增加，金融风险上升，因此宏观金融杠杆的中介效应也成立了，这和上文的研究结果一致，并且通过了稳健性检验。

$$RFRI_{it} = a_0 + a_1 RFRI_{i,t-1} + \alpha_2 Gdebt_{it} + \sum_{j=3}^{n} \alpha_j Z_{it} + \lambda_i + \nu_t + \varepsilon_{it} \quad (5.6)$$

$$Lev_{it} = \beta_0 + \beta_1 Lev_{i,t-1} + \beta_2 Gdebt_{it} + \sum_{j=3}^{n} \beta_j Z_{it} + \lambda_i + \nu_t + \varepsilon_{it} \quad (5.7)$$

$$RFRI_{it} = \gamma_0 + \gamma_1 RFRI_{i,t-1} + \gamma_2 Gdebt_{it} + \gamma_3 Lev_{it} + \sum_{j=4}^{n} \gamma_j Z_{it} + \lambda_i + \nu_t + \varepsilon_{it} \quad (5.8)$$

表 5.10 动态面板模型的稳健性检验结果

变量	(1) RFRI	(2) Lev	(3) RFRI
Rfri$_{t-1}$	0.449*		0.557***
	(2.03)		(3.08)
Lev$_{t-1}$		0.886***	
		(8.28)	
LnGdebt	0.475*	0.0420*	0.317**
	(1.79)	(1.84)	(2.04)
Lev			0.434*
			(1.95)
LnLpgdp	-0.818*	-0.133	0.116
	(-2.04)	(-1.32)	(0.72)
Ginter	1.591*	0.628**	-0.249
	(1.90)	(2.60)	(-0.54)
Credit	0.425**	0.0600	0.287
	(2.38)	(1.54)	(1.54)
INstr	0.482*	0.0460	0.266
	(1.82)	(1.20)	(1.36)
Market	-0.0172	-0.00646	-0.0138
	(-0.31)	(-0.76)	(-0.29)
LnConstr	-0.0277	0.0209	-0.0636
	(-0.34)	(1.28)	(-0.77)
Hausen 值	13.99	7.88	12.71
	[0.374]	[0.795]	[0.470]
AR（1）	[0.023]	[0.035]	[0.011]
AR（2）	[0.047]	[0.742]	[0.070]
样本数	310	310	310

注：***、**和*分别表示估计参数在 1%、5%和 10%的水平下显著，小括号内为 t 检验值，中括号内为相应检验统计量的 p 值。

5.4 货币供应量传导机制实证检验

5.4.1 模型设定

本节的研究目的是通过实证分析来检验地方政府债务规模的扩张是否通过

对货币供应量的影响,进而对金融风险产生显著的影响以及影响的程度如何。首先,利用面板数据构建地方政府债务扩张影响货币供应量的基准估计模型如式(5.9)所示;其次在基准估计模型的基础上建立模型(5.10)和(5.11),将货币供应量作为中介变量,对它是否在地方政府债务规模扩张与金融风险之间起到中介效应进行检验。衡量区域金融风险指数的代理变量(RFRI)作为被解释变量,以地方政府债务水平(Gdebt)作为解释变量,以货币供应量(MS)作为中介变量。

$$RFRI_{it} = \alpha_0 + \alpha_1 Gdebt_{it} + \sum_{j=2}^{n} \alpha_j Z_{it} + \lambda_i + \nu_t + \varepsilon_{it} \quad (5.9)$$

$$MS_{it} = \beta_0 + \beta_1 Gdebt_{it} + \sum_{j=2}^{n} \beta_j Z_{it} + \lambda_i + \nu_t + \varepsilon_{it} \quad (5.10)$$

$$RFRI_{it} = \gamma_0 + \gamma_1 Gdebt_{it} + \gamma_2 MS_{it} + \sum_{j=3}^{n} \gamma_j Z_{it} + \lambda_i + \nu_t + \varepsilon_{it} \quad (5.11)$$

其中,下标i和t分别表示区域和年份,Z_{it}表示控制变量,λ_i用于控制不可测的个体效应,ν_t用于控制不可测的时间效应,ε_{it}为随机扰动项,它必须满足相互独立性、零均值以及等方差的假设。

5.4.2 变量选取

(1) 被解释变量。本节选取金融风险($RFRI$)作为被解释变量,用前文构建指标体系测算得到的金融风险指数进行度量,从宏观上反映各区域的整体金融风险情况。

(2) 主要解释变量。本节选取地方政府债务($Gdebt$)作为核心解释变量,采用地方政府现金流收支差额来衡量财政资金缺口的方法进行估算,具体测算方法与前文一致。

(3) 中介变量。本节选用货币供应量(MS)为中介变量。因为省级区域没有货币供应量的统计数据,因此参照丁文丽(2006)[171]和陈宝东等(2019)[172]的研究采用各省份金融机构的存款余额作为区域货币供应量的代理变量。

(4) 控制变量

房地产价格($Houseprice$):随着房地产行业的快速发展,房地产市场价格的长期波动对我国宏观经济和金融体系的健康稳定发展产生重大影响,因此本文主要通过商品房销售单价来反映房地产市场价格的变化情况。

城镇化水平($Urban$):城镇化主要体现一个地方的社会经济水平和经济

建设发展速度，同时地方政府通过债务融资的最主要目的是完成当地基础设施建设，从而提升城市化水平。本文通过城镇人口数量占地区总人口数量的比重来反映城镇化水平。

信贷期限结构（$Credit$）：信用期限结构主要反映了货币政策和金融机构的信贷政策，它对经济发展和社会物价水平产生了重大影响，本文采用短期贷款占中长期贷款比重来反映信贷期限结构。

市场化指数（$Market$）：由于产品市场和全要素市场的迅速发展，有力地促进了金融业全要素生产力的提升，也在一定程度上影响区域金融风险程度。采用王小鲁等（2019）测算的市场化指数刻画各个地区的市场发达程度，官方测算的市场化指数截止到 2016 年，2017 年和 2018 年数据根据已有的市场化指数数据 2009-2016 年数据计算得出。

具体变量的说明详见表 5.11。

表 5.11 变量定义与计算

	变量名称	变量符号	变量定义与计算
被解释变量	区域金融风险指数	RFRI	区域金融风险指数综合得分，其值越大区域金融风险越大
主要解释变量	地方政府债务	Gdebt	市政领域的固定资产投资-地方政府可用收入，取对数
中介变量	货币供应量	MS	金融机构的存款余额，取对数
控制变量	房地产价格	Houseprice	商品房销售单价，取对数
	城镇化水平	Urban	城镇人口/总人口
	信贷期限结构	Credit	短期贷款占中长期贷款比重
	市场化指数	Market	王小鲁等（2019）测算

5.4.3 数据来源与描述性统计

本部分的实证分析采用 2008-2018 年全国 31 个省（市、自治区）的相关数据进行模型估计，相关数据分别来源于《中国统计年鉴》、《中国金融年鉴》、《全国政府性债务审计结果》以及 Wind 数据库，使用的统计工具是 Stata14.0。各主要变量的描述性统计具体见表 5.12。

表 5.12 主要变量的描述性统计

变量	观测值	均值	标准差	最小值	最大值
RFRI	341	-0.0022	0.7041	-1.53	2.79
LnGdebt	341	8.7182	0.9377	5.9488	10.5154
LnConstr	341	8.8252	0.8893	6.0454	9.9935
LnUrban	341	3.962	0.261	3.0865	4.4954
LnLtd	341	4.2803	0.2146	3.1474	4.7571
Market	341	6.1573	2.121	-1.14	10.83
Perfdi	341	0.3306	0.5276	0.0085	3.6506
Ginter	341	0.2681	0.2024	0.087	1.3792

5.4.4 实证检验与结果分析

将货币供应量作为中介变量来进行中介效应的检验主要分为三个步骤进行：首先，通过模型（5.7）验证地方政府债务扩张对金融风险的影响效应。其次，通过模型（5.8）验证地方政府债务扩张对货币供应量的影响效应。再次，通过模型（5.9）检验是否存在中介效应，货币供应量是不是地方政府债务扩张和金融风险之间的中介变量。如果 α_1、β_1 和 γ_2 系数均显著，那么货币供应量的中介效应就成立。其中若 γ_1 不显著，则货币供应量是唯一中介；若 γ_1 显著，则金融业全要素生产率是部分中介，进一步来说如果 $\beta_1\gamma_2$ 与 γ_1 同号，则属于互补中介，$\beta_1\gamma_2$ 与 γ_1 异号，则属于竞争中介。

（1）基准模型回归结果分析

表 5.13 中的第（1）列报告了模型（5.7）中地方政府债务扩张影响金融风险的基准回归结果，这也是要验证中介效应系数 α_1 的估计。从回归结果来看，地方政府债务的估计系数在 1% 的水平下显著为正，且每增加 1 个百分点，金融风险将提高 0.338 个百分点，这与上文的实证结果一致，随着地方政府债务规模的扩张，金融风险程度明显加大，地方政府债务规模的增加对金融风险产生了推动的效应。可以初步按照中介效应立论，继续后面的检验。

表 5.13 货币供应量中介效应检验结果

变量	(1) RFRI	(2) LnMS	(3) RFRI	(4) RFRI
LnGdebt	0.338***	0.0748***	0.409***	0.298***
	(3.05)	(2.90)	(3.73)	(2.64)
LnMS			-0.943***	1.229*
			(-3.93)	(1.78)
LnMS2				-0.115***
				(-3.34)
LnHouseprice	-0.464**	0.824***	0.313	0.394
	(-2.34)	(17.85)	(1.13)	(1.44)
LnUrban	-1.805**	1.653***	-0.246	-0.255
	(-2.28)	(8.98)	(-0.28)	(-0.30)
Credit	0.401*	0.0919*	0.487**	0.247
	(1.75)	(1.72)	(2.17)	(1.06)
Market	-0.0845*	0.0580***	-0.0299	0.0706
	(-1.68)	(4.94)	(-0.58)	(1.21)
常数项	8.482***	-4.709***	4.042*	-6.230
	(4.20)	(-10.00)	(1.78)	(-1.64)
组内R^2	0.1579	0.9439	0.1986	0.2271
样本数	341	341	341	341

注：***、**和*分别表示估计参数在1%、5%和10%水平下显著，括号内为t检验值。

（2）中介效应检验结果分析

表5.13中的第（2）列是对模型（5.8）的估计，分析地方政府债务扩张对货币供应量的影响，即检验中介效应系数β_1。由回归结果可以发现，地方政府债务系数β_1在1%的水平下显著为正，说明了随着地方政府债务规模的扩大，货币供应量有所提高，当地方政府债务规模提高1个百分点，货币供应量将增加0.0748个百分点。

接下来对模型（5.9）进行估计，分析地方政府债务扩张是否通过货币供应量对金融风险水平产生影响，即检验中介效应系数γ_1和γ_2。从表5.13中的第（3）列回归结果可以看到，在地方政府债务对金融风险水平的影响中加入货币供应量这个中介变量之后，地方政府债务的影响依然显著，货币供应量的系数γ_1在10%的水平下显著为负，说明随着货币供应量的提高，金融风险水平有所下降，如果货币供应量提高，金融风险水平就会下降，这与理论分析产生一定的矛盾，是否货币供应量与金融风险水平之间存在非线性关系呢？为了验证这一点，先检验了金融风险水平与货币供应量的U型关系，可以看出计算出货币供应量的极值点是 8.664352，货币供应量的取值范围为 [6.720244，12.24554]，极值点也在数据范围之内，并且还能够在 1%的水平上拒绝变量单调性的原假设，即货币供应量与金融风险水平存在 U 形关系，因为 slope 在区间内是存在负号的，所以两者之间属于倒 U 形关系。接着，我们在模型（5.9）的基础上加入货币供应量的平方项，从表 5.13 中第（4）列的回归结果可以明显看出，货币供应量的一次项系数为正，二次项系数为负，并且均显著，再次验证货币供应量与金融风险水平之间的倒 U 型关系。此时地方政府债务的系数仍然在 1%的水平下显著为正，但是系数较未加入中介变量之前相对有所下降，这说明货币供应量是部分中介。同时还可以看到系数 $\beta_1\gamma_2$ 与系数 γ_1 属于同号，货币供应量与其他部分中介之间是互补中介的关系。

从中介检验的结果可以看出，地方政府债务规模的扩张通过货币供应量这个中介变量，对金融风险水平产生显著的影响，从而验证了假设 3。

（3）稳健性检验

第一，剔除特殊样本的稳健性检验。

把金融风险水平相对较低的西藏、贵州和湖北从样本中去除，对原模型再次进行了回归，表 5.14 汇报了剔除三省市样本后，地方政府债务通过货币供应量影响金融风险的回归结果。结果显示地方政府债务扩张将提高金融风险水平，并且同时存在以货币供应量作为中介变量的中介效应，研究结论保持不变，通过了稳健性检验。

表 5.14 剔除特殊样本的稳健性检验结果

变量	(1) RFRI	(2) LnMS	(3) RFRI	(4) RFRI	(5) LnMS	(6) RFRI
LnGdebt	0.433***	0.643***	0.183**	0.386***	0.0472*	0.237**
	(4.93)	(27.39)	(2.07)	(3.44)	(1.94)	(2.12)
LnMS			3.412***			3.269***
			(4.91)			(4.18)
LnMS2			-0.201***			-0.203***
			(-6.07)			(-5.39)
LnHouseprice				-0.481**	0.861***	0.182
				(-2.26)	(18.70)	(0.60)
LnUrban				-1.123	1.491***	-0.150
				(-1.28)	(7.84)	(-0.16)
Credit				0.614***	0.0418	0.300
				(2.61)	(0.82)	(1.30)
Market				-0.149***	0.0775***	0.0435
				(-2.66)	(6.40)	(0.70)
常数项	-3.333***	4.456***	-15.26***	5.910**	-4.249***	-15.61***
	(-4.73)	(21.63)	(-4.53)	(2.55)	(-8.48)	(-3.70)
组内R^2	0.3343	0.7289	0.2523	0.1623	0.9490	0.2603
样本数	308	308	308	308	308	308

注：***、**和*分别表示估计参数在1%、5%和10%水平下显著，括号内为t检验值。

表 5.14 中（1）-（3）列是没有加入控制变量时剔除特殊样本后中介效应的检验结果，（4）-（6）是加入控制变量后的中介效应检验结果，控制变量的加入并没有影响显著性水平。地方政府债务水平对金融风险水平的提升也具有促进作用，地方政府债务水平对货币供应量的影响也是显著为正，具有促进作用。加入了中介变量货币供应量之后，地方政府债务水平的系数有所下降，但是仍然在 5%水平下显著为正，说明地方政府债务水平通过影响货币供应量进而对金融风险水平起到促进作用，存在以货币供应量的部分中介效应。

第二，替换中介变量的稳健性检验。

前面的基准回归模型中的中介变量是使用各省市的金融机构存款余额作为区域货币供应量的代理变量，这里使用广义货币供应量 M2 作为中介变量，对原模型重新进行中介效应的检验，表 5.15 汇报了替换变量后，地方政府债务通过货币供应量影响金融风险的回归结果。结果显示无论是否加入控制变量地方政府债务扩张将增加金融风险水平，并且存在以货币供应量作为中介变量的中介效应，上文的研究结果并没有发生变化，模型通过了稳健性检验。具体结果见

表5.15。

表5.15 替换中介变量的稳健性检验结果

变量	(1) LnM2	(2) RFRI	(3) LnM2	(4) RFRI
LnGdebt	0.621***	0.352***	0.0784***	0.519***
	(29.58)	(3.95)	(3.27)	(4.54)
LnM2		13.38***		15.70***
		(3.02)		(3.32)
LnM22		-0.517***		-0.610***
		(-3.19)		(-3.49)
LnHouseprice			0.907***	0.341
			(21.17)	(1.13)
LnUrban			0.856***	-1.024
			(5.01)	(-1.29)
Credit			0.0528	0.452**
			(1.06)	(2.03)
Market			0.0920***	0.0691
			(8.45)	(1.18)
常数项	8.447***	-89.18***	1.375***	-104.3***
	(46.08)	(-2.93)	(3.14)	(-3.19)
组内R²	0.7390	0.1948	0.9472	0.2153
样本数	341	341	341	341

注：***、**和*分别表示估计参数在1%、5%和10%水平下显著，括号内为t检验值。

表5.15中（1）和（2）列是没有加入控制变量时替换变量后中介效应的检验结果，（3）和（4）列是加入控制变量后的中介效应检验结果，控制变量的加入并没有影响显著性水平。地方政府债务水平对货币供应量的影响显著为正，具有促进作用。加入了中介变量货币供应量后，地方政府债务水平仍然在1%水平下显著为正，说明地方政府债务水平通过影响货币供应量进而对金融风险水平起到促进作用，存在以货币供应量的部分中介效应。

（4）基于地区异质性的进一步分析

考虑到地域发展的差异性，是否会对地方政府债务通过货币供应量影响金融风险水平的显著性和程度产生不同的影响，本文将样本按照东部、中部和西部三个区域进行划分，重新对基本模型进行回归分析。表5.16汇报的是三个区域地方政府债务对金融风险水平影响的回归结果，可以发现东部地区和中部地区地方政府债务的系数分别在1%和10%的水平下显著为正，而西部地区地方政府债务对金融风险的影响不显著，这说明东部和中部地区地方政府债务对金融风险水平具有直接且较为显著的影响。

表 5.16 货币供应量传导机制的区域异质性检验结果

变量	RFRI		
	东部	中部	西部
LnGdebt	0.425***	0.664*	-0.174
	(3.05)	(1.99)	(-0.82)
LnHouseprice	-0.640**	0.0885	0.568
	(-2.15)	(0.19)	(1.49)
LnUrban	-2.257	-3.536**	-2.547**
	(-1.54)	(-2.05)	(-2.00)
Credit	0.678**	0.289	0.0463
	(2.00)	(0.78)	(0.08)
Market	-0.204**	-0.227	0.242***
	(-2.61)	(-1.40)	(3.29)
常数	13.11***	8.177*	4.928
	(2.89)	(1.72)	(1.65)
组内R^2	0.4126	0.1088	0.2052
样本数	121	99	121

注：***、**和*分别表示估计参数在1%、5%和10%水平下显著，括号内为t检验值。

根据中介效应的检验流程，检验三个区域地方政府债务是否通过货币供应量影响金融风险水平，从表 5.17 中可以看到中部地区和西部地区地方政府债务对货币供应量的影响均在 1%的水平下显著为正，但是东部地区地方政府债务对货币供应量影响不明显。从中介效应检验的最后一个步骤来看，东部地区地方政府债务和货币供应量系数均在 1%水平下显著为正，中部地区地方政府债务和货币供应量系数均在 10%水平下显著为正，西部地区两个系数均未通过显著性检验。综合以上中介效应的检验可以得到结论，中部地区的地方政府债务通过货币供应量对金融风险水平的影响是显著的。

表 5.17 区域异质性中介效应检验结果

变量	东部		中部		西部	
	LnMS	RFRI	LnMS	RFRI	LnMS	RFRI
LnGdebt	−0.0304	0.261**	0.369***	0.7313*	0.304***	−0.0991
	(−0.94)	(2.09)	(6.37)	(6.37)	(5.85)	(−0.38)
LnMS		2.870**		8.8207*		−0.464
		(2.54)		(1.78)		(−0.44)
LnMS2		−0.217***		−0.4572*		0.0172
		(−4.15)		(−1.7)		(0.30)
LnHouseprice	0.861***	0.941**	0.626***	−0.6435	0.392***	0.644
	(12.53)	(2.28)	(7.91)	(−0.99)	(4.24)	(1.55)
LnUrban	1.953***	0.457	1.198***	−1.0396	1.685***	−2.433
	(5.75)	(0.31)	(4.01)	(−0.4)	(5.44)	(−1.54)
Credit	−0.00961	0.330	0.168**	0.1165	0.266*	0.159
	(−0.12)	(1.07)	(2.61)	(0.3)	(1.95)	(0.26)
Market	0.0990***	0.0123	−0.0325	−0.0933	−0.0186	0.224**
	(5.49)	(0.16)	(−1.15)	(−0.53)	(−1.04)	(2.49)
常数项	−5.776***	−18.26**	−3.220***	−39.17	−2.901***	6.075
	(−5.51)	(−2.61)	(−3.91)	(−1.34)	(−3.98)	(0.94)
组内R^2	0.9427	0.5628	0.9686	0.1445	0.9604	0.2073
样本数	121	121	99	99	121	121

注：***、**和*分别表示估计参数在1%、5%和10%水平下显著，括号内为t检验值。

（5）内生性讨论

为了较好地避免和降低计量统计中可能出现的内生性问题，在这里对各自变量滞后一期进行了内生性分析，即对所有解释变量包括地方政府债务、房地产价格、城镇化水平、信贷规模、市场化水平和货币供应量使用一阶滞后项，检验上一年的各变量是如何影响当期金融风险水平，这样的做法可以在一定程度上减缓模型中存在的反向因果问题（谢绚丽，2018[173]；Wooldridge，2010[174]）。从表 5.18 可以看到所有的解释变量都使用了滞后一阶，其中第（1）、（3）、（5）列没有加入控制变量，第（2）、（4）、（6）列加入控制变量。依然按照中介效应的检验步骤，首先地方政府债务对金融风险水平的估计系数在 1%的水平下显著为正，意味着地方政府债务扩张会提高金融风险水平；其次，地方政府债务规模影响货币供应量的估计系数在 10%水平下显著为正，说明地方政府债务规模的扩大直接推动了货币供应量的上升；最后，在加入了货币供应量这个中介变量后，地方政府债务和货币供应量的估计系数均显著为正。因此，存在以货币供应量为中介变量的部分中介效应，与前文分析结果保持一致。

表 5.18 内生性检验结果

变量	(1) RFRI	(2) RFRI	(3) LnMS	(4) LnMS	(5) RFRI	(6) RFRI
LnGdebt$_{t-1}$	0.411***	0.443***	0.580***	0.0416*	0.406***	0.424***
	(4.70)	(3.91)	(26.15)	(1.70)	(4.37)	(3.55)
LnMS$_{t-1}$					0.460	1.400*
					(0.74)	(1.94)
LnMS2$_{t-1}$					-0.0715**	-0.0735*
					(-2.36)	(-1.95)
LnHouseprice$_{t-1}$		-0.598***		0.705***		0.480
		(-2.83)		(15.42)		(1.46)
LnUrban$_{t-1}$		-2.340***		1.740***		-0.670
		(-2.72)		(9.37)		(-0.73)
Credit$_{t-1}$		0.266		0.0631		0.129
		(1.09)		(1.20)		(0.48)
Market$_{t-1}$		-0.108**		0.0689***		0.142**
		(-2.06)		(6.06)		(2.18)
常数项	-2.808***	11.03***	5.070***	-3.654***	-0.954	-11.68**
	(-4.03)	(5.17)	(26.42)	(-7.93)	(-0.32)	(-2.40)
样本数	310	310	310	310	310	310

注：***、**和*分别表示估计参数在1%、5%和10%水平下显著，括号内为t检验值。

5.5 土地财政传导机制实证检验

5.5.1 模型设定

（1）基准模型设定

本节的研究目的，是利用实证分析来检验地方财政中债务规模的扩张是否通过对土地财政的影响，进而对金融风险产生显著的影响以及影响的程度如何。首先，利用面板数据构建地方政府债务影响房地产价格的基准估计模型，如式（5.12）。

$$HP_{it} = \alpha_0 + \alpha_1 Gdebt_{it} + \sum_{j=2}^{n} \alpha_j Z_{it} + \lambda_i + \nu_t + \varepsilon_{it} \tag{5.12}$$

其中，i表示省份，t表示年份，被解释变量房地产价格用HP表示，主要解释变量地方政府债务水平用$Gdebt$表示，Z表示控制变量，λ_i用于控制不可测的个体效应，ν_t用于控制不可测的时间效应，ε_{it}为随机扰动项，它必须满足相互独立性、零均值以及等方差的假设。

为深入研究地方政府债务风险是如何通过土地财政传导路径向房地产市场溢出，本节主要采用中介效应检验的方法，具体步骤如下：首先检验地方政府债务对房地产市场价格的直接影响效应；然后以中介变量土地财政作为被解释变量，检验地方政府债务对其影响是否显著；最后，以房地产价格作为被解释变量，以土地财政和地方政府债务作为主要解释变量，检验地方政府债务通过土地财政影响房地产市场价格的间接效应，判断该传导机制是否成立。构建中介效应模型如下：

$$LF_{it} = \beta_0 + \beta_1 Gdebt_{it} + \sum_{j=2}^{n} \beta_j Z_{it} + \lambda_i + v_t + \varepsilon_{it} \tag{5.13}$$

$$HP_{it} = \gamma_0 + \gamma_1 Gdebt_{it} + \gamma_2 LF_{it} + \sum_{j=3}^{n} \gamma_j Z_{it} + \lambda_i + v_t + \varepsilon_{it} \tag{5.14}$$

根据中介效应检验流程，β_1和γ_2系数显著，那么中介效应成立，如果γ_1系数不显著，则土地财政为唯一中介；如果γ_1系数显著，土地财政为部分中介。更进一步来说，$\beta_1\gamma_2$与γ_1系数符号一致，则土地财政为互补中介，它们的系数符号不一致，则土地财政为竞争中介。

（2）内生性问题的处理

地方政府债务与房地产市场价格和土地财政之间都具有双向因果关系，因此存在着内生性的问题。一方面，房地产价格和土地出让金收入都受到地方政府债务扩张的影响。地方政府负有偿还责任的债务支出主要投向了所辖区域的市政交通建设、保障性住房、土地收储等方面。市政基础设施建设和配套设施的不断完善，推动了房地产价格和土地价格的迅速大幅上涨，也增加了房产和土地的附加价值，实现了资本的内化。土地出让金收入也是全国各地财政部门偿债资金的主要来源，土地财政也成为了许多地区财政的主要依靠。另一方面，房地产价格和土地财政也将促进地方政府债务规模的增加。近年来为减轻地方财政压力，地方政府凭借土地作为抵押物并利用地方融资平台向商业银行筹集资金，地方政府债务规模也持续扩大。

内生性的存在会导致估计偏差，因此本文采用系统广义矩估计（SYS-GMM）方法，利用构建动态面板模型来处理被解释变量与主要解释变量之间的内生性问题，在前面基本模型的基础上引入了被解释变量的滞后一期，得到模型如下：

$$HP_{it} = \alpha_0 + \alpha_1 HP_{i,t-1} + \alpha_2 Gdebt_{it} + \sum_{j=3}^{n} \alpha_j Z_{it} + \lambda_i + v_t + \varepsilon_{it} \qquad (5.15)$$

$$LF_{it} = \beta_0 + \beta_1 LF_{i,t-1} + \beta_2 Gdebt_{it} + \sum_{j=3}^{n} \beta_j Z_{it} + \lambda_i + v_t + \varepsilon_{it} \qquad (5.16)$$

$$HP_{it} = \gamma_0 + \gamma_1 HP_{i,t-1} + \gamma_2 Gdebt_{it} + \gamma_3 LF_{it} + \sum_{j=4}^{n} \gamma_j Z_{it} + \lambda_i + v_t + \varepsilon_{it} \qquad (5.17)$$

根据上述三个模型,地方政府债务通过土地财政向房地产价格传导的直接效应为γ_2,间接效应为$\beta_2\gamma_3$。

5.5.2 变量选取

（1）被解释变量

本文借鉴张晓晶、孙涛（2006）[175]和马树才等（2020）[176]的研究,选取商品房销售单价（HP）作为被解释变量,来反映各地区房地产市场价格变化情况。

（2）主要解释变量

本节选取地方政府债务（$Gdebt$）作为核心解释变量,采用地方政府现金流收支差额来衡量财政资金缺口的方法进行估算,具体测算方法与前文一致。

（3）中介变量

为了探讨地方政府债务扩张对房地产市场的传导机制,选取土地财政（LF）作为中介变量,土地财政采用土地出让金收入来进行度量。

（4）控制变量

基于本文的研究目的并参考相关的国内外研究,选取城市基础设施水平（$Constr$）、人口规模（Pop）、市场化程度（$Market$）、房地产供给成本（$Cost$）、政府竞争（$Govcom$）、对外开放水平（$PerFDI$）等要素作为控制变量。具体变量的定义和计算方式见表5.19。

表 5.19 变量定义与计算

	变量名称	变量符号	变量定义与计算
被解释变量	房地产价格	HP	商品房销售单价，取对数
主要解释变量	地方政府债务	Gdebt	市政领域的固定资产投资-地方政府可用收入，取对数
中介变量	土地财政	LF	土地出让金收入，取对数
控制变量	基础设施建设水平	Constr	铁路和公路营业里程合计/区域面积，取对数
	人口规模	Pop	年度人口总量，取对数
	市场化程度	Market	王小鲁等（2019）测算
	房地产供给成本	Cost	商品房竣工造价，取对数
	政府竞争	Govcom	地方政府财政支出/GDP
	对外开放水平	PerFDI	外商投资额/总人口

5.5.3 数据来源与描述性统计

本文选取全国 31 个省 2008-2018 年的面板数据作为研究样本，所采用的数据来源于中国统计年鉴、中国金融统计年鉴、Wind 资讯金融数据库。本文使用的统计工具是 Stata14.0。各主要变量的描述性统计结果见表 5.20。

表 5.20 主要变量的描述性统计

变量	观测值	均值	标准差	最小值	最大值
LnHP	341	8.6107	0.5093	7.5797	10.4383
LnGdebt	341	8.7182	0.9377	5.9488	10.5154
LnLF	341	15.5386	1.3727	9.3863	18.1046
PerFDI	341	0.3306	0.5276	0.0085	3.6506
LnCost	341	7.811	0.2981	7.0859	8.7371
Govcom	341	0.2681	0.2024	0.087	1.3792
LnConstr	341	8.8252	0.8893	6.0454	9.9935
Market	341	6.1573	2.121	-1.14	10.83
LnPop	341	8.1105	0.8467	5.6595	9.3366

5.5.4 实证检验与结果分析

（1）地方政府债务对房地产市场的直接影响分析

首先，要对地方政府债务对房地产市场价格的影响进行回归分析。为检验基准回归结果的稳健性，本文同时分别选择混合回归、固定效应回归和随机效应回归作为动态面板模型估计结果的参照。从表 5.21 中的第（1）列、第（2）列、第（3）列回归结果分析可知，地方政府债务与房地产市场价格呈现 1%水平上的显著正相关，地方政府债务规模越大，房地产市场价格越高，说明地方政府债务的扩张显著提高了房地产市场的价格水平，当地方政府债务风险增加时，房地产市场的风险水平也将随之增加。其次，表 5.21 中的第（4）列是模型（5.12）的回归结果，采用了动态面板模型分析地方政府债务扩张对房地产市场价格的影响。从回归结果可以看到，地方政府债务对房地产价格表现为 1%水平下的显著正相关，当地方政府债务规模进一步扩大时，房地产价值也在明显增加，表明随着地方政府债务规模的进一步扩张，房地产价格持续上涨，房地产市场风险也将进一步上升。

表 5.21 地方政府债务影响房地产市场的实证检验结果

变量	LnHP			
	(1)	(2)	(3)	(4)
LnHP$_{t-1}$				0.926***
				(12.52)
LnGdebt	0.0450**	0.130***	0.141***	0.0334***
	(2.09)	(6.11)	(8.14)	(3.90)
PerFDI	0.268***	0.189***	0.228***	0.129***
	(6.88)	(6.08)	(7.40)	(6.42)
LnCost	0.639***	0.419***	0.475***	-0.245
	(10.32)	(8.72)	(9.73)	(-1.63)
Govcom	0.263**	0.502**	0.645***	0.0671
	(2.46)	(2.04)	(3.78)	(0.74)
LnConstr	-0.00365	0.523***	0.241***	0.0360**
	(-0.15)	(4.00)	(5.01)	(2.05)
Market	0.117***	0.0275**	0.0552***	-0.000876
	(8.52)	(1.99)	(4.28)	(-0.06)
LnPop	-0.113***	0.429*	-0.192***	-0.0433*
	(-3.99)	(1.77)	(-3.68)	(-1.85)
常数项	3.298***	-4.263**	2.508***	2.336***
	(7.07)	(-2.22)	(4.93)	(3.25)
F统计量	248.51	271.01		
组内R^2	0.8360	0.8623	0.8538	
Hansen值				23.87
				[0.469]
AR（1）				[0.016]
AR（2）				[0.274]
样本数	341	341	341	310

注：***、**和*分别表示估计参数在 1%、5%和 10%水平下显著，小括号内为 t 检验值，中括号内为相应检验统计量的 p 值。

（2）地方政府债务通过土地财政向房地产市场的间接影响分析

为了进一步探讨地方政府债务规模的扩张影响房地产市场的传导机制，采用中介效应检验方法，检验地方政府债务是否通过土地财政这个中介变量，对房地产价格产生影响。表 5.22 中的第（1）列和第（2）列是采用了固定效应模型进行中介效应检验，作为动态面板模型估计结果的参照。从模型估计结果可以看到地方政府债务的扩张促使地方政府出让更多的土地，土地出让收入增加，地方政府债务和土地财政又共同促使房地产市场价格的提高。表 5.22 中第（3）列和第（4）列是动态面板模型（5.13）和（5.14）的基准估计结果，也是中介效应检验的结果。首先从第三列结果可知地方政府债务的系数 β_2 在 10% 的水平下显著为正，且每增加一个百分点，土地财政提高 0.136 个百分点，这表明随着地方政府债务规模的增加，土地出让金收入明显增加。其次从第（4）列结果可以看到，在地方政府债务对房地产价格的影响中加入土地财政这个中介变量后，地方政府债务的影响依然显著，它的系数 γ_2 在 10% 的水平下显著为正，土地财政的系数 γ_3 在 1% 的水平下显著为正，这说明土地财政具有部分中介效应，另外，$\beta_1\gamma_2$ 与 γ_1 系数的符号一致，则土地财政为互补中介。同时也反映出土地财政对房地产价格具有显著的正向影响，土地出让金收入越多，房地产市场价格越高。因此，地方政府债务通过土地财政向房地产价格传导的直接效应为 0.0512（γ_2），间接效应为 0.01428（$\beta_2\gamma_3$），而中介效应占总效应的比重为 42.75%（$\beta_2\gamma_3/\alpha_2$）。假设 4 得到验证。

表 5.22 土地财政中介效应检验结果

变量	(1) lnLF	(2) lnHP	(3) lnLF	(4) lnHP
LnGdebt	0.161*	0.112***	0.136*	0.0512*
	(1.96)	(5.79)	(1.91)	(1.66)
LnLF		0.113***		0.105***
		(8.38)		(2.78)
LnLF$_{t-1}$			0.703***	
			(7.19)	
LnHouseprice$_{t-1}$				0.368***
				(3.05)
PerFDI	0.00131	0.189***	0.173	0.280***
	(0.01)	(6.74)	(1.41)	(5.04)
LnCost	0.968***	0.310***	-0.563*	0.209
	(5.24)	(6.85)	(-1.79)	(1.36)
Govcom	1.752*	0.304	0.0984	0.128
	(1.86)	(1.37)	(0.18)	(0.66)
LnConstr	0.706	0.443***	0.660**	0.00465
	(1.40)	(3.74)	(2.40)	(0.10)
Market	-0.0223	0.0300**	-0.0804	0.0135
	(-0.42)	(2.41)	(-1.03)	(0.54)
LnPop	0.836	0.334	-0.0623	-0.144*
	(0.90)	(1.53)	(-0.26)	(-1.67)
常数项	-6.772	-3.498**	3.067	2.684***
	(-0.92)	(-2.02)	(1.03)	(3.45)
F统计量	43.45	300.13		
组内R^2	0.5010	0.8883		
Hansen值			28.03	25.58
			[0.259]	[0.375]
AR（1）			[0.041]	[0.08]
AR（2）			[0.903]	[0.205]
样本数	341	341	310	310

注：***、**和*分别表示估计参数在 1%、5%和 10%水平下显著，小括号内为 t 检验值，中括号内为相应检验统计量的 p 值。

（3）稳健性检验

第一，替换房地产价格衡量指标进行稳健性检验。

基准回归中使用了商品房销售单价来衡量房地产市场价格，为进一步增加结果的稳健性，这里参照马树才等（2020）[176]的研究，使用商品房销售额（Housesales）来反映房地产市场价格的变动情况，依然采取中介效应的检验方法，回归结果见表 5.23。

表 5.23 替换被解释变量的稳健性检验结果

变量	(1) LnHousesales	(2) LnLF	(3) LnHousesales
LnHousesales$_{t-1}$	0.597***		0.389***
	(10.10)		(5.52)
LnLF$_{t-1}$		0.703***	
		(7.19)	
LnLF			0.189***
			(4.75)
LnGdebt	0.161***	0.136*	0.182***
	(3.22)	(1.91)	(2.92)
PerFDI	0.116**	0.173	0.0887
	(2.36)	(1.41)	(1.58)
LnCost	−0.101	−0.563*	0.187
	(−0.63)	(−1.79)	(1.43)
Govcom	−0.406	0.0984	−0.744***
	(−1.64)	(0.18)	(−3.48)
LnConstr	0.134**	0.660**	0.0734
	(2.11)	(2.40)	(0.98)
Market	0.0610*	−0.0804	0.0598*
	(1.87)	(−1.03)	(1.85)
LnPop	0.130	−0.0623	0.119
	(1.46)	(−0.26)	(1.33)
常数项	−0.0942	3.067	−3.268***
	(−0.07)	(1.03)	(−2.82)
Hansen值	28.43	28.03	29.11
	[0.994]	[0.259]	[0.614]
AR（1）	[0.036]	[0.041]	[0.052]
AR（2）	[0.472]	[0.903]	[0.335]
样本数	310	310	310

注：***、**和*分别表示估计参数在 1%、5%和 10%水平下显著，小括号内为 t 检验值，中括号内为相应检验统计量的 p 值。

通过对回归结果的观察可以看到，稳健性检验结论与前文的实证结论之间的差异，主要在于某些变量的系数发生了变化，主要解释变量和控制变量的显著性和估计结果也同上文的研究结果一致，表明地方政府债务规模的扩张通过土地财政这个中介变量向房地产市场风险溢出的结论具有可靠性和稳健性。

第二，替换地方政府债务衡量指标进行稳健性检验。

基准回归中，采用市政领域的固定资产投资与地方政府可用收入之间的差额来反映地方政府债务规模，为进一步增加结果的稳健性，使用负债率（GdebtR）来反映各地区地方政府债务的负担水平，负债率越高，地方政府债务负担越大。这里使用动态面板模型进行估计，具体回归结果见表 5.24。

表 5.24 替换主要解释变量的稳健性检验结果

变量	(1) LnHP	(2) LnLF	(3) LnHP
$LnHP_{t-1}$	0.948***		0.695***
	(11.42)		(3.96)
$LnLF_{t-1}$		0.696***	
		(6.76)	
LnLF			0.0593**
			(2.02)
GdebtR	0.0745***	0.281*	0.107***
	(3.30)	(1.72)	(3.27)
PerFDI	0.117***	0.144	0.143***
	(6.30)	(0.93)	(3.73)
LnCost	-0.237	-0.503*	-0.0186
	(-1.37)	(-1.74)	(-0.09)
Govcom	-0.00696	-0.0706	0.0228
	(-0.08)	(-0.11)	(0.23)
LnConstr	0.0343*	0.680*	0.0171
	(1.94)	(1.84)	(0.53)
Market	-0.000600	-0.0744	0.0192
	(-0.04)	(-0.73)	(1.06)
LnPop	-0.0142	0.0651	-0.0852*
	(-0.62)	(0.45)	(-1.70)
Hansen值	24.73	28.12	24.29
	[0.421]	[0.255]	[0.798]
AR（1）	[0.017]	[0.042]	[0.067]
AR（2）	[0.329]	[0.926]	[0.259]
常数项	2.133***	2.565	2.228***
	(2.81)	(0.70)	(3.37)
样本数	310	310	310

注：***、**和*分别表示估计参数在 1%、5%和 10%水平下显著，小括号内为 t 检验值，中括号内为相应检验统计量的 p 值。

通过对回归结果的观察可以发现，稳健性检验结论与前文的实证结论之间的差异，主要在于某些变量的系数发生了变化，主要解释变量和控制变量的显著性和估计结果与上文的研究结果基本一致，说明地方政府债务规模的扩张通过土地财政这个中介变量向房地产市场风险溢出的结论具有可靠性和稳健性。

5.5.5 基于区域异质性的进一步分析

为了进一步探究地方政府债务影响房地产市场是否具有区域的差异性，本文将总样本按照地区性质分为东部、中部和西部三个区域，使用固定效应模型检验不同区域地方政府债务风险通过土地财政向房地产市场传导的机制。根据表 5.25 的回归结果可知，地方政府债务对东、中、西部三个地区的房地产市场都具有显著的影响，从系数来看，西部地区受到的影响最大，中部和东部地区影响依次减弱。因此，从直接效应上来看，地方政府债务的扩张提高了各地区房地产市场价格，加大了房地产市场的风险。

表 5.25 地方政府债务影响房地产价格的区域异质性检验结果

变量	东部	中部	西部
	LnHP	LnHP	LnHP
LnGdebt	0.0894***	0.115*	0.284***
	(3.55)	(1.80)	(5.96)
PerFDI	0.188***	1.049**	-0.0318
	(5.86)	(2.45)	(-0.11)
LnCost	0.379***	0.501***	0.224***
	(4.63)	(4.48)	(3.18)
Govcom	1.529*	3.063***	0.244
	(1.79)	(3.19)	(0.80)
LnConstr	0.705***	0.527**	0.242
	(3.17)	(2.23)	(1.02)
Market	-0.0196	-0.00349	-0.00770
	(-0.89)	(-0.10)	(-0.35)
LnPop	0.905***	-0.475	-0.185
	(2.95)	(-0.56)	(-0.36)
常数项	-9.106***	2.036	3.580
	(-3.36)	(0.29)	(0.85)
F统计量	114.3	141.77	107.31
组内R^2	0.8859	0.9315	0.8692
样本数	121	88	132

注：***、**和*分别表示估计参数在 1%、5%和 10%水平下显著，括号内为 t 检验值。

根据表 5.26 的中介效应检验结果可以发现，在东部地区，土地财政是地方政府债务规模扩张向房地产传递风险的中介变量，表现为部分中介效应，直接效应为 0.0709，间接效应为 0.01853，而中介效应占总效应的比重为 20.73%。在中部和西部地区，因为地方政府债务对土地财政的影响并不显著，没有通过中介效应的检验，但是可以看出这两个地区土地财政对房地产市场价格的影响都是非常显著的。

表 5.26 区域异质性中介效应检验结果

变量	东部		中部		西部	
	LnLF	LnHP	LnLF	LnHP	LnLF	LnHP
LnGdebt	0.170*	0.0709***	0.418	0.0574	0.320	0.251***
	(1.81)	(3.02)	(1.53)	(1.09)	(1.57)	(5.77)
LnLF		0.109***		0.138***		0.103***
		(4.48)		(6.23)		(5.15)
PerFDI	−0.0737	0.196***	−0.193	1.076***	−1.875	0.161
	(−0.62)	(6.65)	(−0.11)	(3.09)	(−1.56)	(0.62)
LnCost	0.721**	0.300***	1.827***	0.249**	0.515*	0.172***
	(2.36)	(3.89)	(3.82)	(2.50)	(1.71)	(2.66)
Govcom	6.389**	0.832	−5.046	3.761***	2.292*	0.00854
	(2.01)	(1.04)	(−1.23)	(4.78)	(1.77)	(0.03)
LnConstr	−1.426*	0.861***	1.970*	0.255	1.790*	0.0582
	(−1.72)	(4.15)	(1.95)	(1.30)	(1.76)	(0.27)
Market	0.0266	−0.0225	−0.298**	0.0377	−0.0117	−0.00649
	(0.32)	(−1.11)	(−2.01)	(1.31)	(−0.12)	(−0.32)
LnPop	2.383**	0.645**	3.257	−0.925	−4.203*	0.247
	(2.09)	(2.25)	(0.90)	(−1.34)	(−1.92)	(0.52)
常数项	1.580	−9.279***	−44.82	8.233	25.00	1.010
	(0.16)	(−3.73)	(−1.48)	(1.42)	(1.39)	(0.26)
F统计量	12.68	121.08	22.25	193.14	19.25	118.39
组内R^2	0.4628	0.9047	0.6809	0.9555	0.5438	0.8942
样本数	121	121	88	88	132	132

注：***、**和*分别表示估计参数在1%、5%和10%水平下显著，括号内为t检验值。

5.6 本章小结

本章主要基于宏观视角用实证检验的方式分析了地方政府债务扩张对金融风险的直接影响以及通过三个中介效应的检验来进一步探讨地方政府债务对金融风险的传导机制。首先，在地方政府债务与金融风险关系理论分析和影响机制分析的基础上，利用31个省市的面板模型构建地方政府债务扩张影响金融风险的估计模型，实证结果表明地方政府债务规模的增加对金融风险具有正向影响，地方政府债务扩张程度越大，金融风险水平越高。而且金融风险同时受到当期以及前期累积的地方政府债务规模的影响。通过区域异质性检验发现我国东部地区金融风险受到地方政府规模扩张的影响更为显著；其次，分别检验了宏观金融杠杆、货币供应量和土地财政的中介效应。通过中介效应模型的检验得到，地方政府债务通过宏观金融杠杆这个中介变量，对地方金融风险的水平产生重要的影响，并且随着地方政府债务规模的扩张，宏观金融杠杆也显著增加，而金融风险水平随之增加。地方政府债务规模的扩张通过货币供应量这个中介变量，对金融风险水平产生显著的影响。从房地产市场的路径，对地方政府债务风险向金融风险传导的机制进行阐释，实证检验地方政府债务风险是如何通过房地产市场途径产生金融市场风险效应。实证检验结果显示，地方政府债务规模的扩大对房地产价格的上涨产生了明显的促进作用，继而加大了房地产市场的风险效应，土地财政属于部分中介。一方面，通过中介效应的检验，我们看到了地方政府债务通过土地财政途径影响作用于房地产市场价格，即地方政府债务负担的增加促使政府对土地出让收入的依赖性提高，土地出让价格的走高带动了房地产市场价格的持续攀升；另一方面，通过对中西部区域异质性的分析得出结论，东部地区地方政府债务通过土地财政向房地产市场风险溢出的效应更加显著，中部和西部地区表现出地方政府债务扩张和土地财政分别对房地产市场价格具有一定的影响。因此，增加地方政府的稳定财政收入来源，改善地方财政对土地财政的过度依赖，让地方财政收入获得足够补充，从而缓解了当地政府的财政资金压力。本节中宏观金融杠杆、货币供应量和土地财政三个中介变量都属于部分中介，共同作用于地方政府债务扩张对房地产金融风险的宏观影响机制。

第6章 地方政府债务对金融风险影响的微观传导机制

6.1 理论模型与研究假设

我国国家审计署在公布的地方政府性债务审计报告结果中，对各地方政府债务的主要资金来源进行了详尽统计，其中商业银行贷款是多年来地方政府债务的最主要来源。可以看出，长期以来地方政府融资需求很大程度上是通过商业银行信贷来实现的，在我国对地方政府债务融资实施严格监管之后，商业银行仍然是地方政府债券的主要持有者，商业银行作为金融体系中微观金融机构的重要主体，成为地方政府债务的风险载体，因此有必要研究地方政府债务对商业银行风险的影响机制。本节首先建立商业银行决策模型，对商业银行承担风险的驱动力进行分析；其次对地方政府债务与商业银行的流动性风险和信用风险之间的关系提出可检验假设。

商业银行作为微观金融机构的重要主体，一方面它具备了一般企业的特点，追求利润的最大化，其经营目标要达到期望收益的最大化，而另一方面它的经营对象比较特殊，商业银行是专门经营货币资金的金融企业，执行中央银行的货币政策，对全社会的货币供给量产生重大影响，并接受监管部门最为严格的监督。这里我们建立商业银行投资收益最大化的拉格朗日函数：

$$L(x,y,\lambda) = f(x,y) + \lambda g(x,y) \tag{6.1}$$

其中，假设商业银行投资地方债和国债两类资产，其中x表示地方债，y表示中长期国债，$f(x,y)$表示投资收益函数，λ表示拉格朗日乘数，$g(x,y)$表示资产投资的监管要求。

$$r_x = (1 - \alpha_x)R_x \tag{6.2}$$

式（6.2）表示商业银行资产投资的预期收益，其中r_x表示投资地方债的实际收益率，α_x表示商业银行持有的地方债发生违约的概率，R_x表示投资地方债的预期收益率。

如果$f(x,y)$分别对r_x和α_x求偏导，可以得到$\frac{\partial f(x,y)}{\partial r_x} > 0$，$\frac{\partial f(x,y)}{\partial \alpha_x} < 0$，由此可以得到结论：商业银行对地方债的投资规模将随着预期收益率的提高而扩大，商业银行对地方债的投资规模将随着债务违约概率的降低而增加。该理论模型说明商业银行大规模持有地方债的驱动力是基于收益最大化的目标，地方

政府债务有地方政府作为信用担保，商业银行具有投资的主动意愿，因此也成为了地方政府债务的风险载体。于是，本文提出假设1。

假设1：地方政府债务的扩张对商业银行风险产生直接的影响。

商业银行对地方政府债务的持有不仅是考虑其资信程度高，基于收益最大化的目标，也可能是在地方政府对地方性金融机构的行政干预下的一种被动选择。地方政府的扶持及其对资源配置的控制权使商业银行在贷款融资方面更加积极主动的配合。根据信用创造的基本理论，当地方政府获得了金融机构信用融资之后，贷款又可以派生出新的存款来源，为了争取到派生存款，商业银行就会积极主动地为地方政府提供授信。在双重因素的驱动下商业银行发挥信贷加速器效应，加大信贷扩张，继而通过信用渠道和流动性渠道对商业银行的经营风险产生影响。基于此，本文提出假设2。

假设2：地方政府债务的扩张通过信贷扩张这个中介变量，对商业银行经营风险产生间接影响。

地方政府承担着地方经济发展的重任，在传统的债务融资渠道无法满足其庞大的财政资金需求的情况下，地方政府借助融资平台通过信托贷款、企业债券、理财产品等影子银行产品融资。影子银行很大程度上拓展了我国地方政府融资平台的融资渠道，并直接推动了地方各级政府债务融资规模的进一步扩大，但与此同时也产生了巨大的经济金融风险。一方面，影子银行产品长期存在着资产和债务偿还期限错配的流动性融资风险，另一方面，影子银行这类融资产品大部分资金还是主要来自于商业银行的短期表外信用贷款，因此一旦如果影子银行产品发生严重债务违约，或者当地政府因建设项目出现问题导致无法按时足额偿还债务，那么当地商业银行的信用风险和流动性风险都将明显加大。基于此，本文提出假设3。

假设3：地方政府债务的扩张通过影子银行这个中介变量对商业银行经营风险产生间接影响。

地方政府债务融资资金主要运用在市政基础设施建设和公共事业管理方面，一方面主要是因为这些建设项目的实际投资规模较大、建设周期也相对较长，所以必须利用多种渠道筹措大量资金进行投入，那么就决定了这些资金所占用的平均期限是长期的。为了筹措这些资金，地方政府通过直接控股或者间接控股的融资平台进行多渠道融资，其中商业银行五年期以上的中长期贷款是其中非常重要的融资来源；另一方面基础设施建设项目从投入使用到能够获得收益需要很长的时间，但是融资的成本比如债息和贷款的本息是在项目开始之后就要定期进行偿还。投资期限错配所造成的债务风险由资金链向商业银行等金融机构转移，而中长期贷款比重的不断上升也对商业银行的经营风险形成影响。基于此，本文提出假设4。

假设4：地方政府债务的扩张通过信贷期限结构这个中介变量对商业银行风险产生间接影响。

6.2 地方政府债务对金融风险影响的微观实证检验

6.2.1 基于PVAR模型的实证检验

（1）估计方法及模型设定

向量自回归模型（Vector Autoregression，VAR）是将多个经济变量放入同一系统中，采用多变量时间序列预测分析当期变量对自身以及所有变量的滞后期产生的影响。VAR模型最大的特点就在于不以严格的宏观经济理论为必要的基本条件，在得到了各种内生变量间的影响关系以后，再对这些影响关系做出合理的经济学解释。1988年，HOLTZ-EAKIN[177]将VAR模型的多变量时间序列分析拓展到面板数据，形成面板向量自回归模型（Panel Vector Autoregression，PVAR）。PVAR模型是把面板数据"截面大、时序短"与VAR分析的优点相结合，对不可观测期和截面的不变效应加以控制，分析各变量间的动态影响关系，尤其适合应用在理论信息缺乏、存在内生性、可能具有滞后效应的面板数据分析中。本节在进行面板模型分析前，先通过PVAR模型的建立对商业银行流动性风险、信用风险和地方政府债务扩张之间可能存在的影响机制进行分析，有利于后续进一步分析的合理性。

以Love和Zicchino（2006）[178]使用的模型为基础，采用面板向量自回归模型（PVAR）并确定了商业银行流动性风险、商业银行信用风险、地方政府债务作为系统内生变量建立模型：

$$Y_{it} = \sum_{i}^{n} a_j Y_{i,t-j} + \gamma_i + \delta_t + \varepsilon_{it} \tag{6.3}$$

其中，Y_{it} 为 1×3 阶，内生变量包含商业银行流动性风险、商业银行信用风险、地方政府债务。δ_t 表示时间效应，γ_i 表示个体效应，ε_{it} 表示随机误差项。i 表示 31 个省市截面个体，t 表示时间，选取的时间是 2008-2018 年。

（2）变量选取

①商业银行信用风险

选取商业银行不良贷款率（CR）作为商业银行信用风险的主要代理变量。该比率越高，表明商业银行的信用风险越大。

②商业银行流动性风险

选取商业银行中长期贷款占总贷款的比重作为商业银行流动性风险（LR）的代理变量。该比率越高，说明商业银行流动性风险越大。

③地方政府债务

本节选取地方政府债务（$Gdebt$）作为核心解释变量，采用地方政府现金流收支差额来衡量财政资金缺口的方法进行估算，具体测算方法与前文一致。

（3）数据来源和描述性统计

选取 2008-2018 年全国 31 个省（市、自治区）的相关数据进行模型估计，相关数据分别来源于《中国统计年鉴》、《中国金融年鉴》、《中国固定资产投资统计年鉴》、《全国政府性债务审计结果》以及 Wind 数据库。表 6.1 列示的是各变量的描述性统计结果：

表 6.1 主要变量的描述性统计

变量	变量含义	观测值	平均值	标准差	最小值	最大值
CR	商业银行信用风险	341	1.6094	0.9464	0.23	7.27
LR	商业银行流动性风险	341	0.61	0.0975	0.349	0.8473

（4）实证结果与分析

①面板单位根检验

在估计模型数据之前，必须确定每个面板数据的估计平稳性，并确定每个变量的单位根检验值，以提高模型的估计精确度，有效避免出现伪回归的情况。LLC 检验、IPS 检验、ADF 检验，在平稳性检验中使用的最为普遍，这里同时进行汇报检验结果。各变量在每一种检验法中均完全拒绝存在单位根的原假设，判断各变量均为平稳，表明三个变量是零阶单整过程，可以构建 PVAR 模型。

表 6.2 面板单位根检验

变量	检验形式	LLC 检验	IPS 检验	ADF 检验	结果
CR	(y, y, 2)	−12.1743*** (0.0000)	−3.1645*** (0.0008)	146.5438*** (0.0000)	平稳
LR	(y, y, 2)	−5.922*** (0.0000)	−8.3849*** (0.0000)	161.1353*** (0.0000)	平稳
LnGdebt	(y, y, 2)	−5.5779*** (0.0000)	−6.2578*** (0.0000)	154.6869*** (0.0000)	平稳

注：检验形式（c, t, k）表示检验方程具有常数项、时间趋势以及之后阶数，y 表示具有常数项和时间趋势；括号里为个统计量对应的 P 值；***、**和*分别表示估计参数在 1%、5% 和 10%的水平下显著。

②滞后阶数确定

在构建面板向量自回归模型的过程中，必须合理地确定变量的滞后阶数。如果所需要使用的滞后阶数过长，模型可能会由于所需估计参数多而损失较多的计算自由度，这将会降低模型拟合精度；如果使用的滞后阶数不足，又无法准确地分析变量之间的动态影响。这里通过使用 AIC、BIC 和 HQIC 信息准则，来确定面板向量自回归模型的最优滞后阶数。检验结果如表 6.3 所示，AIC、BIC 和 HQIC 的值在滞后阶数选择 3 时都是最小的，因此最优滞后阶数选择 3。

表 6.3 滞后阶数检验结果

滞后阶数	AIC	BIC	HQIC
1	−4.18282	−2.85528	−3.65028
2	−5.32714	−3.7546	−4.69409
3	−6.22073*	−4.35166*	−5.4657*
4	−5.9191	−3.68189	−5.0125
5	−5.38295	−2.67332	−4.28236

注：*表示该准则选择的最优滞后阶数

③面板向量自回归分析

对 PVAR 模型（6.3）的估计采用系统 GMM 方法，回归结果如表 6.4 所示。商业银行信用风险、流动性风险与地方政府债务这三个变量之间存在显著的双向动态关系，各变量滞后一期值对其他变量均产生显著的影响。

表 6.4 PVAR 模型 GMM 结果

响应变量	冲击变量		
	L.CR	L.LR	L.LnGdebt
CR	0.672***	3.070*	0.570***
	(12.78)	(1.73)	(6.74)
LR	0.0216***	1.177***	-0.0151*
	(5.89)	(8.11)	(-1.86)
LnGdebt	0.0423***	-0.759**	1.000***
	(4.13)	(-2.06)	(49.03)

注：***、**和*分别表示估计参数在1%、5%和10%的水平下显著，括号里为t检验值。

信用风险作为响应变量，而流动性风险滞后一期的估计系数则在 10%水平下显著为正，表明前一期流动风险所增加的正向冲击也会促进信用风险的增加，这主要是由于前期中长期贷款占比过大，不仅使银行的资金流动性下降，还因为资金占用时间长不确定性增加使未来的违约风险增加；地方政府债务滞后一期的估计系数显著为正，信用风险的增加是受到了前一期地方政府债务规模扩张的影响，这主要是由于前期地方政府债务规模扩张，商业银行资金通过融资平台贷款、地方政府债券等方式直接或间接地持有大量地方政府债务，地方政府偿债压力过大导致违约风险加剧，商业银行信用风险也随之明显提高。

流动性风险作为响应变量，信用风险滞后一期的估计系数在 1%水平下显著为正，表明前一期信用风险增加的正向冲击将会促使流动性风险的增加，这主要是由于一旦商业银行不良贷款率增加造成信用风险累积，会影响到未来商业银行的资金流动性，流动性风险增加；地方政府债务滞后一期的估计系数在10%水平上显著为负，说明前一期地方政府债务扩张的正向冲击会促使流动性风险降低，主要原因在于商业银行前期已经直接或者间接地持有大量的地方政府债务，而且地方政府债务的投向基本属于中长期项目，收益周期较长，商业银行在当期会减少在中长期贷款等投资上资金的配置。

地方政府债务作为响应变量，信用风险滞后一期的估计系数在 1%水平上显著为正，说明前一期信用风险增加的正向冲击将会促使地方政府债务规模的扩张，这主要是由于前期商业银行不良贷款率增加，面临较大的信用风险，当期为了资产管理指标的优化会减少对企业中长期贷款的发放，转而增加地方政府债券等信用级别更高的债务，地方政府债务融资的积极性也会随之增加；流动性风险滞后一期的估计系数在 5%水平上显著为负，说明前一期流动风险增加的正向冲击将会促进地方政府债务规模的下降,这主要是由于前期商业银行资金更多的投向中长期贷款导致整体资金流动性下降,流动性风险增加,当期会减少中长期项目投资包括地方政府债务融资项目,地方政府债务融资规模会受到一定影响。

④脉冲响应分析

为了进一步探讨各变量受到其他两个变量冲击后的时间路径变化情况,下面使用脉冲响应函数图进行分析。重点分析了商业银行信用风险、流动性风险、地方政府债务三个变量中各变量在受到另外两个变量冲击后的响应情况,并观察变量由受到初始冲击到长期稳态的整个动态过程。在脉冲响应分析图6.1中,中间的实线表示在给予解释变量一个冲击之后,被解释变量的变化情况,上下边缘表示正负两倍标准差偏离带。被解释变量的变化通过纵轴反映,而冲击作用持续的滞后期间数通过横轴来反映。在脉冲响应图形中,每一行代表同种冲击对不同变量造成的影响,每一列代表不同冲击对同一变量造成的影响。根据脉冲响应图,可以得到以下结论:

第一,图中第一列体现信用风险对于各变量冲击的反应。流动性风险冲击对于信用风险的影响在当期表现为负,随后开始上升,在第三期达到最大值,然后开始收敛,说明短期内流动性风险对信用风险有明显的反应;地方政府债务冲击对于信用风险的影响同样也是在当期表现为负,随后开始上升,在第三期达到最大值,然后趋于收敛,说明短期内地方政府债务对信用风险有明显的反应。

第二,图中第二列体现流动性风险对于各变量冲击的反应。信用风险冲击对于流动性风险的影响在第一期达到了最大值,之后又逐渐收敛,表明了短期内信用风险对流动性风险有明显的反应;地方政府债务冲击对流动性风险从期初就有了正向响应,在第二期达到最大值,然后逐步收敛,说明地方政府债务扩张对流动性风险具有明显反应,随着商业银行流动性管理的调整,这一影响会随着时间推移而减弱。

第三,图中第三列体现地方政府债务对于各变量冲击的反应。信用风险冲击对于地方政府债务具有一定的正向影响,而且具有一定持续性;流动性风险对于地方政府债务的冲击具有正向影响,在第三期达到最大值,之后逐渐下降最后趋于收敛。

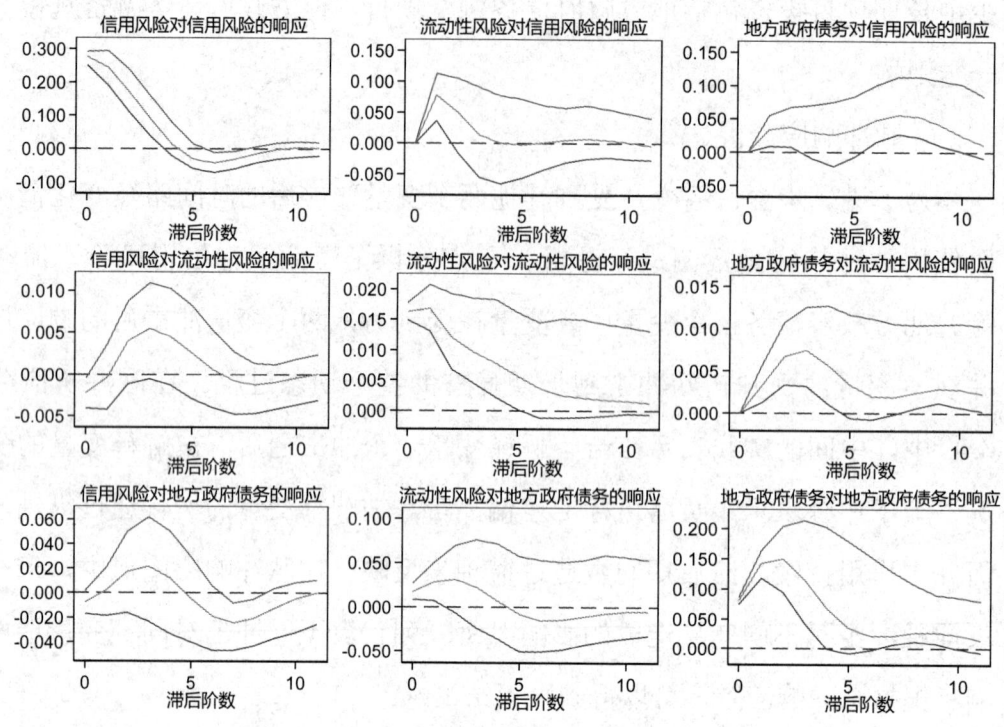

图 6.1 脉冲响应分析图

⑤方差分解分析

为了进一步评估各变量对系统中其他变量冲击的影响程度，判断不同冲击对各变量的重要性，对面板 PVAR 模型进行方差分解，表 6.5 给出不同变量在 1-6 期预测期中的方差分解值。

信用风险的波动对自身波动的解释率最高，未来一期，只有自身的冲击会对其产生影响，在第 2-6 期的贡献率分别是 95%、93.8%、93.6%、93.2%和 92.7%；其次是流动性风险的影响，第 3 期达到最高 4.8%，之后一直持续 4.6%；地方政府债务的影响，占比不高，但是一直持续增长。

流动性风险的波动对自身波动的解释率最高，未来一期除了自身 98.2%的贡献率，还有信用风险的影响，流动性风险对自身的影响持续下降，地方政府债务对流动性风险的影响逐步增加，信用风险对流动风险的影响也在逐步增加，但是贡献率没有超过地方政府债务。

地方政府债务的波动对自身波动的解释率最高，未来一期除了自身 94.8%

的贡献率，还有流动性风险和信用风险 4.3%和 0.9%的影响，流动性风险和信用风险对地方政府债务的影响贡献率较低，都是先下降然后有所提高的趋势。

表 6.5 PVAR 方差分解

变量	期数	CR	LR	LnGdebt
CR	1	1.000	0.000	0.000
	2	0.950	0.042	0.008
	3	0.938	0.048	0.014
	4	0.936	0.046	0.018
	5	0.932	0.046	0.021
	6	0.927	0.046	0.027
LR	1	0.018	0.982	0.000
	2	0.009	0.972	0.019
	3	0.028	0.899	0.073
	4	0.054	0.828	0.118
	5	0.068	0.797	0.135
	6	0.071	0.790	0.139
LnGdebt	1	0.009	0.043	0.948
	2	0.002	0.039	0.959
	3	0.007	0.040	0.953
	4	0.013	0.039	0.948
	5	0.014	0.037	0.949
	6	0.014	0.037	0.948

⑥格兰杰因果检验

格兰杰因果检验是利用确定某个变量的时间滞后项是不是对其他变量产生了重要的影响来推断时间上因果关系的存在，当某一个变量对其他变量具有明显的预测效果，那么它是其格兰杰原因。从表 6.6 中可以看到商业银行流动性风险和商业银行信用风险之间存在双向因果关系，即流动性风险上升同样会引起信用风险上升，而信用风险的上升也同样会引起流动性风险的上升；商业银行信用风险与地方政府债务之间存具有双向因果关系，即地方政府债务规模的进一步扩张会引起商业银行信用风险的进一步上升，而信用风险的上升又会导致地方政府债务的进一步扩张；商业银行流动性风险和地方政府债务之间存在单向因果关系，即地方政府债务规模的扩张会引起商业银行流动性风险的上升，但流动性风险的上升并非地方政府债务规模扩张的主要原因。

表6.6 格兰杰因果检验

变量	因果关系	卡方	自由度	P值
信用风险	流动性风险是原因	39.046	3	0.000
	地方政府债务是原因	16.533	3	0.001
	所有变量是原因	57.391	6	0.000
流动性风险	信用风险是原因	13.42	3	0.004
	地方政府债务是原因	13.18	3	0.004
	所有变量是原因	68.705	6	0.000
地方政府债务	信用风险是原因	16.457	3	0.001
	流动性风险不是原因	0.695	3	0.874
	所有风险是原因	29.97	6	0.000

经过面板 VAR 模型的实证检验，研究结果显示地方政府债务和商业银行信用风险、流动性风险之间的内生关联明显，地方政府债务规模的扩大会同时引起商业银行信用风险和流动性风险的上升。当商业银行不良贷款率有所上升，存在着较大的信用风险之时，商业银行为了当期资产管理指标的优化以及依据利益最大化的原则，会减少对企业中长期贷款的发放，转而配置地方政府债券等信用级别更高的债务，地方政府债务融资的积极性也会随之增加，对地方政府债务的扩张又起到了推动作用，在这个过程中商业银行成了地方政府债务更大的风险载体，因此研究假设 1 得到验证。

6.2.2 基于面板模型的实证检验

（1）模型设定

本节研究的主要目的是通过实证分析来检验地方政府债务规模的扩张对微观金融风险是否具有显著的影响以及影响的程度如何。首先利用 31 个省市的面板数据构建地方政府债务扩张影响金融风险的估计模型如式（6.4）和（6.5）所示。在模型中以衡量微观金融风险的商业银行信用风险（CR）和流动性风险（LR）作为被解释变量，以地方政府债务水平（$Gdebt$）作为解释变量。

$$CR_{it} = \alpha_0 + \alpha_1 Gdebt_{it} + \sum_{j=2}^{n} \alpha_j Z_{it} + \lambda_i + \nu_t + \varepsilon_{it} \quad (6.4)$$

$$LR_{it} = \beta_0 + \beta_1 Gdebt_{it} + \sum_{j=2}^{n} \beta_j Z_{it} + \lambda_i + \nu_t + \varepsilon_{it} \quad (6.5)$$

其中，下标 i 和 t 分别表示区域和年份，Z 表示控制变量，λ 用于控制不可测的个体效应，ν 用于控制不可测的时间效应，ε 为随机扰动项，它满足相互独立性、零均值以及等方差的假设。

（2）变量选取

①被解释变量

本节选取微观金融风险，即以商业银行风险作为被解释变量，基于我们前文的相关理论分析，地方政府债务风险对商业银行的影响路径主要是信用渠道和流动性渠道，因此这里将商业银行的风险进一步分解为信用风险和流动性风险，这两类风险也是我国商业银行经营中将会面临的两种主要风险类型。选取商业银行不良贷款率作为商业银行信用风险的代理变量，用CR表示，不良贷款率越高，说明商业银行的信用风险越大；选取商业银行中长期贷款占贷款总额的比重作为商业银行流动性风险的代理变量，用LR表示，该比值越高，说明商业银行流动性风险越大。

②主要解释变量

本节选取地方政府债务（$Gdebt$）作为核心解释变量，采用地方政府现金流收支差额来衡量财政资金缺口的方法进行估算，具体测算方法与前文一致。

③控制变量

地区经济发展水平（$Lpgdp$）：地区生产总值反映的是该地区的整体经济社会发展能力水平，经济发展水平既能够直接反映出地区经济对地方政府债务的承受能力，又能够反映出它对区域金融的支持程度。本文主要通过地区生产总值与地区总人口数量的相对比率，即人均GDP来反映某一地区经济社会发展水平。

城镇化水平（$Urban$）：城镇化主要体现一个地方的社会经济水平和经济建设发展速度，同时地方政府通过债务融资的最主要目的是完成当地基础设施建设，从而提升城市化水平。本文通过城镇人口数量占地区总人口数量的比重来反映城镇化水平。

基础设施水平（$Constr$）：基础设施水平与该地区的经济发展水平、居民收入水平等都具有紧密联系，它是城市公共服务的基础，能够反映出该地区发展的硬件水平。本文采用铁路和公路营业里程合计占地区面积以体现基础设施水平。

地方政府的干预程度（$Ginter$）：地方经济和金融受到地方政府的干预程度对金融风险和地方政府债务规模都具有一定的影响。本文参考樊纲（2003）

对政府与市场关系的研究，采用财政支出占 GDP 比重衡量地方政府干预程度。

金融发展水平（FinanD）：金融发展水平反映地区经济发展水平，也反映区域内金融机构经营的稳健程度以及风险承受能力。本文主要通过金融业增加值占地区生产总值的比重来反映该地区的金融业发展水平。

市场化程度（Market）：我国产品市场和要素市场的快速发展，对区域金融风险具有一定影响。这里采用王小鲁等（2019）所计算的市场化指数刻画各地区的市场发展程度，官方所测算的市场化指数截止到 2016 年，而 2017 年和 2018 年数据是基于已有的 2009-2016 年市场化指数数据推测计算得出。

具体变量的说明详见表 6.7。

表 6.7 变量定义与计算

	变量名称	变量符号	变量定义与计算
被解释变量	商业银行信用风险	CR	不良贷款率，不良贷款总额/贷款总额
	商业银行流动性风险	LR	中长期贷款总额/贷款总额
主要解释变量	地方政府债务	Gdebt	市政领域的固定资产投资-地方政府可用收入，取对数
控制变量	地区经济发展水平	Lpgdp	人均国内生产总值，取对数
	城镇化水平	Urban	城镇人口/总人口，取对数
	基础设施水平	Constr	铁路和公路营业里程合计/区域面积，取对数
	地方政府的干预程度	Ginter	财政支出/GDP
	金融发展水平	FinanD	金融业增加值/地区生产总值
	市场化程度	Market	王小鲁等（2019）测算

（3）数据来源和描述性统计

本部分的实证分析采用 2008-2018 年全国 31 个省（市、自治区）的相关数据进行模型估计，相关数据分别来源于《中国统计年鉴》、《中国金融年鉴》、《中国固定资产投资统计年鉴》、《全国政府性债务审计结果》以及 Wind 数据库。使用的统计工具是 Stata14.0。

表 6.8 汇报了各主要变量的描述性统计结果，可以发现我国商业银行信用风险的均值为 1.6094，最小值为 0.23，最大值达到了 7.27，说明全国各地区商业银行信用风险差异很大；商业银行流动性风险的均值为 0.61，最小值为 0.349，最大值为 0.8473，说明全国各地区商业银行流动性风险差异较小；地方政府债务的对数均值为 8.7182，最小值为 5.9488，最大值为 10.5154，说明

我国各地区的地方政府债务规模存在一定差异。

表 6.8 主要变量的描述性统计

变量	样本量	均值	标准差	最小值	最大值
CR	341	1.6094	0.9464	0.2300	7.2700
LR	341	0.6100	0.0975	0.3490	0.8473
LnGdebt	341	8.7182	0.9377	5.9488	10.5154
LnLpgdp	341	10.5997	0.5203	9.1957	11.8509
LnUrban	341	3.9620	0.2610	3.0865	4.4954
LnConstr	341	8.8252	0.8893	6.0454	9.9935
Ginter	341	0.2681	0.2024	0.0870	1.3792
FinanD	341	0.0598	0.0303	0.0151	0.1963
Market	341	6.1573	2.1210	-1.1400	10.8300

（4）实证结果分析

表 6.9 显示的是地方政府债务影响微观金融风险的回归结果，其中第（1）列-第（3）列的被解释变量是商业银行信用风险，第（4）列-第（6）列的被解释变量则为商业银行流动性风险。第（1）列和第（4）列分别是地方政府债务对两个被解释变量的固定效应回归结果，而第（2）列和第（5）列是把原模型的解释变量滞后一期，第（3）列和第（6）列是在原模型的基础上将解释变量滞后二期。综合以上回归结果可以得出，地方政府债务规模扩张对商业银行信用风险产生了正向影响，并且在 10%的水平上显著，地方政府债务规模扩张程度越大，商业银行信用风险越大；地方政府债务规模扩张对商业银行流动性风险产生了正向影响，并且在 1%的水平上显著，地方政府债务规模扩张程度越大，商业银行流动性风险水平越大。同时，为了探究地方政府债务规模的扩张是否对微观金融风险水平的影响具有滞后性，本文还对各自变量进行了滞后处理，商业银行信用风险作为被解释变量时地方政府债务当期、滞后一期和滞后两期的系数分别为 0.295、0.282 和 0.275，递减趋势不是特别显著，表明信用风险不但受当期地方政府债务规模的影响，还受到前两期地方政府债务规模的正向影响；商业银行流动性风险作为被解释变量时地方政府债务当期、滞后一期和滞后两期的系数分别为 0.041、0.0351 和 0.000124，滞后一期的系数递减不是特别显著，但是滞后二期系数递减明显且不再显著，表明流动性风险受到了当年以及前一年度地方政府债务规模的正向影响。

表6.9 地方政府债务影响微观金融风险的实证检验结果

变量	CR			LR		
	(1)	(2)	(3)	(4)	(5)	(6)
LnGdebt	0.295*			0.0410***		
	(1.72)			(4.76)		
LnGdebt$_{t-1}$		0.282*			0.0351***	
		(1.92)			(3.99)	
LnGdebt$_{t-2}$			0.275*			0.000124
			(1.72)			(0.01)
LnLpgdp	-4.115***	-3.109***	-2.585***	0.0300	-0.0161	-0.0490
	(-9.76)	(-8.24)	(-5.49)	(1.42)	(-0.71)	(-1.65)
LnUrban	7.479***	6.151***	5.983***	0.179**	0.291***	0.528***
	(5.13)	(4.58)	(3.80)	(2.45)	(3.60)	(5.31)
LnConstr	1.134	1.231	0.796	-0.130***	-0.136**	-0.117*
	(1.14)	(1.35)	(0.80)	(-2.61)	(-2.48)	(-1.86)
Ginter	-7.220***	-6.235***	-6.386***	-0.0367	-0.0634	-0.0136
	(-4.51)	(-3.99)	(-3.52)	(-0.46)	(-0.68)	(-0.12)
FinanD	15.04***	19.55***	20.37***	-0.478**	-0.552**	-0.650**
	(3.18)	(4.81)	(4.68)	(-2.01)	(-2.26)	(-2.37)
Market	0.580***	0.415***	0.364***	-0.0128***	-0.00777	-0.000854
	(6.48)	(5.20)	(3.93)	(-2.86)	(-1.62)	(-0.15)
常数项	0.476	-5.242	-5.928	0.488	0.628	0.124
	(0.07)	(-0.80)	(-0.81)	(1.36)	(1.58)	(0.27)
组内R^2	0.3505	0.3776	0.4050	0.3585	0.2770	0.1958
样本数	341	310	279	341	310	279

注：***、**和*分别表示估计参数在1%、5%和10%水平下显著，括号内为t检验值。

（5）稳健性检验

为了检验上述结果的稳健性，本文将分别采用替换主要解释变量和被解释变量的方法进行稳健性检验，具体检验结果见表6.10。

①替换主要解释变量。为了检验模型的稳定性，这里把主要解释变量地方政府债务水平替换成财政赤字率（DR，即地方政府财政赤字与地区 GDP 的比重），以此来反映地方政府债务水平。表6.10中的第（1）列和第（2）列汇报了地方政府债务影响商业银行信用风险的回归结果，无论是否加入控制变量，地方政府债务规模扩张对商业银行信用风险的影响都在1%水平上显著为正，与前文分析的结果保持一致，这样就证明了模型的稳健性。表 6.10 中的第（3）列和第（4）列汇报了地方政府债务影响商业银行流动性风险的回归结果，无论是否加入控制变量，地方政府债务规模扩张对商业银行流动性风险的影响都在1%水平上显著为正，与前文分析的结论保持一致，这样就证明了模型的稳健性。

②替换被解释变量。为了检验模型的稳定性,这里采用商业银行不良贷款余额作为被解释变量来反映商业银行经营风险。

表 6.10 替换变量的稳健性检验结果

变量	CR		LR		LnNPL	
	(1)	(2)	(3)	(4)	(5)	(6)
DR	0.152***	0.0890***	0.00778***	0.00422***		
	(5.72)	(2.84)	(5.81)	(2.60)		
LnGdebt					0.885***	0.392***
					(18.94)	(4.23)
LnLpgdp		-3.520***		0.0637***		-1.528***
		(-7.70)		(2.68)		(-6.72)
LnUrban		6.680***		0.251***		4.342***
		(4.60)		(3.33)		(5.52)
LnConstr		1.050		-0.104**		1.342**
		(1.08)		(-2.05)		(2.51)
Ginter		-5.889***		0.0423		-2.953***
		(-3.60)		(0.50)		(-3.42)
FinanD		10.40**		-0.762***		14.27***
		(2.13)		(-3.01)		(5.59)
Market		0.571***		-0.0115**		0.350***
		(6.44)		(-2.51)		(7.25)
常数项	0.765***	0.139	0.567***	-0.0613	-2.723***	-13.50***
	(4.94)	(0.02)	(72.68)	(-0.18)	(-6.67)	(-3.49)
组内R^2	0.0956	0.3612	0.0985	0.3255	0.5372	0.7125
样本数	341	341	341	341	341	341

注:***、**和*分别表示估计参数在 1%、5%和 10%水平下显著,括号内为 t 检验值。

表 6.10 中的第(5)列和第(6)列汇报了地方政府债务影响商业银行不良贷款余额的回归结果,无论是否加入控制变量,地方政府债务规模扩张对商业银行不良贷款余额的影响都在 1%水平上显著为正,与前文分析的结果保持一致,这样就证明了模型的稳健性。

(6)内生性讨论

从上述面板向量自回归模型和固定效应模型的检验中都发现,商业银行风险会受到前几期地方政府债务规模的影响,同时考虑到前文面板自相关模型的分析中发现地方政府债务规模和商业银行信用风险、流动性风险之间存在双向因果关系,这里我们要对内生性问题进行处理。

第一,为了较好地防止和有效降低计量统计中可能存在的内生性问题,对各自变量均滞后一期进行内生性分析,即对所有解释变量包括地方政府债务、地区经济发展水平、城镇化水平、基础设施水平、地方政府的干预程度、金融发展水平和市场化程度使用一阶滞后项,检验上一年的各变量是如何影响当期商业银行风险,这样的做法可以在一定程度上减缓模型中存在的反向因果问题。从表 6.11 的第（1）列-第（4）列可以看到所有的解释变量都使用了滞后一阶,无论是否加入控制变量,估计结果与前面的基准模型估计结果基本一致。

第二,采用系统广义矩估计（SYS-GMM）方法,构建动态面板模型解决被解释变量与主要解释变量之间的内生性问题,也作为稳健性检验。在前面基础模型的基础上引入被解释变量的滞后一期和滞后二期,得到模型（6.6）和模型（6.7）。如表 6.11 的第（5）列和第（6）列所示,地方政府债务规模与商业银行信用风险在 5%水平上显著正相关,与商业银行流动性风险在 1%水平上显著正相关,与前文分析结果一致,并进一步有效解决了内生性的问题。

$$CR_{it} = a_0 + a_1 CR_{i,t-1} + a_2 CR_{i,t-2} + \alpha_3 Gdebt_{it} + \sum_{j=4}^{n} \alpha_j Z_{it} + \varepsilon_{it} \quad (6.6)$$

$$LR_{it} = \beta_0 + \beta_1 LR_{i,t-1} + \beta_2 LR_{i,t-2} + \beta_3 Gdebt_{it} + \sum_{j=4}^{n} \beta_j Z_{it} + \varepsilon_{it} \quad (6.7)$$

表6.11 内生性检验结果

变量	(1) CR	(2) CR	(3) LR	(4) LR	(5) CR	(6) LR
LnGdebt$_{t-1}$	0.404***	0.236*	0.0293***	0.0432***		
	(5.38)	(1.69)	(7.25)	(4.99)		
CR$_{t-1}$					1.196***	
					(6.45)	
CR$_{t-2}$					-0.449***	
					(-4.38)	
LR$_{t-1}$						0.794***
						(7.50)
LR$_{t-2}$						-0.513***
						(-4.39)
LnGdebt					0.243**	0.0340***
					(2.32)	(3.15)
控制变量		控制		控制	控制	控制
常数项	-2.010***	-6.492	0.363***	0.424	0.139	0.308
	(-3.09)	(-1.00)	(10.39)	(1.05)	(0.07)	(0.67)
组内R^2	0.4221	0.4221	0.1590	0.2846		
Hansen值					25.88	27.91
					[0.632]	[0.523]

AR(1)					0.027	0.014
AR(2)					0.255	0.518
样本数	310	310	310	310	279	279

注：***、**和*分别表示估计参数在 1%、5%和 10%的水平下显著，小括号内为 t 检验值，中括号内为相应检验统计量的 p 值。

采用固定效应模型和动态面板模型的实证检验，结果显示了地方政府债务扩张对商业银行的信用风险与流动性风险都显著正相关，地方政府债务对商业银行风险的增加存在着直接影响效应，说明研究假设 1 再次得到验证。

6.3 信贷扩张传导机制实证检验

6.3.1 模型设定

（1）基准模型设定

为了深入分析地方政府债务扩张影响微观金融风险的渠道和路径，探究地方政府债务风险对微观金融溢出过程中，信贷扩张起到的中介作用。通过构建中介效应方程，检验地方政府债务通过信贷规模向商业银行进行风险传导的中介效应，具体模型如下：

$$NPL_{it} = a_0 + a_1 Gdebt_{it} + \sum_{j=2}^{n} \alpha_j Z_{it} + \lambda_i + \nu_t + \varepsilon_{it} \qquad (6.8)$$

$$Ltd_{it} = \beta_0 + \beta_1 Gdebt_{it} + \sum_{j=2}^{n} \beta_j Z_{it} + \lambda_i + \nu_t + \varepsilon_{it} \qquad (6.9)$$

$$NPL_{it} = \gamma_0 + \gamma_1 Ltd_{it} + \gamma_2 Gdebt_{it} + \sum_{j=3}^{n} \gamma_j Z_{it} + \lambda_i + \nu_t + \varepsilon_{it} \qquad (6.10)$$

其中 i 表示省份，t 表示年份，被解释变量 NPL 为商业银行不良贷款余额，主要解释变量 $Gdebt$ 为地方政府债务水平，Ltd 为信贷扩张，Z 表示控制变量，λ 用于控制不可测的个体效应，ν 用于控制不可测的时间效应，ε 为随机扰动项。

（2）内生性问题的处理

按照前文的理论分析，商业银行一方面因为地方政府的行政干预而被动对其提供融资，另一方面在金融市场的竞争压力下对短期投资利润的考虑，再加上地方政府的信用担保而积极地为政府融资平台进行项目贷款和隐性融资，商业银行信用扩张将推动地方政府债务规模进一步扩大，债务风险的聚集也使商业银行的不良贷款风险增加。而一旦商业银行不良贷款规模增加，中央银行货币政策的缩紧以及商业银行的贷款风险防范的加强又会降低信贷规模，从而压缩地方政府债务规模。所以，由于商业银行信贷规模的变化，使地方政府债务与商业银行之间产生了双向因果关系，存在着内生性问题。本文采用系统广义矩估计（SYS-GMM）方法，构建动态面板模型解决被解释变量与主要解释变量之间的内生性问题，在前面基础模型的基础中引入被解释变量的滞后两期，得到模型如下：

$$NPL_{it} = a_0 + a_1 NPL_{i,t-1} + \alpha_2 NPL_{i,t-2} + \alpha_3 Gdebt_{it} + \sum_{j=4}^{n} \alpha_j Z_{it} + \varepsilon_{it} \quad (6.11)$$

$$Ltd_{it} = \beta_0 + \beta_1 Ltd_{i,t-1} + \beta_2 Ltd_{i,t-2} + \beta_3 Gdebt_{it} + \sum_{j=4}^{n} \beta_j Z_{it} + \varepsilon_{it} \quad (6.12)$$

$$NPL_{it} = \gamma_0 + \gamma_1 NPL_{i,t-1} + \gamma_2 NPL_{i,t-2} + \gamma_3 Ltd_{it} + \gamma_4 Gdebt_{it} + \sum_{j=5}^{n} \gamma_j Z_{it} + \varepsilon_{it} \quad (6.13)$$

6.3.2 变量选取

（1）被解释变量

本节选取商业银行不良贷款（NPL）作为被解释变量，参照马树才等（2020）[176]的研究使用商业银行不良贷款余额进行度量，反映商业银行的经营风险。

（2）主要解释变量

本节选取地方政府债务（$Gdebt$）作为核心解释变量，采用地方政府现金流收支差额来衡量财政资金缺口的方法进行估算，具体测算方法与前文一致。

（3）中介变量

为了探究地方政府债务风险向商业银行溢出的过程中，商业银行信贷扩张所起到的中介作用，选择它作为中介变量进行中介效应的检验。

对于商业银行的信贷扩张（Ltd），文献中进行衡量的方法有很多种，钱崇秀（2018）[179]使用贷款过度增长率，即银行贷款总额占总资产比重对同性质银行贷款比重均值的偏离程度；王连军（2019）[180]选取了银行全年总信贷增长率作为银行信贷扩张的主要代理变量。本文要进行省级面板数据的分析，考虑分省相关指标的获取，参照马树才等（2020）[176]的研究方法选取存贷款比率，即贷款余额与存款余额的比值来衡量银行信贷扩张。

（4）控制变量

影响商业银行风险的指标除了地方政府债务规模,还有其他因素,引入其他控制变量避免高估主要解释变量对商业银行风险的影响效应。在控制变量的选取上,本文借鉴其他学者的研究及文章的研究目的,选择地区经济发展水平($Lpgdp$)、产业结构($INstr$)、城镇化水平($Urban$)、基础设施建设水平($Constr$)和信贷期限结构($Credit$),具体变量的说明详见表6.12。

表 6.12 变量定义与计算

	变量名称	变量符号	变量定义与计算
被解释变量	商业银行风险	NPL	不良贷款余额,取对数
主要解释变量	地方政府债务	Gdebt	市政领域的固定资产投资-地方政府可用收入,取对数
中介变量	信贷扩张	Ltd	存贷款比率,贷款余额/存款余额
控制变量	地区经济发展水平	Lpgdp	人均国内生产总值,取对数
	产业结构	INstr	第三产业增加值/第二产业增加值
	城镇化水平	Urban	城镇人口/总人口,取对数
	基础设施建设水平	Constr	铁路和公路营业里程合计/区域面积,取对数
	信贷期限结构	Credit	短期贷款/中长期贷款

6.3.3 数据来源与描述性统计

选取全国 31 个省 2008-2018 年的面板数据作为研究样本,所采用的数据来源于《中国统计年鉴》、《中国金融统计年鉴》、Wind 资讯金融数据库等。本文使用的统计工具是 Stata14.0。主要变量的描述性统计结果见表 6.13。

表 6.13 主要变量的描述性统计

变量名	观察值	平均值	标准差	最小值	最大值
LnNPL	341	4.9916	1.2523	1.2442	7.8223
LnGdebt	341	8.7182	0.9377	5.9488	10.5154
LnLtd	341	4.2803	0.2146	3.1474	4.7571
LnLpgdp	341	10.5997	0.5203	9.1957	11.8509
LnConstr	341	8.8252	0.8893	6.0454	9.9935
LnUrban	341	3.9620	0.2610	3.0865	4.4954
Credit	341	0.5738	0.2893	0.0076	1.7720
INstr	341	1.0933	0.6227	0.4996	5.0222

6.3.4 实证检验与结果分析

(1)基准回归结果分析

根据中介效应检验方法，具体实证检验分为三个步骤进行：首先，通过模型（6.9）验证地方政府债务对商业银行不良贷款规模的影响效应。其次，通过模型（6.10）验证地方政府债务对信贷扩张的影响效应。再次，通过模型（6.11）验证是否存在中介效应，信贷扩张是不是地方政府债务和商业不良贷款规模之间的中介变量。基准回归结果见表6.14。

表6.14 信贷规模中介效应检验结果

变量	(1) LnNPL	(2) LnLtd	(3) LnNPL
LnGdebt	0.267***	0.0468*	0.296***
	(3.84)	(1.84)	(3.05)
LnLtd			0.776*
			(1.76)
$LnNPL_{t-1}$	1.2862***		1.006***
	(12.74)		(7.26)
$LnNPL_{t-2}$	-0.6066***		-0.380***
	(-7.31)		(-3.63)
$LnLtd_{t-1}$		1.342***	
		(13.05)	
$LnLtd_{t-2}$		-0.292**	
		(-2.09)	
Lnconstr	0.090*	-0.0337**	0.159
	(1.95)	(-2.03)	(1.40)
LnUrban	0.0118*	0.000701	0.00978
	(1.81)	(0.22)	(1.21)
INstr	0.041	0.0474*	0.0731
	(0.58)	(1.85)	(0.61)
Credit	0.1082	0.0785	-0.0445
	(0.47)	(1.31)	(-0.12)
LnLpgdp	-0.0223	-0.0509	0.0319
	(-0.17)	(-0.51)	(0.19)
常数项	-2.0219	0.0971	-6.337*
	(-1.41)	(0.17)	(-1.87)
Hansen值	29.79	1.26	24.23
	[0.124]	[0.939]	[0.113]
AR(1)	[0.002]	[0.007]	[0.029]
AR(2)	[0.537]	[0.049]	[0.884]
样本数	279	279	279

注：***、**和*分别表示估计参数在1%、5%和10%水平下显著，小括号内为t检验值，中括号内为相应检验统计量的p值。

信贷扩张作为中介变量，首先从表6.14中第（1）列的回归结果可以看到地方政府债务对不良贷款的影响显著，地方政府债务的估计系数在1%的水平上显著为正,且每增加 1 个百分点,商业银行不良贷款规模提高 0.267 个百分点,这表明随着地方政府债务规模的扩张,商业银行不良贷款余额显著增加,地方政府债务的增加对商业银行经营风险具有刺激性效应。其次进一步检验中介效应,对模型(6.10)进行估计以分析地方政府债务对商业银行信贷扩张的影响,从表中第(2)列的结果可以看到,地方政府债务的系数显著为正,表明地方政府债务增加,商业银行信贷规模扩张程度越大,当地方政府债务规模提高 1 个百分点,信贷规模将增加 0.0468 个百分点。最后对模型(6.11)进行估计,分析地方政府债务是否通过影响信贷规模进而对商业银行不良贷款规模产生影响,即检验信贷扩张的中介效应是否成立。从回归结果可以看到在加入了商业银行信贷扩张这个中介变量后,地方政府债务的影响依然显著为正,信贷扩张的系数显著为正,最终验证了信贷扩张的中介效应。中介效应模型中回归系数 β_1 和 γ_1、γ_2 均显著,属于部分中介效应,进一步来看系数 $\beta_1\gamma_1$ 和 γ_2 的符号均为正号,因此商业银行信贷扩张与其他中介为互补中介,研究假设 2 得到验证。

（2）稳健性检验

稳健性检验采用替换指标的方法,基准回归中信贷扩张的衡量指标是存贷款比率,为进一步增加实证结果的稳健性,这里参照刘赟和莫斌[181]的研究,使用金融机构本外币余额占 GDP 的比重来反映金融机构的信贷规模扩张。依然构建动态面板模型,采取中介效应的检验方法对信贷扩张传导机制进行稳健性检验。稳健性检验的回归结果见表 6.15,可见稳健性检验的结果仅表现为其中变量的系数改变,主要解释变量和控制变量的系数并没有改变其显著性,地方政府债务风险通过信贷扩张对微观金融风险产生显著影响,验证了回归结果的可靠性和稳健性。

表 6.15 替换中介变量的稳健性检验结果

变量	(1) LnNPL	(2) CS	(3) LnNPL
LnGdebt	0.246***	0.0575*	0.259***
	(3.76)	(1.85)	(2.92)
LnNPL$_{t-1}$	1.271***		1.093***
	(12.66)		(11.09)
LnNPL$_{t-2}$	−0.591***		−0.374***
	(−7.06)		(−4.56)
CS			0.166*
			(1.70)
CS$_{t-1}$		1.319***	
		(9.56)	
CS$_{t-2}$		−0.389***	
		(−2.82)	
控制变量	控制	控制	控制
常数项	−3.996***	0.158	−3.736***
	(−3.63)	(0.31)	(−3.46)
Hausen值	29.89	26.48	29.61
	[0.121]	[0.492]	[0.382]
AR(1)	0.003	0.027	0.006
AR(2)	0.539	0.667	0.349
样本数	279	279	279

注：***、**和*分别表示估计参数在1%、5%和10%水平下显著，小括号内为t检验值，中括号内为相应检验统计量的p值。

6.4 影子银行传导机制实证检验

6.4.1 模型设定

为了深入分析地方政府债务风险向商业银行传递的渠道与途径，研究地方政府债务风险对商业银行溢出过程中，影子银行这个中介变量起到的中介作用，本文根据 Baron 和 Kenny（1986）提出的中介效应逐步检验方法，构建中介效应方程如下：

$$NPL_{it} = \beta_0 + \beta_1 Gdebt_{it} + \sum_{j=2}^{n} \beta_j Z_{it} + \lambda_i + \nu_t + \varepsilon_{it} \tag{6.14}$$

$$Shadowbank_{it} = \delta_0 + \delta_1 Gdebt_{it} + \sum_{j=2}^{n} \delta_j Z_{it} + \lambda_i + \nu_t + \varepsilon_{it} \tag{6.15}$$

$$NPL_{it} = \vartheta_0 + \vartheta_1 Shadowbank_{it} + \vartheta_2 Gdebt_{it} + \sum_{j=3}^{n} \vartheta_j Z_{it} + \lambda_i + \nu_t + \varepsilon_{it} \tag{6.16}$$

其中 i 表示省份，t 表示年份，被解释变量 NPL 为商业银行不良贷款余额，主要解释变量 $Gdebt$ 为地方政府债务水平，$Shadowbank$ 为影子银行规模，Z 表示控制变量，λ 用于控制不可测的个体效应，v 用于控制不可测的时间效应，ε 为随机扰动项，它满足相互独立性、零均值以及等方差的假设。

6.4.2 变量选取

（1）被解释变量

本节选取商业银行不良贷款（NPL）作为被解释变量，使用商业银行不良贷款余额进行度量，反映商业银行的经营风险。

（2）主要解释变量

本节选取地方政府债务（$Gdebt$）作为核心解释变量，采用地方政府现金流收支差额来衡量财政资金缺口的方法进行估算，具体测算方法与前文一致。

（3）中介变量

为了探究地方政府债务风险向商业银行溢出的过程中，影子银行规模的扩张所起到的中介作用，选择它作为中介变量进行中介效应的检验。

对于影子银行的规模（$Shadowbank$），因为影子银行业务通常相对隐蔽，它游离于传统银行体系和政府监管体系之外，获取其规模数据具有非常大的难度。我国目前没有统一的衡量标准，不同的测量口径得到的测算结果之间存在较大的差异。现有研究一般采取直接进行衡量的方法和间接进行衡量的方法。直接的衡量方法是将影子银行的主要构成部分进行直接加总作为影子银行规模的替代指标（陈剑和张晓龙，2012[182]；李向前等，2013[183]；王振和曾辉，2014[184]），或者从资产负债表的负债端进行加总可以避免重复规模的计算（李文喆，2019[185]）；间接的衡量方法可以用未观测信贷规模代替影子银行规模（李建军，2008[186]；吕健，2014[83]；封思贤，2014[187]）。本文主要选择间接的衡量方法，将社会总贷款规模分成可直接观测贷款和不可直接观测贷款两部分，其中能够直接观察到的信贷规模主要来自于受到金融监管当局严格监督的传统商业银行等金融机构所开展的信贷业务，而不可观测到的贷款主要来自于传统商业银行所开展的不受政府正常监管的业务和在传统银行业务以外开展的信贷活动，即影子银行业务。具体估算方法如下：

$$Shadowbank/NOE = L/GDP$$

其中，$Shadowbank$表示影子银行的总体规模，L表示金融机构本外币贷款的余额，GDP表示国内生产总值，NOE表示未观测经济规模（总经济规模扣除可观测经济规模的部分，具体计算中可观测经济规模使用城乡居民可支配收入表示）。因此，影子银行规模的计算公式为：

$$Shadowbank = \frac{L}{GDP} \times (GDP - 城镇居民可支配收入 - 农村居民可支配收入)$$

（4）控制变量

影响商业银行风险的指标除了地方政府债务规模和影子银行规模，还有其他因素，引入其他控制变量避免高估主要解释变量对商业银行风险的影响效应。在控制变量的选取上，本文借鉴其他学者的研究及文章的研究目的，选择地区经济发展水平（$Lpgdp$）、产业结构（$INstr$）、城镇化水平（$Urban$）、基础设施建设水平（$Constr$）和信贷期限结构（$Credit$）。具体变量的说明详见表6.16。

表 6.16 变量定义与计算

	变量名称	变量符号	变量定义与计算
被解释变量	商业银行风险	NPL	不良贷款余额，取对数
主要解释变量	地方政府债务	Gdebt	市政领域的固定资产投资-地方政府可用收入，取对数
中介变量	影子银行规模	Shadowbank	金融机构本外币贷款余额×(国内生产总值-城镇居民可支配收入-农村居民可支配收入)/国内生产总值
控制变量	地区经济发展水平	Lpgdp	人均国内生产总值，取对数
	城镇化水平	Urban	城镇人口/总人口，取对数
	基础设施建设水平	Constr	铁路和公路营业里程合计/区域面积，取对数
	信贷期限结构	Credit	短期贷款/中长期贷款

6.4.3 数据来源与描述性统计

本文选取全国31个省2008-2018年的面板数据作为研究样本，所采用的数据来源于《中国统计年鉴》、《中国金融统计年鉴》、Wind资讯金融数据库等。本文使用的统计工具是Stata14.0。主要变量的描述性统计结果见表6.17。

表 6.17 主要变量的描述性统计

变量名	观察值	平均值	标准差	最小值	最大值
LnNPL	341	4.9916	1.2523	1.2442	7.8223
LnGdebt	341	8.7182	0.9377	5.9488	10.5154
LnShadowbank	341	9.1170	1.0553	4.9127	11.3335
LnLpgdp	341	10.5997	0.5203	9.1957	11.8509
LnConstr	341	8.8252	0.8893	6.0454	9.9935
LnUrban	341	3.9620	0.2610	3.0865	4.4954
Credit	341	0.5738	0.2893	0.0076	1.7720

6.4.4 实证检验与结果分析

（1）基准回归结果分析

基于中介效应检验方法，具体实证检验分为三个步骤进行：第一步，通过模型（6.12）验证地方政府债务对商业银行不良贷款规模的影响效应。第二步，通过模型（6.13）验证地方政府债务对影子银行规模的影响效应。第三步，通过模型（6.14）验证是否存在中介效应，影子银行规模是不是地方政府债务扩张和商业不良贷款规模之间的中介变量。

表 6.18 影子银行中介效应检验结果

变量	(1) LnNPL	(2) LnShadowbank	(3) LnNPL
LnGdebt	0.283*	0.0598**	0.717***
	(1.79)	(2.57)	(10.94)
LnShadowbank			0.262**
			(2.41)
LnConstr	1.780*	0.859***	-0.163*
	(1.87)	(6.92)	(-1.93)
LnUrban	5.184***	0.0690	1.412***
	(3.74)	(0.37)	(3.39)
Credit	0.0211	-0.0383	0.433***
	(0.11)	(-0.82)	(2.84)
LnLpgdp	-1.482***	0.993***	-0.967***
	(-4.18)	(18.52)	(-4.51)
Market	0.280***	0.00421	0.311***
	(3.64)	(0.36)	(7.28)
Ginter	-2.340*	2.346***	0.725*
	(-1.90)	(11.91)	(1.67)
INstr	0.914***	-0.0548**	0.334***
	(5.03)	(-1.98)	(4.38)
常数项	-20.12***	-10.36***	-0.272
	(-2.85)	(-12.32)	(-0.20)

样本数	341	341	341
组内R²	0.7403	0.9684	0.6565

注：***、**和*分别表示估计参数在1%、5%和10%水平下显著，括号内为t检验值。

表6.18中第（1）列结果显示，地方政府债务对不良贷款的影响显著，地方政府债务的估计系数在10%的水平下显著为正，且每增加1个百分点，商业银行不良贷款规模提高0.283个百分点。随着地方政府债务规模的扩张，商业银行不良贷款余额显著增加，地方政府债务的增加促使商业银行经营风险水平提高。第（2）列检验的是中介变量影子银行规模对主要解释变量地方政府债务的影响，从回归结果可以看到地方政府债务对影子银行规模的影响在5%的水平下显著为正，地方政府债务每增加1个百分点，影子银行的规模会增加0.0598个百分点。第（3）列检验了地方政府债务是否通过影响影子银行这个中介变量对商业银行不良贷款规模产生影响，从回归结果可以看到地方政府债务和影子银行的估计系数均显著为正，影子银行是地方政府债务影响商业银行不良贷款的中介变量，研究假设3得到验证。$\delta_1 \vartheta_1$ 与 ϑ_2 两者同号说明该中介效应属于互补效应，间接效应与直接效应的比例为0.0219。

（2）稳健性检验

根据前文的理论分析，地方政府面对不断增加的财政支出压力又受到传统商业银行直接借贷的限制，转向更加隐蔽的影子银行借贷，获得多元化并便捷的融资渠道，导致影子银行规模的迅速增加，反过来又对地方政府债务的增加起到了促进作用，导致地方政府债务规模的进一步扩张。因此，影子银行的参与使地方政府债务和商业银行具有双向因果关系，可能存在内生性问题。为确保实证结果的稳健性，并较好地解决被解释变量与主要解释变量之间的内生性问题，本文采用系统广义矩估计（SYS-GMM）方法，构建动态面板模型，在基准回归模型的基础上引入被解释变量的滞后两期，得到模型如下：

$$NPL_{it} = a_0 + a_1 NPL_{i,t-1} + \alpha_2 NPL_{i,t-2} + \alpha_3 Gdebt_{it} + \sum_{j=4}^{n} \alpha_j Z_{it} + \varepsilon_{it}$$

（6.17）

$$Shadowbank_{it} = \delta_0 + \delta_1 Shadowbank_{i,t-1} + \delta_2 Shadowbank_{i,t-2} + \delta_3 Gdebt_{it} + \sum_{j=4}^{n} \delta_j Z_{it} + \varepsilon_{it}$$

（6.18）

$$NPL_{it} = \vartheta_0 + \vartheta_1 NPL_{i,t-1} + \vartheta_2 NPL_{i,t-2} + \vartheta_3 Shadowbank_{it} + \vartheta_4 Gdebt_{it} +$$
$$\sum_{j=5}^{n} \vartheta_j Z_{it} + \varepsilon_{it} \tag{6.19}$$

根据中介效应检验方法，具体实证检验分为三个步骤进行：首先，通过模型（6.17）验证地方政府债务对商业银行不良贷款规模的影响效应。其次，通过模型（6.18）验证地方政府债务对影子银行规模的影响效应。再次，通过模型（6.19）验证是否存在中介效应，影子银行规模是不是地方政府债务和商业不良贷款规模之间的中介变量。稳健性检验结果见表6.19。

表6.19 动态面板模型的稳健性检验结果

变量	(1) LnNPL	(2) LnShadowbank	(3) LnNPL
LnGdebt	0.321***	0.0552*	0.226**
	(3.16)	(1.65)	(2.26)
LnShadowbank			0.492***
			(2.87)
LnNPL$_{t-1}$	0.972***		0.981***
	(12.77)		(6.54)
LnNPL$_{t-2}$	−0.358***		−0.476***
	(−2.98)		(−3.80)
LnShadowbank$_{t-1}$		1.490***	
		(7.64)	
LnShadowbank$_{t-2}$		−0.651***	
		(−4.06)	
LnConstr	0.115*	0.0701**	−0.00803
	(1.92)	(2.31)	(−0.14)
LnUrban	0.765*	−0.116*	1.025*
	(1.88)	(−1.79)	(1.91)
Credit	−0.0446	0.0264	−0.221*
	(−0.73)	(0.95)	(−1.67)
LnLpgdp	0.0618	0.198**	−0.395*
	(0.39)	(2.49)	(−1.75)
常数项	−5.593***	−1.245**	−3.954***
	(−2.86)	(−2.13)	(−3.23)
Hansen值	28.00	24.97	29.45
	[0.176]	[0.299]	[0.973]
AR(1)	[0.015]	[0.013]	[0.022]
AR(2)	[0.443]	[0.303]	[0.973]
样本数	279	279	279

注：***、**和*分别表示估计参数在1%、5%和10%水平下显著，小括号内为t检验值，中括号内为相应检验统计量的p值。

首先，从表 6.19 中第（1）列的回归结果可以看到地方政府债务对不良贷款的影响显著，地方政府债务的估计系数在 1%的水平下显著为正，如果增加 1 个百分点，那么商业银行不良贷款规模将提高 0.321 个百分点。随着地方政府债务规模的扩张，商业银行不良贷款余额显著增加，地方政府债务的增加对商业银行经营风险具有刺激性效应。其次，通过模型（6.18）检验中介变量影子银行对主要解释变量地方政府债务的影响，从回归结果可以看到地方政府债务对影子银行的影响在 10%的水平下显著为正，地方政府债务每增加 1 个百分点，影子银行的规模会增加 0.0552 个百分点。最后，分析地方政府债务是否通过影响影子银行的规模进而对商业银行不良贷款规模产生影响，从模型（6.19）的回归结果可以看到地方政府债务和影子银行的估计系数均显著为正，影子银行对地方政府债务影响商业银行不良贷款具有中介效应。从回归结果可以看到在加入了影子银行这个中介变量后，地方政府债务的影响依然显著为正，影子银行系数显著为正，最终验证了影子银行的中介效应。中介效应模型中回归系数 δ_3 和 ϑ_3、ϑ_4 均显著，属于部分中介效应，同时 $\delta_3\vartheta_3$ 和 ϑ_4 两者同号，说明影子银行与其他中介为互补中介，间接效应与直接效应比例为 0.12。稳健性检验结果只是其中变量的系数发生变化，主要解释变量和控制变量的显著性并未改变，说明地方政府债务通过影子银行对微观金融风险产生显著影响，验证了模型回归结果的可靠性和稳健性。

6.5 信贷期限结构传导机制实证检验

6.5.1 模型设定

为了进一步分析地方政府债务对商业银行经营风险影响的传导机制，探究地方政府债务对商业银行风险溢出的过程中，信贷期限结构是否存在中介作用，按照中介效应逐步检验方法，构建中介效应方程如下：

$$NPL_{it} = \gamma_0 + \gamma_1 Gdebt_{it} + \sum_{j=2}^{n} \gamma_j Z_{it} + \lambda_i + \nu_t + \varepsilon_{it} \tag{6.20}$$

$$LLR_{it} = \delta_0 + \delta_1 Gdebt_{it} + \sum_{j=2}^{n} \delta_j Z_{it} + \lambda_i + \nu_t + \varepsilon_{it} \tag{6.21}$$

$$NPL_{it} = \vartheta_0 + \vartheta_1 LLR_{it} + \vartheta_2 Gdebt_{it} + \sum_{j=3}^{n} \vartheta_j Z_{it} + \lambda_i + \nu_t + \varepsilon_{it} \tag{6.22}$$

其中i表示省份，t表示年份，被解释变量NPL为商业银行不良贷款余额，主要解释变量$Gdebt$为地方政府债务水平，LLR为信贷期限结构，Z表示控制变量，λ用于控制不可测的个体效应，ν用于控制不可测的时间效应，ε表示随机误差项。

6.5.2 变量选取

（1）被解释变量

本节选取商业银行不良贷款（NPL）作为被解释变量，使用商业银行不良贷款余额进行度量，反映商业银行的经营风险。

（2）主要解释变量

本节选取地方政府债务（$Gdebt$）作为核心解释变量，采用地方政府现金流收支差额来衡量财政资金缺口的方法进行估算，具体测算方法与前文一致。

（3）中介变量

为了探究地方政府债务对商业银行风险溢出的过程中，信贷期限结构起到的中介作用，选择它作为中介变量进行中介效应的检验。对于信贷期限结构（LLR），这里采用省级银行业金融机构中长期贷款占全部贷款余额的比重来度量（贺俊，2021[188]），其中中长期贷款指一年期以上的贷款，该指标反映信贷期限结构长期化的程度。

（4）控制变量

影响商业银行风险的指标除了地方政府债务规模，还有其他因素，引入其他控制变量避免高估主要解释变量对商业银行风险的影响效应。在控制变量的选取上，本文主要参考了其他学者的研究以及本文的研究目的，选择地区经济发展水平（$Lpgdp$）、产业结构（$INstr$）、城镇化水平（$Urban$）、基础设施建设水平（$Constr$）、市场化程度（$Market$）、外商直接投资（$Perfdi$）和地方政府干预程度（$Ginter$），具体变量的说明详见表6.20。

表 6.20 变量定义与计算

	变量名称	变量符号	变量定义与计算
被解释变量	商业银行风险	NPL	不良贷款余额，取对数
主要解释变量	地方政府债务	Gdebt	市政领域的固定资产投资-地方政府可用收入，取对数
中介变量	信贷期限结构	LLR	银行业金融机构中长期贷款占全部贷款余额的比重，取对数
控制变量	地区经济发展水平	Lpgdp	人均国内生产总值，取对数
	产业结构	INstr	第三产业增加值/第二产业增加值
	城镇化水平	Urban	城镇人口/总人口，取对数
	基础设施建设水平	Constr	铁路和公路营业里程合计/区域面积，取对数
	市场化水平	Market	王小鲁等（2019）测算
	对外开放水平	Perfdi	外商投资额/总人口
	地方政府干预程度	Ginter	财政支出/GDP

6.5.3 数据来源与描述性统计

本文选取全国 31 个省 2008-2018 年的面板数据作为研究样本，所采用的数据来源于《中国统计年鉴》、《中国金融统计年鉴》、Wind 资讯金融数据库等。本文使用的统计工具是 Stata14.0。主要变量的描述性统计结果见表 6.21。

表 6.21 主要变量的描述性统计

变量	观测值	均值	标准差	最小值	最大值
LnNPL	341	4.9916	1.2523	1.2442	7.8223
LnGdebt	341	8.7182	0.9377	5.9488	10.5154
LLR	341	0.61	0.0975	0.349	0.8473
LnLpgdp	341	10.5997	0.5203	9.1957	11.8509
LnConstr	341	8.8252	0.8893	6.0454	9.9935
LnUrban	341	3.962	0.261	3.0865	4.4954
INstr	341	1.0933	0.6227	0.4996	5.0222
Market	341	6.1573	2.121	-1.14	10.83
Perfdi	341	0.3306	0.5276	0.0085	3.6506
Ginter	341	0.2681	0.2024	0.087	1.3792

6.5.4 实证检验与结果分析

（1）基准回归结果分析

根据温忠麟（2014）的中介效应检验流程，具体实证检验主要分为三个步骤进行：首先，通过模型（6.20）检验地方政府债务对商业银行不良贷款的影响效应，如果地方政府债务的系数γ_1显著则按照中介效应立论，否则按照遮掩效应继续下面的检验；其次，通过模型（6.21）和模型（6.22）检验中介变量的间接效应是否成立，如果地方政府债务的系数δ_1和信贷期限结构的系数ϑ_1都显著则间接效应成立，否则还需要使用 Bootstrap 法进一步检验；最后，检验直接效应是否成立，如果模型（6.22）中地方政府债务的系数ϑ_2显著则具有直接效应，否则只存在中介效应，如果$\delta_1\vartheta_1$与ϑ_2同号，那么信贷期限结构属于部分中介效应，异号则说明属于遮掩效应。

表 6.22 中第（1）列结果显示，地方政府债务规模对商业银行不良贷款的影响是显著的，地方政府债务的估计系数在 5%的水平下显著为正，每增加 1 个百分点，商业银行不良贷款规模提高 0.298 个百分点，随着地方政府债务规模的扩张，商业银行不良贷款余额显著增加，地方政府债务的增加促使商业银行经营风险水平提高，可以按照中介效应继续进行下面的检验。第（2）列检验的是中介变量信贷规模结构对主要解释变量地方政府债务的影响，从回归结果可以看到地方政府债务对信贷规模结构的影响在 5%的水平下显著为正，地方政府债务每增加 1 个百分点，中长期贷款比重将提高 0.0440 个百分点。第（3）列检验了地方政府债务是否通过影响信贷规模结构这个中介变量对商业银行不良贷款规模产生影响，从回归结果可以看到地方政府债务的估计系数在 10%的水平下显著为正，说明直接效应显著，信贷规模结构的估计系数在 5%的水平下显著为负，说明信贷规模结构是地方政府债务影响商业银行风险的中介变量，研究假设 4 得到验证。系数$\delta_1\vartheta_1$与ϑ_2异号说明该中介效应属于遮掩效应，间接效应与直接效应的比例为 0.1899。

表6.22 信贷期限结构中介效应检验结果

变量	(1) LnNPL	(2) LLR	(3) LnNPL
LnGdebt	0.298**	0.0440**	0.368*
	(2.06)	(2.07)	(2.01)
LLR			-1.588**
			(-2.16)
LnLpgdp	-1.614***	0.0286	-1.568***
	(-3.66)	(0.85)	(-3.58)
INstr	0.818***	-0.0200	0.787***
	(3.52)	(-0.89)	(3.54)
LnConstr	1.860**	-0.148**	1.625*
	(2.05)	(-2.32)	(1.86)
LnUrban	5.533***	0.156	5.781***
	(3.45)	(1.15)	(3.72)
Market	0.273***	-0.0125	0.253***
	(3.59)	(-1.43)	(3.04)
Perfdi	0.190	0.000551	0.190
	(0.85)	(0.02)	(0.94)
Ginter	-2.422*	-0.0675	-2.529**
	(-1.96)	(-0.79)	(-2.10)
常数项	-20.83***	0.731	-19.67***
	(-3.00)	(1.33)	(-2.84)
样本数	341	341	341
组内R^2	0.7423	0.3568	0.7486

注：***、**和*分别表示估计参数在1%、5%和10%水平下显著，括号内为t检验值。

（2）稳健性检验

第一，替换主要解释变量。为了检验模型的稳定性，这里将核心解释变量地方政府债务水平替换为财政赤字率（DR），用地方政府财政赤字与地区GDP的比重来衡量，反映地方政府债务规模。仍然使用基准回归模型（6.20）、（6.21）和（6.22）进行中介效应检验，从表6.23的回归结果来看，稳健性检验的结果与基准回归结果的区别主要在于某些变量的系数发生了变化，主要解释变量和控制变量系数的显著性与符号方向没有改变，与前文的研究结果一致，说明地方政府债务通过影响信贷规模结构，进而对商业银行风险产生显著影响的结果具有可靠性和稳健性。

表 6.23 替换主要解释变量的稳健性检验结果

变量	(1) LnNPL	(2) LLR	(3) LnNPL
DR	0.0602**	0.00424**	0.0655***
	(2.30)	(2.49)	(3.89)
LLR			-1.249**
			(-2.22)
LnLpgdp	-1.157**	0.0685***	-1.072***
	(-2.32)	(2.69)	(-4.26)
INstr	0.715***	-0.0223	0.687***
	(3.03)	(-1.63)	(5.12)
LnConstr	1.768*	-0.136***	1.598***
	(1.97)	(-2.69)	(3.21)
LnUrban	5.186***	0.214***	5.453***
	(3.16)	(2.60)	(6.69)
Market	0.277***	-0.0114**	0.263***
	(3.75)	(-2.36)	(5.54)
Ginter	-1.643	-0.00474	-1.649**
	(-1.43)	(-0.06)	(-2.04)
常数项	-21.31***	0.307	-20.93***
	(-3.20)	(0.92)	(-6.38)
组内R^2	0.7436	0.3168	0.7477
样本数	341	341	341

注：***、**和*分别表示估计参数在 1%、5%和10%水平下显著，括号内为 t 检验值。

第二，采用系统广义矩估计（SYS-GMM）的方法，构建动态面板模型即可以解决被解释变量与主要解释变量之间的内生性问题，也对基准模型回归结果的稳健性进行检验。在基准模型的基础中引入被解释变量的滞后一期和滞后二期作为解释变量，并通过两步系统 GMM 方法进行动态面板模型的回归。从表 6.24 的回归结果来看，稳健性检验的结果与基准回归结果的区别主要在于某些变量的系数发生了变化，而主要解释变量和控制变量系数的显著性和符号方向没有变化，与前文的研究结果一致，说明地方政府债务通过影响信贷规模结构，进而对商业银行风险产生显著影响的结果具有可靠性和稳健性。

表 6.24 动态面板模型的稳健性检验结果

变量	(1) LnNPL	(2) LLR	(3) LnNPL
LnGdebt	0.164*	0.0371***	0.273***
	(1.72)	(3.50)	(2.82)
LnNPL$_{t-1}$	1.247***		1.168***
	(13.56)		(12.77)
LnNPL$_{t-2}$	−0.502***		−0.516***
	(−5.79)		(−6.95)
LLR			−0.805*
			(−1.78)
LLR$_{t-1}$		0.757***	
		(7.21)	
LLR$_{t-2}$		−0.342***	
		(−4.80)	
Ginter	−0.567	0.142*	0.359
	(−0.89)	(1.97)	(0.52)
LnConstr	−0.0257	0.0147	0.0266
	(−0.37)	(0.84)	(0.43)
LnUrban	−0.252	0.136	0.438
	(−0.40)	(1.46)	(0.67)
INstr	0.0585	0.0233	0.0738
	(0.98)	(1.48)	(1.02)
Perfdi	0.0267	0.0279	−0.0162
	(0.37)	(1.53)	(−0.17)
LnLpgdp	0.144	−0.0996*	−0.159
	(0.47)	(−1.88)	(−0.42)
Market	0.0513	−0.0123	0.0968*
	(0.90)	(−1.46)	(1.82)
常数项	−0.653	0.432	−1.177
	(−0.35)	(1.42)	(−0.63)
Hansen值	29.66	28.58	30.21
	[0.585]	[0.381]	[0.403]
AR（1）	0.001	0.009	0.001
AR（2）	0.547	0.544	0.636
样本数	279	279	279

注：***、**和*分别表示估计参数在 1%、5%和 10%水平下显著，小括号内为 t 检验值，中括号内为相应检验统计量的 p 值。

6.6 本章小结

本章主要基于微观视角通过实证检验的方式分析了地方政府债务对金融风险的直接影响，并通过检验信贷扩张、影子银行、信贷期限结构这三个中介变量的中介效应来进一步探讨地方政府债务对金融风险的传导机制。前文对宏观传导机制的实证分析中，金融风险的衡量指标采用的是利用全局主成分分析法测算出来的金融风险指数，而在本章中金融风险以商业银行的经营风险作为代理变量，并通过流动性风险和信用风险等指标进行衡量。

首先，通过面板 VAR 模型对地方政府债务与商业银行信用风险、流动性风险之间的相互影响关系进行检验，研究结果表明地方政府债务与商业银行信用风险、流动性风险之间的内生关系非常显著，地方政府债务规模的扩大会同时引起商业银行信用风险和流动性风险的上升，在商业银行不良贷款率有所提高，且存在较大的信用风险时，当期为了资产管理指标的优化以及利益最大化的原则会减少对企业中长期贷款的发放，转而配置规模更大的地方政府债券等信用级别更高的债务，地方政府债务融资的积极性也会随之增加，对地方政府债务规模的增加又起到了推动作用，商业银行在这个过程中成为了地方政府债务更大的风险载体。

其次，检验信贷扩张的中介效应。实证检验结果表明信贷规模扩张是地方政府债务影响微观金融风险的中介变量，在地方政府债务对微观金融风险的影响中加入商业银行信贷规模扩张这个中介变量后，地方政府债务的影响依然显著为正，说明地方政府债务具有部分中介效应。同时，也反映出信贷扩张对微观金融风险具有显著的正向影响，信贷规模越大，微观金融风险水平越高。

再次，检验影子银行的中介效应。随着地方政府债务规模的不断扩大，商业银行不良贷款余额明显有所上升，地方政府债务规模的扩张对微观金融风险产生刺激性效应。在加入了影子银行这个中介变量后地方政府债务对商业银行不良贷款的直接效应减弱，这主要是由于影子银行对地方政府融资的参与分散了商业银行的经营风险，部分转移成为影子银行风险。由回归结果可以发现，在加入了影子银行这个中介变量之后，地方政府债务的影响依然显著为正，影子银行系数显著为正，最终验证了影子银行的中介效应。

最后，检验信贷期限结构的中介效应。实证检验结果表明信贷期限结构是地方政府债务影响微观金融风险的中介变量，在地方政府债务对微观金融风险的影响中加入信贷期限结构这个中介变量后，地方政府债务的影响依然显著为正，说明地方政府债务具有部分中介效应，并且地方政府债务对商业银行经营风险的影响程度增加，说明地方政府债务规模的扩大增加了商业银行中长期贷款在信贷总额中的比重,从而加大了商业银行的经营风险。本节中信贷扩张、影子银行和信贷期限结构这三个中介变量都属于部分中介,共同作用于地方政府债务扩张对金融风险的微观影响机制。

第7章 地方政府债务影响金融风险的非线性效应和空间溢出效应

7.1 基于宏观视角的非线性效应实证分析

本节将通过面板门槛模型实证检验地方政府债务对宏观金融风险的影响是否具有非线性效应，包括对地方政府债务规模自身作为门槛变量的检验，也包括对宏观金融杠杆水平、货币供应量和土地财政这些变量是否在门槛效应中产生影响进行检验。

7.1.1 门槛效应模型的设定

根据 Hausen（1999）[189]提出的面板门槛模型，基于宏观视角对地方政府债务与金融风险的非线性关系进行实证检验。门槛效应，主要是研究某个经济变量对另一个经济变量的影响，即是否会由于某一种指标参数超过了一定的数值以后，这种影响出现扩大或者降低甚至发生反转，而这种指标参数的临界值即"门槛（门限）值"。Hausen 的门槛（门限）回归，确定门槛值的方式更加科学客观，参数估计和假设检验使用严谨统计推理的方式。研究门槛效应的模型称为门槛模型，或者称为门限效应模型。本研究中，由于研究对象包含多个地区和多个年份，因此在下文的实证分析中将使用门槛面板模型。

假设面板数据为$\{Y_{it}, Gdebt_{it}, q_{it}: 1 \leq i \leq n, 1 \leq t \leq T\}$，其中$i$表示各省份，$t$表示时间，设定以下门槛回归模型：

$$Y_{it} = \beta_0 + \beta_1 Gdebt_{it} \cdot I(q_{it} \leq \gamma) + \beta_2 Gdebt_{it} \cdot I(q_{it} > \gamma) + \beta_3 X_{it} + \varepsilon_{it}$$
（7.1）

$$Y_{it} = \beta_0 + \beta_1 Gdebt_{it} \cdot I(q_{it} \leq \gamma_1) + \beta_2 Gdebt_{it} \cdot I(\gamma_1 < q_{it} \leq \gamma_2) + \\ \beta_3 Gdebt_{it} \cdot I(q_{it} > \gamma_2) + \beta_4 X_{it} + \varepsilon_{it}$$
（7.2）

$$Y_{it} = \beta_0 + \beta_1 Gdebt_{it} \cdot I(q_{it} \leq \gamma_1) + \beta_2 Gdebt_{it} \cdot I(\gamma_1 < q_{it} \leq \gamma_2) + \\ \beta_3 Gdebt_{it} \cdot I(\gamma_2 < q_{it} \leq \gamma_3) + \beta_4 Gdebt_{it} \cdot I(q_{it} > \gamma_3) + \beta_5 X_{it} + \varepsilon_{it}$$
（7.3）

上述模型（7.1）、（7.2）、（7.3）分别为单门槛、双重门槛和三重门槛模型，被解释变量Y代表金融风险，分别由金融风险指数（$RFRI$）和房地产风险（HP）来表示，主要解释变量Gdebt代表地方政府债务规模，下标i和t分别代表省份和年份，X代表控制变量，门槛变量q分别为地方政府债务规模（Gdebt）、宏观金融杠杆水平（Lev）、货币供应量（MS）和土地财政（LF），γ代表门槛值，$\varepsilon \sim iidN(0, \sigma^2)$为随机干扰项，I（•）代表示性函数，若门槛变量符合括号里的条件，则I（•）取值为1，否则为0。

7.1.2 数据来源与变量选择

本节利用第五章样本数据，主要基于宏观视角对地方政府债务影响金融风险的非线性关系进行实证检验，相关数据主要来源于《中国统计年鉴》、《中国金融年鉴》、《中国固定资产投资统计年鉴》、《全国政府性债务审计结果》以及Wind数据库。

被解释变量：金融风险（Y），分别采用金融风险指数（RFRI）和房地产风险（HP）作为代理变量，与第五章选取的被解释变量相同。

主要解释变量：地方政府债务规模（Gdebt），采用地方政府现金流收支差额来衡量财政资金缺口的方法进行估算，与前文地方政府债务规模的测算方式相同。

控制变量：地区经济发展水平（Lpgdp）用人均地区生产总值的自然对数来表示；城镇化水平（Urban）用城镇人口占总人口比重的自然对数来表示；对外开放水平（Perfdi）用外商投资额占总人口比重来表示；市场化程度（Market）用王小鲁和樊纲等测算的市场化指数来表示；地方政府的干预程度（Ginter）用财政支出占GDP比重来表示；产业结构（INstr）用第三产业增加值与第二产业增加值的比重来表示；基础设施建设水平（Constr）用铁路和公路营业里程合计占区域面积来表示；信贷期限结构（Credit）用短期贷款占中长期贷款比重来表示；人口规模（Pop）用年度地区人口总量来表示；房地产供给成本（Cost）用商品房竣工造价来表示。

门槛变量：分别为地方政府债务规模（Gdebt）、宏观金融杠杆水平（Lev）、货币供应量（MS）和土地财政（LF）。地方政府债务规模采用地方政府现金流收支差额来衡量财政资金缺口的方法进行估算；宏观金融杠杆水平采用本外币贷款余额占GDP的比重来表示；货币供给量用金融机构的存款余额来表示；土地财政用土地出让金收入来表示。这与第五章变量的选取以及计算方法相同。各主要变量的描述性统计见表7.1。

表 7.1 主要变量的描述性统计

变量	观测值	均值	标准差	最小值	最大值
RFRI	341	−0.0022	0.7041	−1.53	2.79
LnHP	341	8.6107	0.5093	7.5797	10.4383
LnGdebt	341	8.7182	0.9377	5.9488	10.5154
Lev	341	1.2711	0.4646	0.5528	3.0853
LnMS	341	9.9986	1.0289	6.7202	12.2455
LnLF	341	15.5386	1.3727	9.3863	18.1046
LnLpgdp	341	10.5997	0.5203	9.1957	11.8509
LnUrban	341	3.962	0.261	3.0865	4.4954
LnPop	341	8.1105	0.8467	5.6595	9.3366
LnCost	341	7.811	0.2981	7.0859	8.7371
LnConstr	341	8.8252	0.8893	6.0454	9.9935
Perfdi	341	0.3306	0.5276	0.0085	3.6506
Market	341	6.1573	2.121	−1.14	10.83
Ginter	341	0.2681	0.2024	0.087	1.3792
Credit	341	0.5738	0.2893	0.0076	1.772
INstr	341	1.0933	0.6227	0.4996	5.0222

7.1.3 门槛效应检验与结果分析

首先检验地方政府债务对金融风险的影响是否存在门槛效应，分别选择地方政府债务规模、宏观金融杠杆水平、货币供应量和土地财政作为门槛变量，下面依次对它们作为门槛变量时是否存在门槛效应以及门槛值的个数进行判断。基于面板门槛模型的要求，此处使用 $Hansen$ 的自举法来设置自举的次数，理论上次数越多越好，依照实证检验惯例这里的自举抽样次数设置为 300 次。表 7.2 是以金融风险指数作为被解释变量，分别以地方政府债务规模、宏观金融杠杆和货币供应量作为门槛变量的门槛效应存在性检验结果。以地方政府债务规模作为门槛变量的单门槛、双重门槛以及三重门槛对应的 P 值分别为 0.0933、0.1767 以及 0.7133，单门槛在 10%显著性水平下显著，双重门槛和三重门槛不显著，因此应该选择单门槛模型进行回归分析；以宏观金融杠杆作为门槛变量的单门槛、双重门槛以及三重门槛对应的 P 值分别为 0.9133、0.6633 以及 0.6933，没有显示具有门槛效应；以货币供应量作为门槛变量的单门槛、双重门槛以及三重门槛对应的 P 值分别为 0.000、0.3967 以及 0.4533，单门槛在1%的水平下较为显著，双重门槛和三重门槛不显著，因此应该选择单门槛模型进行回归分析。

表7.2 金融风险指数的门槛效应存在性检验

门槛变量	模型	F值	P值	bs次数	临界值 1%	5%	10%
LnGdebt	单一门槛	10.76*	0.0933	300	27.9119	20.2303	16.7086
	双重门槛	11.05	0.1767	300	21.5196	16.7292	13.8384
	三重门槛	10.82	0.7133	300	28.0932	20.5287	17.8716
Lev	单一门槛	8.23	0.9133	300	27.8746	17.6475	15.4157
	双重门槛	7.94	0.6633	300	16.882	13.952	11.8894
	三重门槛	7.76	0.6933	300	24.2378	16.8233	14.1501
LnMS	单一门槛	12.70***	0.0000	300	24.1169	18.9611	16.3092
	双重门槛	12.30	0.3967	300	21.1221	15.7934	12.6505
	三重门槛	12.15	0.4533	300	21.857	16.7254	14.617

注：***、**和*分别表示在1%、5%和10%的水平上显著。

表7.3是以房地产风险作为被解释变量，分别以地方政府债务规模和土地财政作为门槛变量的门槛效应存在性检验结果。以地方政府债务规模作为门槛变量的单门槛、双重门槛以及三重门槛对应的P值分别为0.05、0.5567以及0.9667，单门槛在10%水平下较为显著，而双重门槛和三重门槛并不显著，因此应该选择单门槛模型继续回归分析；以土地财政作为门槛变量的单门槛、双重门槛以及三重门槛对应的P值分别为0.02、0.0000以及0.9667，单门槛在5%的水平下较为显著，同时双重门槛在1%的水平下显著，而三重门槛不显著，因此应该选择双重门槛模型进行回归分析。

表7.3 房地产风险的门槛效应存在性检验

门槛变量	模型	F值	P值	bs次数	临界值 1%	5%	10%
LnGdebt	单一门槛	259.65*	0.0500	300	32.7516	28.0408	23.4961
	双重门槛	237.32	0.5567	300	31.4058	23.6936	19.2077
	三重门槛	213.78	0.9667	300	45.1318	29.3035	25.2618
LnLF	单一门槛	262.02**	0.0200	300	39.3631	29.81	25.2001
	双重门槛	260.43***	0.0000	300	29.8403	22.5874	18.6394
	三重门槛	252.48	0.5933	300	60.1012	52.4866	46.9524

注：***、**和*分别表示估计参数在1%、5%和10%的水平下显著。

表7.4列示了以金融风险指数作为被解释变量时，地方政府债务规模和货币供应量分别作为门槛变量，估计出的门槛值以及对应的置信区间。图7.1和

图 7.2 分别列示的是这两个门槛变量在单一门槛下的似然比 LR 趋势图。地方政府债务规模单门槛的门槛值为 9.5099，置信区间为[9.3940，9.5133]，以地方政府债务规模的对数值 9.5099 作为临界点将样本划分为两个区间进行门槛效应分析；货币供应量单门槛的门槛值为 11.4764，置信区间为[11.4223，11.4770]，以货币供应量的对数值 11.4764 作为临界点将样本划分为两个区间进行门槛效应分析。

表 7.4 金融风险指数门槛估计值与置信区间

门槛变量	模型	门槛估计值	95%置信区间
lnGdebt	单一门槛	9.5099	[9.3940，9.5133]
	双重门槛	9.5099	[9.4624，9.5133]
		7.6078	[7.5932，7.6182]
	三重门槛	9.3041	[9.2990，9.3080]
LnMS	单一门槛	11.4764	[11.4223，11.4770]
	双重门槛	11.4764	[11.4223，11.4770]
		10.3988	[10.2840，10.3996]
	三重门槛	11.3485	[11.2897，11.3855]

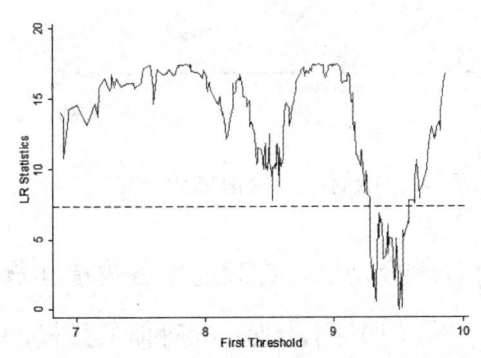
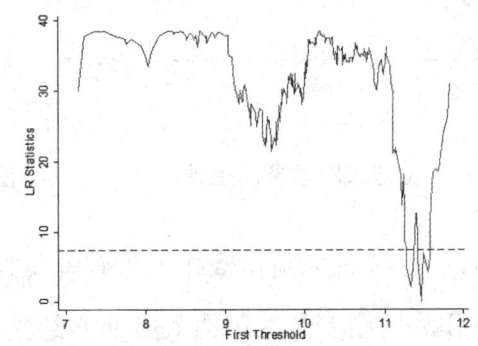

图 7.1 地方政府债务门槛值估计图　　图 7.2 货币供应量门槛值估计

表 7.5 列示了以房地产风险作为被解释变量时，地方政府债务规模和土地财政分别作为门槛变量，估计出的门槛值以及对应的置信区间。图 7.3 和图 7.4 分别列示的是这两个门槛变量在单一门槛和双重门槛下的似然比 LR 趋势图。地方政府债务规模单门槛的门槛值为 7.1782，置信区间为[7.1574，7.2259]，以地方政府债务规模的对数值 7.1782 作为临界点将样本划分为两个区间进行门槛效应分析；土地财政双重门槛的门槛值为 16.1916 和 14.4501，置信区间为[15.5840，15.6249]和[14.4159，14.4718]，以土地出让金收入的

对数值 16.1916 和 14.4501 作为临界点将样本划分为三个区间进行门槛效应分析。

表 7.5 房地产风险门槛估计值与置信区间

门槛变量	模型	门槛估计值	95%置信区间
lnGdebt	单一门槛	7.1782	[7.1574, 7.2259]
	双重门槛	7.1782	[7.1574, 7.2259]
		9.4561	[9.2952, 9.4636]
	三重门槛	8.3809	[8.3735, 8.3887]
LnLF	单一门槛	15.6201	[15.5840, 15.6249]
	双重门槛	14.4501	[14.4159, 14.4718]
		16.1916	[16.1326, 16.1998]
	三重门槛	15.6249	[15.5849, 15.6303]

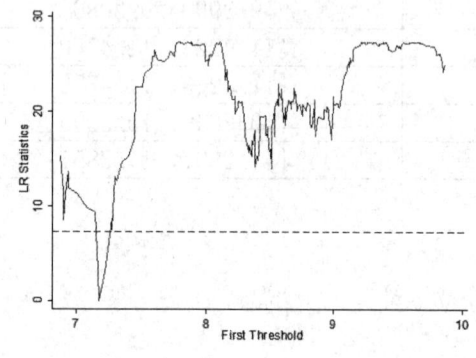
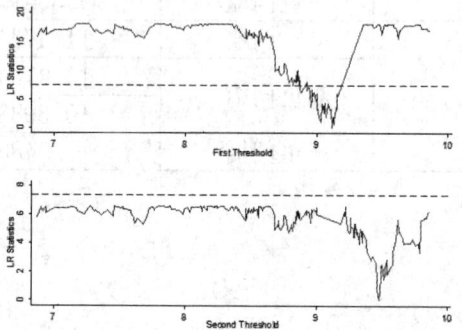

图 7.3 地方政府债务门槛值估计　　图 7.4 土地财政门槛值估计

表 7.6 是金融风险指数作为被解释变量时，分别以地方政府债务规模和货币供应量作为门槛变量的门槛效应回归结果。第（1）列是地方政府债务规模的单门槛模型回归结果，地方政府债务对金融风险表现为正向影响，即地方政府债务规模越大，金融风险指数越大，宏观金融风险水平越高，这与前文的分析是一致的。从门槛变量的系数变化可以看到，当地方政府债务规模的对数达到门槛值 9.5099 以后，地方政府债务规模对金融风险的正向影响减小，可能的原因是政府针对地方政府债务风险逐渐加大的趋势，采取相应防范措施，加快推进地方融资平台市场化转型，切断地方政府对平台公司的资产延伸和信用担保，减弱了地方政府债务规模增加对宏观金融风险的冲击。第（2）列示货币供应量的单一门槛模型回归结果，地方政府债务对金融风险表现为正向影响，即地方政府债务规模越大，金融风险指数越大，宏观金融风险水平越高，这与前

文的分析是一致的。从门槛变量的系数变化可以看到，当货币供应量的对数达到门槛值 11.4764 以后，地方政府债务规模对金融风险的正向影响减弱。这主要是由于金融市场上货币供给量较大时，资金流动性迅速增加，短期内金融体系的稳定性增加，地方政府债务规模的增加对金融风险的冲击会减小。

表 7.6 地方政府债务规模和货币供应量门槛效应回归结果

变量	RFRI (1)	RFRI (2)
LnLpgdp	−0.996***	−0.477*
	(−3.84)	(−1.81)
INstr	−0.0463	0.0976
	(−0.35)	(0.73)
Market	0.0174	−0.0272
	(0.28)	(−0.46)
Ginter	−3.131***	−2.291**
	(−3.13)	(−2.39)
LnConstr	0.844	0.282
	(1.40)	(0.47)
LnUrban	0.0191	−1.767*
	(0.02)	(−1.96)
LnPop	−0.799	−0.239
	(−0.82)	(−0.25)
LnGdebt（LnGdebt≤9.5099）	0.427***	
	(3.91)	
LnGdebt（LnGdebt＞9.5099）	0.389***	
	(3.63)	
LnGdebt（LnMS≤11.4764）		0.362***
		(3.49)
LnGdebt（LnMS＞11.4764）		0.278***
		(2.68)
常数项	6.642	9.071
	(0.83)	(1.17)
组内R^2	0.2435	0.2752
样本数	341	341

注：***、**和*分别表示估计参数在1%、5%和10%水平下显著，括号内为t检验值。

表 7.7 是房地产风险作为被解释变量时，分别以地方政府债务规模和土地财政作为门槛变量的门槛效应回归结果。第（1）列是地方政府债务规模的单门槛模型回归结果，地方政府债务对金融风险表现为正向影响，即地方政府债务

规模越大，金融风险指数越大，宏观金融风险水平越高，这与前文的分析是一致的。从门槛变量的系数变化可以看到，当地方政府债务规模的对数达到门槛值 7.1782 以后，地方政府债务规模对房地产市场风险的正向影响增强。产生这样状况的主要原因，很可能是由于地方政府债务达到一定规模之后，地方政府继续利用土地、房地产抵押或者通过土地出让金收入担保发行城投债等方式实现债务融资，再把债务融资资金投入市政基础设施建设、保障性住房等，由于资本化的效应会大大提升当地的房地产市场价格水平。第（2）列是土地财政的双门槛模型回归结果，地方政府债务对金融风险表现为正向影响，即地方政府债务规模越大，金融风险指数越大，宏观金融风险水平越高，这与前文的分析是一致的。由门槛变量的系数变化可以发现，地方政府债务规模对金融风险的正向影响呈现逐渐增强的线性变化趋势，如果土地财政即土地出让金收入长期保持较低水平，在第一个门槛值 14.4501 左侧时，地方政府债务规模的逐步上升将对加大金融风险产生显著影响；当土地出让金收入越过第一门槛值之后处于第一和第二门槛值之间时，地方政府债务规模的增加对加大金融风险的影响非常显著；当土地出让金收入越过第二门槛值 16.1916 处于更高水平时，地方政府债务规模的增加对加大金融风险的影响更加显著。出现这种情况，可能是因为长期以来地方政府垄断了土地供应，并通过"招拍挂"的方式转让土地获得土地出让金以填补地方财政资金缺口，导致土地出让价格过高，在这过程中推高房地产开发商成本进而推动房价的上涨，地方弥补财政赤字的需求越强烈，依靠土地开发与出让弥补财政收入的动力就越大，地方政府债务规模不断扩张的同时土地出让价格也在持续攀升，房地产市场风险就在居高不下的房地产价格泡沫形成中不断增加。

表 7.7 地方政府债务规模和土地财政门槛效应回归结果

变量	LnHP	
	(1)	(2)
Market	0.0139	0.0175
	(1.02)	(1.37)
Ginter	0.566**	0.619***
	(2.39)	(2.76)
LnConstr	0.671***	0.509***
	(5.19)	(4.26)
LnCost	0.366***	0.308***
	(7.72)	(6.67)
Perfdi	0.191***	0.190***
	(6.38)	(6.67)
LnPop	0.485**	0.487**
	(2.08)	(2.18)
LnGdebt (LnGdebt≤7.1782)	0.155***	
	(7.34)	
LnGdebt (LnGdebt>7.1782)	0.181***	
	(7.92)	
LnGdebt (LnLF≤14.4501)		0.104***
		(5.21)
LnGdebt (14.4501<LnLF≤16.1916)		0.123***
		(6.31)
LnGdebt (LnLF>16.1916)		0.137***
		(7.00)
常数项	-5.763***	-3.669**
	(-3.08)	(-2.08)
组内R^2	0.8731	0.8862
样本数	341	341

注：***、**和*分别表示估计参数在1%、5%和10%水平下显著，括号内为t检验值。

7.2 基于微观视角的非线性效应实证分析

本节将采用面板门槛模型实证检验地方政府债务对商业银行经营风险的影响是否存在非线性效应，包括对地方政府债务规模自身作为门槛变量的检验，也包括对信贷规模、影子银行规模和信贷期限结构这些变量是否在门槛效应中产生影响进行检验。

7.2.1 门槛效应模型的设定

根据 Hausen（1999）提出的面板门槛模型，设定以下模型：

$$R_{it} = \beta_0 + \beta_1 Gdebt_{it} \cdot I(q_{it} \leq \gamma) + \beta_2 Gdebt_{it} \cdot I(q_{it} > \gamma) + \beta_3 X_{it} + \varepsilon_{it}$$
(7.4)

$$R_{it} = \beta_0 + \beta_1 Gdebt_{it} \cdot I(q_{it} \leq \gamma_1) + \beta_2 Gdebt_{it} \cdot I(\gamma_1 < q_{it} \leq \gamma_2) + \beta_3 Gdebt_{it} \cdot I(q_{it} > \gamma_2) + \beta_4 X_{it} + \varepsilon_{it}$$
(7.5)

$$R_{it} = \beta_0 + \beta_1 Gdebt_{it} \cdot I(q_{it} \leq \gamma_1) + \beta_2 Gdebt_{it} \cdot I(\gamma_1 < q_{it} \leq \gamma_2) + \beta_3 Gdebt_{it} \cdot I(\gamma_2 < q_{it} \leq \gamma_3) + \beta_4 Gdebt_{it} \cdot I(q_{it} > \gamma_3) + \beta_5 X_{it} + \varepsilon_{it}$$
(7.6)

上述模型（7.4）、（7.5）、（7.6）分别为单门槛、双重门槛和三重门槛模型，被解释变量R代表微观金融风险即商业银行风险，分别由商业银行信用风险（NPL）和商业银行流动性风险（LR）来表示，主要解释变量$Gdebt$代表地方政府债务规模，下标i和t分别代表省份和年份，X 代表控制变量，门槛变量q分别为地方政府债务规模（$Gdebt$）、信贷规模扩张（Ltd）、影子银行规模（$Shadowbank$）和信贷期限结构（LLR），γ代表门槛值，$\varepsilon \sim iidN(0,\sigma^2)$为随机干扰项，$I(\cdot)$代表示性函数，若门槛变量符合括号里的条件，则$I(\cdot)$取值为1，否则为0。

7.2.2 数据来源与变量选择

本节主要基于微观视角，对地方政府债务影响商业银行经营风险的非线性关系进行实证检验，相关数据主要来源于《中国统计年鉴》、《中国金融年鉴》、《中国固定资产投资统计年鉴》、《全国政府性债务审计结果》以及Wind 数据库。

被解释变量：采用商业银行信用风险（NPL）和商业银行流动性风险（LR）来表示商业银行的经营风险，选取商业银行不良贷款余额作为商业银行信用风险的代理变量，选取商业银行中长期贷款占总贷款的比重作为商业银行流动性风险的代理变量。

主要解释变量：地方政府债务规模（$Gdebt$），采用地方政府现金流收支差额来衡量财政资金缺口的方法进行估算，与前文地方政府债务规模的测算方式相同。

控制变量：地区经济发展水平（$Lpgdp$）用人均地区生产总值的自然对数来表示；城镇化水平（$Urban$）用城镇人口占总人口比重的自然对数来表示；

对外开放水平（$Perfdi$）用外商投资额占总人口比重来表示；市场化程度（$Market$）用王小鲁和樊纲等测算的市场化指数来表示；地方政府的干预程度（$Ginter$）用财政支出占GDP比重来表示。

门槛变量：分别为主要解释变量地方政府债务规模（$Gdebt$）、信贷规模（Ltd）、影子银行规模（$Shadowbank$）和信贷期限结构（LLR）。地方政府债务规模采用地方政府现金流收支差额来衡量财政资金缺口的方法进行估算；信贷规模采用存贷比作为代理变量；影子银行规模采用间接的衡量方法，计算公式为金融机构本外币贷款余额×(国内生产总值-城镇居民可支配收入-农村居民可支配收入)/国内生产总值；信贷期限结构采用银行业金融机构中长期贷款占全部贷款余额的比重来度量。这与第六章变量的选取以及计算方法相同。各主要变量的描述性统计见表7.8。

表7.8 主要变量的描述性统计

变量	观测值	均值	标准差	最小值	最大值
LnNPL	341	4.9916	1.2523	1.2442	7.8223
LR	341	0.61	0.0975	0.349	0.8473
LnGdebt	341	8.7182	0.9377	5.9488	10.5154
LnLtd	341	4.2803	0.2146	3.1474	4.7571
LnShadowbank	341	9.117	1.0553	4.9127	11.3335
LnUrban	341	3.962	0.261	3.0865	4.4954
LLR	341	0.61	0.0975	0.349	0.8473
LnLpgdp	341	10.5997	0.5203	9.1957	11.8509
Perfdi	341	0.3306	0.5276	0.0085	3.6506
Market	341	6.1573	2.121	-1.14	10.83
Ginter	341	0.2681	0.2024	0.087	1.3792

7.2.3 门槛效应检验与结果分析

检验地方政府债务对商业银行经营风险的影响是否存在门槛效应，分别选择地方政府债务规模、信贷规模、影子银行规模和信贷期限结构作为门槛变量，依次对是否存在门槛效应以及使用不同门槛变量时门槛值的个数进行判断。基于面板门槛模型的要求，此处使用$Hansen$的自举法来设置自举的次数，理论上次数越多越好，依照实证检验惯例这里的自举抽样次数设置为300次。表7.9是地方政府债务作为门槛变量的门槛效应存在性检验结果。以商业银行信用风险作为被解释变量的单门槛、双门槛以及三门槛对应的P值分别为

0.077、0.707 以及 0.960，单门槛在 10%水平下显著，双重门槛和三重门槛不显著，因此应该选择单门槛模型进行回归分析。以商业银行流动性风险作为被解释变量的单门槛、双门槛以及三门槛对应的 P 值分别为 0.000、0.790 以及 0.807，单门槛在 1%的水平下显著，而双重门槛和三重门槛并不显著，接下来应该对单门槛模型回归分析。

表7.9 地方政府债务规模门槛存在性检验

被解释变量	模型	F 值	P 值	BS 次数	临界值		
					1%	5%	10%
商业银行信用风险	单一门槛	106.96*	0.077	300	37.141	29.661	24.039
	双重门槛	95.66	0.707	300	29.769	23.008	18.920
	三重门槛	85.45	0.960	300	25.598	19.728	16.438
商业银行流动性风险	单一门槛	31.51***	0.000	300	27.911	23.346	19.743
	双重门槛	28.61	0.790	300	31.012	23.131	19.548
	三重门槛	26.47	0.807	300	29.865	25.193	21.959

注：***、**和*分别表示估计参数在1%、5%和10%的水平下显著。

表 7.10 是信贷规模作为门槛变量的门槛效应存在性检验结果。以商业银行信用风险作为被解释变量的单门槛、双门槛以及三门槛对应的 P 值分别为 0.007、0.103 以及 0.527，单门槛在 1%水平下显著，而双重门槛和三重门槛并不显著，接下来应该选择单门槛模型回归分析。以商业银行流动性风险作为被解释变量的单门槛、双门槛以及三门槛对应的 P 值分别为 0.043、0.720 以及 0.860，单门槛在 5%水平下显著，双重门槛和三重门槛不显著，因此应该选择单门槛模型进行回归分析。

表7.10 信贷规模门槛存在性检验

被解释变量	模型	F 值	P 值	BS 次数	临界值		
					1%	5%	10%
商业银行信用风险	单一门槛	113.85***	0.007	300	33.639	26.589	21.992
	双重门槛	108.2	0.103	300	64.586	42.065	26.675
	三重门槛	102.05	0.527	300	78.269	53.997	44.400
商业银行流动性风险	单一门槛	24.96**	0.043	300	26.001	18.739	16.264
	双重门槛	22.74	0.720	300	23.587	17.216	14.739
	三重门槛	20.67	0.860	300	22.387	18.646	15.504

注：***、**和*分别表示估计参数在1%、5%和10%的水平下显著。

表 7.11 是检验影子银行规模作为门槛变量的门槛效应存在性检验结果。以商业银行信用风险作为被解释变量的单门槛、双门槛以及三门槛对应的 P 值分

别为 0.400、0.810 以及 0.807，门槛模型均没有通过检验，因此影子银行规模不是门槛变量。以商业银行流动性风险作为被解释变量的单门槛、双门槛以及三门槛对应的 P 值分别为 0.040、0.600 以及 0.330，单门槛在 5%水平下显著，双重门槛和三重门槛不显著，因此应该选择单门槛模型进行回归分析。

表 7.11 影子银行规模门槛存在性检验

被解释变量	模型	F 值	P 值	BS 次数	临界值 1%	临界值 5%	临界值 10%
商业银行信用风险	单一门槛	102.240	0.400	300	33.014	28.811	24.077
	双重门槛	91.620	0.810	300	31.006	21.194	18.763
	三重门槛	83.280	0.807	300	24.898	21.720	17.113
商业银行流动性风险	单一门槛	26.5**	0.040	300	32.432	26.147	23.920
	双重门槛	24.750	0.600	300	27.103	22.571	18.820
	三重门槛	23.900	0.330	300	28.548	24.840	20.380

注：***、**和*分别表示估计参数在 1%、5%和 10%的水平下显著。

表 7.12 是检验信贷期限结构作为门槛变量的门槛效应存在性检验结果。以商业银行信用风险作为被解释变量的单门槛、双门槛以及三门槛对应的 P 值分别为 0.420、0.210 以及 0.473，门槛模型均没有通过检验，因此信贷期限结构不是门槛变量。以商业银行流动性风险作为被解释变量的单门槛、双门槛以及三门槛对应的 P 值分别为 0.000、0.000 以及 0.910，单门槛和双门槛都在 1%水平下显著，三重门槛不显著，因此应该选择双重门槛模型进行回归分析。

表 7.12 信贷期限结构门槛存在性检验

被解释变量	模型	F 值	P 值	BS 次数	临界值 1%	临界值 5%	临界值 10%
商业银行信用风险	单一门槛	99.94	0.420	300	26.408	21.747	17.859
	双重门槛	90.04	0.210	300	21.676	14.836	12.773
	三重门槛	82.66	0.473	300	25.8712	20.022	15.811
商业银行流动性风险	单一门槛	41.47***	0.000	300	49.136	42.372	37.081
	双重门槛	63.91***	0.000	300	41.622	34.927	29.477
	三重门槛	100.35	0.910	300	308.091	282.626	264.163

注：***、**和*分别表示估计参数在 1%、5%和 10%的水平下显著。

表 7.13 列示了地方政府债务规模、信贷规模、影子银行规模和信贷期限结构作为门槛变量时，估计出的门槛值以及对应的置信区间。以商业银行信用风险作为被解释变量，地方政府债务规模单门槛的门槛值为 9.1181，置信区间为

[9.0552,9.1246]，以地方政府债务规模的对数值9.1181作为临界点将样本划分为两个区间进行门槛效应分析；信贷规模单门槛的门槛值为4.5101，置信区间为[4.5078,4.5158]，以信贷规模的对数值4.5101作为临界点将样本划分为两个区间进行门槛效应分析。图7.5和图7.6分别列示的是这两个门槛变量在单一门槛和双重门槛下的似然比LR趋势图。

以商业银行流动性风险作为被解释变量，地方政府债务规模单门槛的门槛值为9.7999，置信区间为[9.7903,9.8185]，以地方政府债务规模的对数值9.7999作为临界点将样本划分为两个区间进行门槛效应分析；信贷规模单门槛的门槛值为4.4317，置信区间为[4.4162,4.4324]，以信贷规模的对数值4.4317作为临界点将样本划分为两个区间进行门槛效应分析；影子银行规模单门槛的门槛值为10.0382，置信区间为[10.0375,10.0500]，以影子银行规模的对数值10.0382作为临界点将样本划分为两个区间进行门槛效应分析；信贷期限结构作为门槛变量双重门槛的门槛值为0.5223和0.7077，置信区间为[0.5184,0.5239]和[0.7062,0.7115]，以信贷期限结构指标值0.5223和0.7077作为临界点将样本划分为三个区间进行门槛效应分析。图7.7、图7.8、图7.9和图7.10分别列示的是这四个门槛变量的似然比LR趋势图。

表7.13 门槛估计值与置信区间

门槛变量	模型	NPL 门槛估计值	95%置信区间	LR 门槛估计值	95%置信区间
地方政府债务规模	单一门槛	9.1181	[9.0552,9.1246]	9.7999	[9.7903,9.8185]
	双重门槛	9.1181	[9.0172,9.1246]	9.8185	[9.7929,9.8270]
		9.4757	[9.4674,9.4866]	6.9043	[6.9042,6.9179]
	三重门槛	8.6843	[8.6814,8.6999]	8.5259	[8.5183,8.5265]
信贷规模	单一门槛	4.5101	[4.5078,4.5158]	4.4317	[4.4162,4.4324]
	双重门槛	4.5101	[4.5078,4.5158]	4.4317	[4.4153,4.4324]
		4.3739	[4.3633,4.3741]	4.2207	[4.2203,4.2218]
	三重门槛	3.9815	[3.9672,3.9822]	3.9815	[3.9755,3.9822]
影子银行规模	单一门槛	9.1155	[9.0019,9.1158]	10.0382	[10.0375,10.0500]
	双重门槛	9.1155	[9.0019,9.1158]	10.0382	[9.0479,10.0500]
		9.8979	[9.8952,9.9096]	7.8947	[7.5997,7.9299]
	三重门槛	7.8947	[7.8685,7.9299]	8.9603	[8.9051,8.9708]
信贷期限结构	单一门槛	0.6472	[0.6382,0.6486]	0.5223	[0.5178,0.5239]
	双重门槛	0.6472	[0.6412,0.6486]	0.5223	[0.5184,0.5239]
		0.4621	[0.4595,0.4691]	0.7077	[0.7062,0.7115]
	三重门槛	0.7357	[0.7172,0.7364]	0.6049	[0.6032,0.6061]

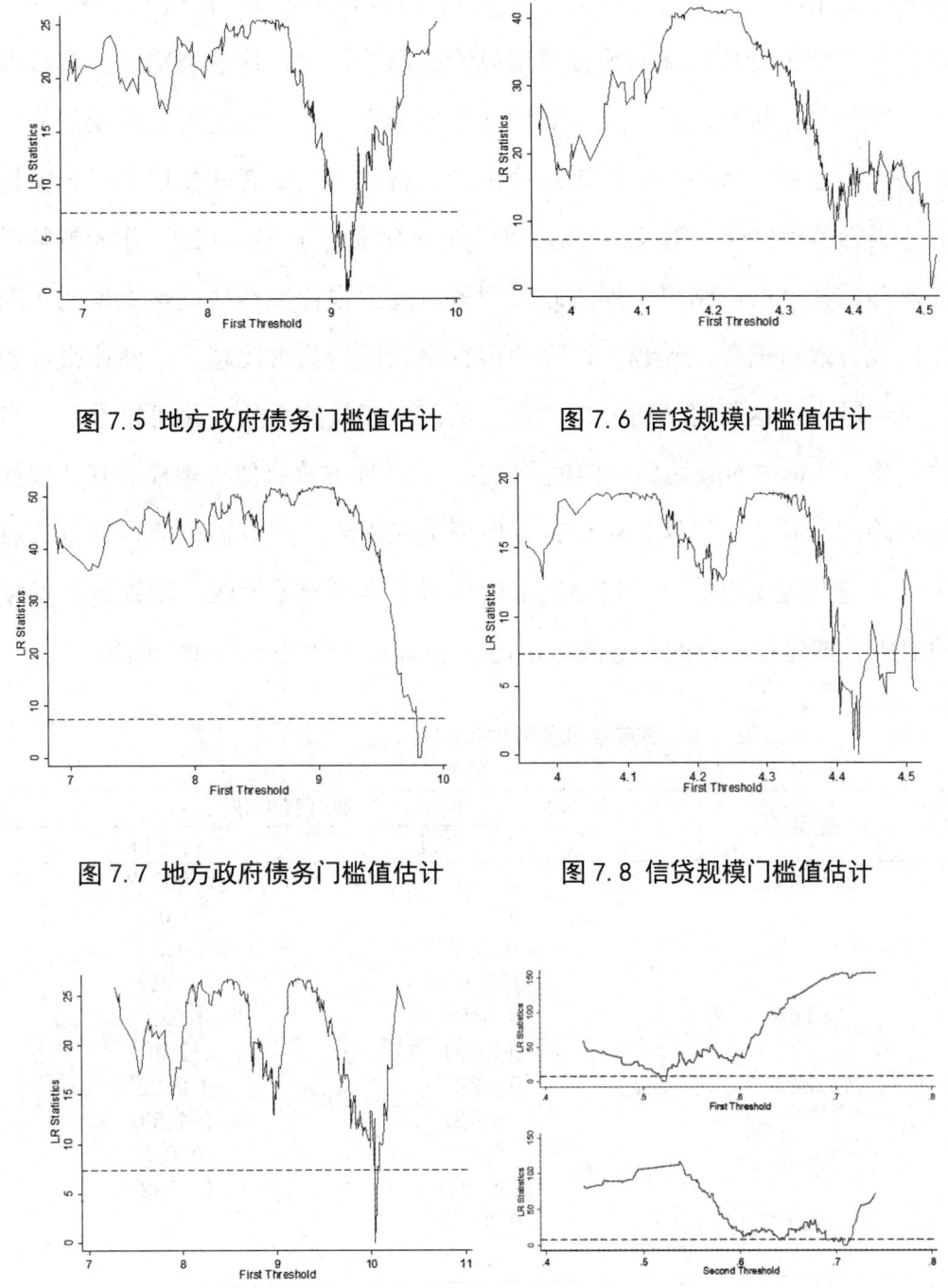

图 7.5 地方政府债务门槛值估计　　图 7.6 信贷规模门槛值估计

图 7.7 地方政府债务门槛值估计　　图 7.8 信贷规模门槛值估计

图 7.9 影子银行门槛值估计　　图 7.10 信贷期限结构门槛值估计

表 7.14 是地方政府债务规模作为门槛变量的门槛效应回归结果。第（1）列是以商业银行信用风险（NPL）作为被解释变量的单门槛模型的回归结果，地方政府债务对不良贷款表现为正向影响，即地方政府债务规模越大，商业银行

不良贷款余额越多，商业银行的信用风险越大，这与前文的分析一致。从门槛变量的系数变化可以看到，当地方政府债务规模的对数达到门槛值9.1181后，地方政府债务规模变化对商业银行信用风险的影响加大，这也表明了地方政府债务在累积到一定规模之后如果不断增加债务融资，一旦超过财政承受能力，地方政府无力偿还债务将产生严重违约风险，将从直接或者间接信贷资金渠道增加商业银行信用风险。第（2）列是以商业银行流动性风险（LR）作为被解释变量的单门槛模型回归结果。地方政府债务对商业银行流动性风险表现为正向影响，即地方政府债务规模越大，商业银行中长期贷款占比越大，商业银行的流动性风险越大，这与前文的分析一致。从门槛变量的系数变化可以看到，当地方政府债务规模的对数达到门槛值9.7999后，地方政府债务规模对商业银行流动性风险的影响增大，这说明地方政府债务积累到一定规模以后，地方政府继续举债补充财政支出缺口，将导致金融体系资金供给量紧张，特别是大量投资到政府中长期建设项目的资金尚未偿还，增加了商业银行流动性风险。

表7.14 地方政府债务规模门槛效应回归结果

变量	被解释变量	
	（1）LnNPL	（2）LR
LnUrban	5.763***	0.00112
	(7.00)	(0.02)
LnLpgdp	−1.567***	0.0433**
	(−6.86)	(2.10)
Perfdi	0.548***	−0.0221**
	(4.78)	(−2.14)
Market	0.329***	−0.0195***
	(6.78)	(−4.59)
Ginter	−0.172	−0.0587
	(−0.21)	(−0.82)
LnGdebt（LnGdebt ≤ 9.1181）	0.361***	
	(3.87)	
LnGdebt（LnGdebt > 9.1181）	0.402***	
	(4.37)	
LnGdebt（LnGdebt ≤ 9.7999）		0.0230***
		(2.77)
LnGdebt（LnGdebt > 9.7999）		0.0286***
		(3.51)
常数项	−6.689***	0.0826
	(−3.56)	(0.53)
组内R^2	0.7119	0.4213
样本数	341	341

注：***、**和*分别表示估计参数在1%、5%和10%水平下显著，括号内为t检验值。

表 7.15 是信贷规模作为门槛变量的门槛效应回归结果。第（1）列是以商业银行信用风险（NPL）作为被解释变量的单门槛模型的回归结果，地方政府债务对不良贷款表现为正向影响，即地方政府债务规模越大，商业银行不良贷款余额越多，商业银行的信用风险越大，这与前文的分析一致。从门槛变量的系数变化可以看到，当信贷规模的对数越过门槛后的系数为 0.404，显著大于门槛前的系数 0.333，提高 21%，表明当商业银行的信贷规模越过某一个阈值处于较高的水平时，地方政府债务规模扩张对商业银行信用风险的影响增加。第（2）列是以商业银行流动性风险（LR）作为被解释变量的单门槛模型的回归结果，地方政府债务对商业银行流动性风险表现为正向影响，即地方政府债务规模越大，商业银行中长期贷款占比越大，商业银行的流动性风险越大，这与前文的分析一致。从门槛变量的系数变化可以看到，当商业银行信贷规模的对数达到门槛值 4.4317 以后，地方政府债务规模对商业银行流动性风险的影响有所下降，出现这种情况的原因可能是商业银行的中长期贷款比重降低，这样可以使商业银行的资金流动性得到增加，降低风险性水平。而地方政府的融资项目主要就是以周期较长的建设工程为主，因此地方政府债务对商业银行流动性风险的影响减弱。

表 7.15 信贷规模门槛效应回归结果

变量	被解释变量	
	（1）LnNPL	（2）LR
LnUrban	6.497***	0.142*
	(8.20)	(1.89)
LnLpgdp	-1.464***	0.00833
	(-6.53)	(0.39)
Perfdi	0.507***	-0.00688
	(4.51)	(-0.65)
Market	0.348***	-0.0145***
	(7.44)	(-3.30)
Ginter	-1.360*	-0.129*
	(-1.74)	(-1.75)
LnGdebt（LnLtd≤4.5101）	0.333***	
	(3.64)	
LnGdebt（LnLtd>4.5101）	0.404***	
	(4.50)	
LnGdebt（LnLtd≤4.4317）		0.0402***
		(4.74)
LnGdebt（LnLtd>4.4317）		0.0363***
		(4.30)
常数项	-10.15***	-0.257
	(-5.95)	(-1.58)
组内R^2	0.7245	0.3657
样本数	341	341

注：***、**和*分别表示估计参数在1%、5%和10%水平下显著，括号内为t检验值。

表7.16是以商业银行流动性风险（LR）作为被解释变量，影子银行规模和信贷期限结构分别作为门槛变量的门槛效应回归结果。地方政府债务对商业银行流动性风险均表现为正向影响，即地方政府债务规模越大，商业银行中长期贷款占比越大，商业银行的流动性风险越大，这与前文的分析一致。从门槛变量的系数变化来看，第（1）列是影子银行规模单门槛模型的回归结果，当影子银行规模的对数越过门槛后的系数为0.0481，显著大于门槛前的系数0.0429，提高12%，表明当影子银行规模越过某一个阈值以后，地方政府债务规模扩张对商业银行流动性风险的影响增加。第（2）列是信贷期限结构双重门槛模型的回归结果，当信贷期限结构的衡量指标越过第一门槛值以后处于第一和第二门槛值之间时，地方政府债务规模的增加对加大金融风险的影响显著增加，当信贷期限结构的衡量指标越过第二门槛值0.7077处于更高水平时，地方政府债务规模的增加对加大金融风险的影响继续增加。

表 7.16 影子银行规模和信贷期限结构门槛效应回归结果

变量	LR (1)	LR (2)
LnUrban	0.0798	0.115**
	(1.07)	(1.99)
LnLpgdp	0.00677	0.00269
	(0.32)	(0.16)
Perfdi	−0.0171	−0.00592
	(−1.61)	(−0.73)
Market	−0.0196***	−0.0104***
	(−4.41)	(−3.05)
Ginter	−0.140*	−0.120**
	(−1.92)	(−2.12)
LnGdebt（Lnshadowbank≤10.0382）	0.0429***	
	(5.10)	
LnGdebt（Lnshadowbank>10.0382）	0.0481***	
	(5.58)	
LnGdebt（LnLLR≤0.5223）		0.0112*
		(1.67)
LnGdebt（0.5223<LnLLR≤0.7077）		0.0198***
		(3.02)
LnGdebt（LnLLR>0.7077）		0.0271***
		(4.15)
常数项	0.00286	0.0532
	(0.02)	(0.43)
组内R^2	0.3797	0.6286
样本数	341	341

注：***、**和*分别表示估计参数在 1%、5%和 10%水平下显著，括号内为 t 检验值。

7.3 空间溢出效应分析

7.3.1 地方政府债务对金融风险的空间溢出效应分析

中国的地方政府通过直接或者间接的债务融资方式满足财政支出缺口，追本溯源其债务资金最终还是来源于商业银行等金融机构，现阶段随着各类金融机构同业业务迅速发展，合作更加紧密，因此产生的金融风险关联度也显著提升。如果地方政府无法按时清偿债务造成违约，债务风险可能通过财政关联、金融行为和贸易联系溢出到其他部门，导致债务风险跨部门、跨区域的传染和扩散，造成债务风险金融化。通过深入分析各经济主体的市场行为来探寻基于空间关联下地方政府债务扩张对金融风险的多路径溢出机制，防止区域金融风险进一步演变为危害更大的系统性金融风险，严防风险传导范围和危害性扩大。

地方政府债务扩张能够引发金融风险并产生空间溢出效应，其根源在于经济各部门之间具有区域内部和区域之间的金融空间关联性。设想一个包含了金融部门、政府部门、家庭部门和企业部门的"四部门金融关系循环"，下面分别对区域内部和区域之间的金融空间关联性进行分析。

(1) 四部门区域内金融空间关联路径

通过国家审计署的统计数据，地方政府债务中超过一半的融资资金都来自于商业银行等主要的金融机构，地方政府部门往往利用直接或者间接融资方法从金融部门中获取大量信用投资，到期偿付地方政府的欠款。因为金融机构和地方政府之间的联系比较密切，所以金融机构在投资决策过程中往往具有较软约束的被动性，但又因为地方政府比其他的信用主体具有较高公信力，主动为其放款的意愿也比较强烈。我国禁止商业银行等金融机构直接为地方政府进行贷款，因此大量信贷资金通过融资平台最终流入到地方政府，在此过程中地方政府又与影子银行业务发生关联，增加了潜在金融风险。同时地方政府通过债券发行从其他三个部门获得直接融资，其中金融机构依然认购比例最大。金融机构通过吸收存款和发行理财产品等方式汇集家庭部门和企业部门的闲置资金，同时提供企业贷款和消费贷款满足社会融资需求，但是如果地方政府债务规模增加过快，会挤出其他两部门的金融资源，造成社会融资效率降低，企业再生产受到影响可能无法按时偿还现有贷款，导致金融部门不良贷款率上升、流动性风险增加。如果地方政府内部出现了债务违约等风险，地方金融机构不但无法收回直接投资的政府债务本息以及向投融资平台贷款，而且家庭部分以及公司部门的债务清偿能力可能也会遭受影响，金融信用风险以及资金流动性风险大幅上升，进一步加大了地方内部的金融风险。具体传导路径如图 7.11 所示。

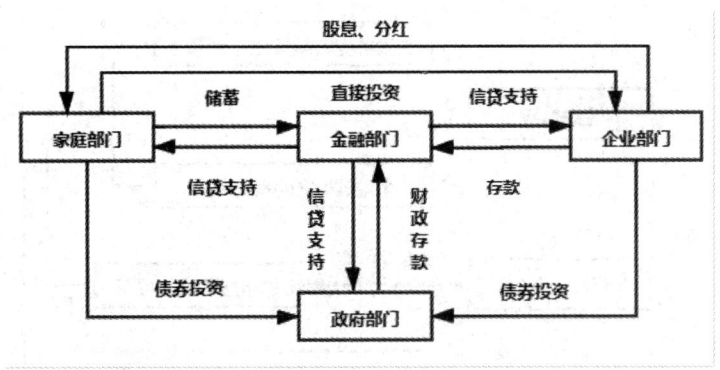

图 7.11 四部门区域内金融空间关联路径图

(2) 四部门区域间金融空间关联路径

各金融机构之间通过结算业务、同业业务、代理业务等业务的开展，在金融体系内部产生直接或者间接的关联，当金融机构出现流动性困难时，可以在同一区域内或者跨区域的金融机构内部进行资金流动性的调配，也可以在金融机构之间进行资金的拆借获得资金援助。但也正是由于这种"同舟共济"的紧密资金链条，使各金融机构之间甚至各区域金融机构产生共同的风险隐患，当区域内部金融风险剧增，会通过资金链条扩散传染，产生更大范围的金融风险。由于资本的逐利性特征，居民和企业部门的资金会流入更大收益率的地区，各地方政府通过实施税收优惠政策、加大项目补贴力度等方式吸引投资者，另外地方政府债券融资不受发行主体限制可以跨地区质押，获得其他区域的债券融资资金。跨区域投融资将各类投资主体捆绑于同一利益链条中，如果地区经济金融领域发生风险，或者地方政府出现债务违约风险，区域风险在整个利益网络中传播扩散，形成跨区域的风险溢出。这时候的资金成本增加、恐慌情绪蔓延，甚至金融机构出现挤兑、倒闭的情形，金融危机一触即发。具体传导路径如图 7.12 所示。

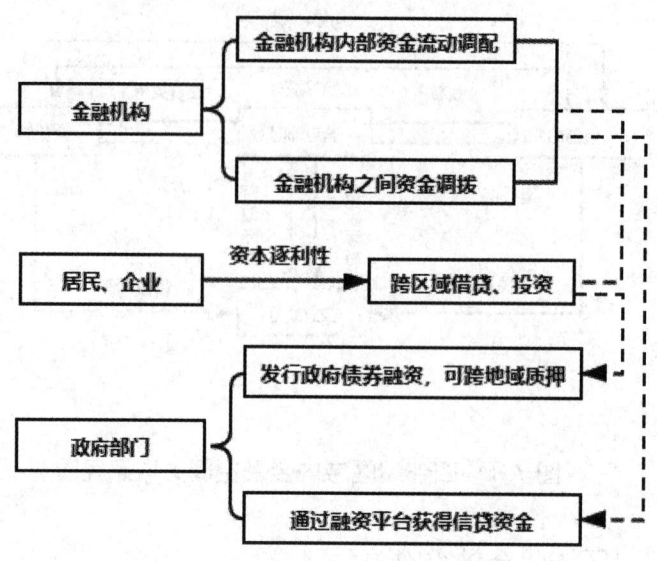

图7.12 四部门区域间金融空间关联路径图

7.3.2 模型设定

在研究地方政府债务扩张对金融风险的影响以及传导机制的过程中,鉴于不同的省份地区地方政府债务的规模大小以及金融风险情况都具有一定差异性,因此采用分省数据来进行分析比较合适,另外地理学第一定律指出任何事件间都具有相关性,相距远近所带来的关联性也具有一定差异。经济资源和经济活动对地理空间具有依赖性,金融资源跨区域流动的特征非常明显,将不同区域之间的非时变的空间关系纳入计量分析,能更加有效地分析地方政府债务是否对本地区金融体系存在风险溢出的同时,还会对其他地区金融体系存在空间溢出效应。Anselin(1988)[190]指出空间计量经济学模型更适合用来衡量溢出效应。本章中我们研究的主要是地方政府债务增长对金融风险的溢出效应,在一般计量模型的基础上加上空间数据构建相应的空间面板模型,可以更加全面地测度地方政府债务扩张对金融风险的空间影响。

(1)一般计量模型

首先构建反映地方政府债务和金融风险二者关系的一般计量模型,建立模型如下:

$$RFRI_{it} = \alpha_0 + \alpha_1 Gdebt_{it} + \sum \gamma Z_{it} + \delta_i + \mu_t + \varepsilon_{it} \tag{7.7}$$

其中i表示省份,t表示年份,被解释变量$RFRI$代表金融风险,主要解释变量$Gdebt$代表地方政府债务水平，Z表示控制变量，δ_i和μ_t分别为省份和时间的固定效应，ε_{it}表示随机误差项。

（2）空间计量模型

空间计量的基本模型主要包括空间自回归模型（SAR）、空间误差模型（SEM）和空间杜宾模型（SDM）。若把这三个基本模型形式结合可以得出较为一般的模型形式，就是空间杜宾误差模型（SDEM）。

首先，空间自回归模型（SAR），经常也称作空间滞后模型（SLM）。它指的是在一般的时间序列自相关模型分析中引入一个空间权重矩阵之后发展得出新的模型，可以应用于综合分析各个不同地区的因变量相互之间影响，具体可以表述为：

$$y = \lambda Wy + X\beta + \varepsilon$$
$$\varepsilon \sim N(0, \sigma^2 I_n) \tag{7.8}$$

其中，y为$n \times 1$维的被解释变量，λ为空间自回归系数，来度量Wy对y的影响，W为已知的空间权重矩阵，X为$n \times k$维的数据矩阵，包括k列解释变量，β为相应的解释变量系数，ε为随机误差项。

其次，空间误差模型（SEM）。若要准确考虑不同区位中各种不可观测因素对因变量所产生的随机影响，可以通过引入空间随机误差项来反映不包含在自变量中的遗漏变量对因变量影响的空间相关性，或者不可观测的随机冲击存在空间相关性。具体表达式为：

$$y = X\beta + \mu$$
$$\mu = \rho M\mu + \varepsilon \tag{7.9}$$
$$\varepsilon \sim N(0, \sigma^2 I_n)$$

其中y是$n \times 1$维的被解释变量，X为$n \times k$维的数据矩阵，β为相应的解释变量系数，扰动项μ存在空间依赖性，M是空间权重矩阵，ρ为空间误差项系数，ε为随机误差项。当模型中的$\rho = 0$，就是一般线性回归模型。

再次，空间杜宾模型（SDM）。通过空间模型既考虑了相邻区域被解释变量间的相互影响，还可以再考察其他区域的自变量对该区域因变量的影响，具体表达式为：

$$y = \lambda Wy + X\beta + WX\delta + \varepsilon$$
$$\varepsilon \sim N(0, \ \sigma^2 I_n)$$
(7.10)

其中y是n×1维的被解释变量，λ为空间自回归系数，W为已知的空间权重矩阵，X为n×k维的数据矩阵，包括k列解释变量，β为相应的解释变量系数，$WX\delta$表示来自其他区域自变量的影响，δ为相应的影响系数，ε为随机误差项。

根据本章的研究目的和研究数据，需要在以上基本空间计量模型的基础上建立空间面板模型，首先建立一般的空间面板模型：

$$y_{it} = \alpha y_{i,t-1} + \beta w_i y_t + \theta x_{it} + d_i x_t \delta + u_i + \gamma_t + \varepsilon_{it}$$
(7.11)

其中，如果$\alpha \neq 0$则为动态面板模型，$y_{i,t-1}$为被解释变量y_{it}的一阶滞后；如果$\alpha = 0$则为静态面板模型。w_i为空间权重矩阵W的第i行，$w_i y_t = \sum_{j=1}^n w_{ij} y_{jt}$，$w_{ij}$为空间权重矩阵$W$的$(i,j)$元素，$d_i x_t \delta$表示解释变量的空间滞后，$d_i$为相应空间权重矩阵$D$的第$i$行，$u_i$为个体效应，$\gamma_t$为时间效应。$\varepsilon_{it}$为随机误差项，$\varepsilon_{it} = \lambda m_i' \varepsilon_t + v_{it}$，$m_i$为扰动项空间权重矩阵$M$的第$i$行。

模型（7.11）中，当$\lambda = 0$时，是上述的空间杜宾模型；当$\lambda = 0$并且$\delta = 0$时，是上述的空间自回归模型；当$\alpha = \beta = 0$并且$\delta = 0$，是上述的空间误差模型。

（3）空间权重矩阵

在空间计量分析中需要运用到各区域之间的空间距离。我们用w_{ij}来描述区域i和区域j的距离，最常用的距离函数形式是区域相邻，假设区域i和区域j之间有相同边界，那么$w_{ij} = 1$；假设区域i和区域j之间没有相同边界，那么$w_{ij} = 0$。可以用空间权重矩阵把每个区域的距离关系描述出来，如下式所示：

$$W = \begin{bmatrix} w_{11} & \cdots & w_{1n} \\ \vdots & \ddots & \vdots \\ w_{n1} & \cdots & w_{nn} \end{bmatrix}$$
(7.12)

定义相邻主要有两种方法，一是根据区域之间是否有共同的"边"和"点"的原则，将相邻关系可以分为车相邻、象相邻和后相邻，车相邻的两个相邻区域之间有相同的边；象相邻的两个相邻区域仅有共同顶点；后相邻的两个相邻区域有共同的边或是顶点。二是根据区域间的距离，这种距离可以是地理上的距离，也可以是经济距离等。具体使用哪种空间权重矩阵需要根据研究的目的和研究对象的空间联系来进行选择。本文构建两种类型的空间权重矩阵：

第一种是 0-1 空间权重矩阵W_{01}。采用后相邻原则，即两个省份相邻，则对应权重元素$w_{ij}=1$，如果两个省份不相邻，则对应权重元素$w_{ij}=0$。通过对空间权重矩阵进行行标准化，满足每行元素之和均为1。

第二种是经济距离空间权重矩阵W_e。$W_{ij}=\frac{1}{|\bar{x}_i-\bar{x}_j|}(i\neq j)$，$\bar{x}_i$为地区$i$在样本区间的人均 GDP 的平均值。对空间权重矩阵行标准化使每行元素之和均为1。

本章在基本模型分析中使用 0-1 空间权重矩阵，在稳健性检验中使用经济距离空间权重矩阵用以反映不同地区间经济差异。

7.3.3 变量选取

（1）被解释变量

本节选取金融风险（$RFRI$）作为被解释变量，金融风险采用第四章测算出的金融风险指数进行衡量。金融风险指数值越大，代表该地区的金融风险越大。

（2）解释变量

本节选取地方政府债务（$Gdebt$）作为核心解释变量，采用地方政府现金流收支差额来衡量财政资金缺口的方法进行估算，具体测算方法与前文一致。

（3）控制变量

地区经济发展水平（$Lpgdp$）：地区生产总值反映的是该地区的整体经济社会发展能力水平，经济发展水平既能够直接反映出地区经济对地方政府债务的承受能力，又能够反映出它对区域金融的支持程度。本文主要通过地区生产总值与地区总人口数量的相对比率，即人均 GDP 来反映某一地区经济社会发展水平。

城镇化水平（$Urban$）：城镇化主要体现一个地区的经济水平和经济建设发展速度，同时地方政府通过债务融资的最重要目的就是完善地方基础设施建设，从而提升城市化水平。本文主要通过城镇人口数量占地区总人口数量的比重来对城镇化水平进行衡量。

产业结构（INstr）：产业结构影响区域经济发展水平和地方财政收入水平，合理优化的产业结构也会对该区域的金融市场发展具有极大的促进作用。本文采用第三产业和第二产业增加值的比值进行衡量。

地方政府的干预程度（Ginter）：地方经济和金融受到地方政府的干预程度对金融风险和地方政府债务规模都具有一定的影响。本文参考樊纲（2003）对我国地方政府财政与市场关系的分析研究，采用地方政府财政支出占地区GDP的比重反映地方政府的市场干预程度。

金融发展水平（FinanD）：金融发展水平反映地区经济发展水平，也反映区域内金融机构经营的稳健程度以及风险承受能力。本文主要通过金融业增加值占地区生产总值的比重来反映该地区的金融业发展水平。具体变量的说明详见表7.17。

表7.17 变量定义与计算

	变量名称	变量符号	变量定义与计算
被解释变量	金融风险	RFRI	金融风险指数，其值越大代表宏观金融风险越大
主要解释变量	地方政府债务	Gdebt	市政领域的固定资产投资-地方政府可用收入，取对数
控制变量	地区经济发展水平	Lpgdp	人均国内生产总值，取对数
	城镇化水平	Urban	城镇人口/总人口，取对数
	产业结构	INstr	第三产业增加值/第二产业增加值
	地方政府的干预程度	Ginter	财政支出/GDP
	金融发展水平	FinanD	金融业增加值/地区生产总值

7.3.4 数据来源与描述性统计

本章的实证分析采用2008-2018年全国31个省（市、自治区）的相关数据进行模型估计，相关数据分别来源于《中国统计年鉴》、《中国金融年鉴》、《中国固定资产投资统计年鉴》、《全国政府性债务审计结果》以及Wind数据库。使用的统计工具是Stata14.0。各主要变量的描述性统计结果见表7.18。

表 7.18 主要变量的描述性统计

变量	观察值	平均数	标准差	最小值	最大值	25%分位数	50%分位数	75%分位数
RFRI	341	-0.0022	0.7041	-1.53	2.79	-0.47	-0.12	0.39
LnGdebt	341	8.7182	0.9377	5.9488	10.5154	8.2219	8.8317	9.3547
LnLpgdp	341	10.5997	0.5203	9.1957	11.8509	10.2679	10.597	10.9488
LnUrban	341	3.962	0.261	3.0865	4.4954	3.8199	3.9716	4.104
INstr	341	1.0933	0.6227	0.4996	5.0222	0.7535	0.8999	1.1977
Ginter	341	0.2681	0.2024	0.087	1.3792	0.1757	0.2183	0.2858
FinanD	341	0.0598	0.0303	0.0151	0.1963	0.0387	0.054	0.0715

7.3.5 空间相关性检验与模型的选择

（1）空间相关性检验

利用空间计量模型进行回归分析之前，必须先对变量进行空间相关性检验，以判断所考察数据是否具有空间依赖性。如果不具有空间相关性则采用一般计量模型分析即可，如果具有空间相关性则可以采用空间计量方法，模型才具有有效性。在文献中应用得较为普遍的空间自相关检验方法，是进行"莫兰指数 I"（Moran's I）的测算。

① 全局空间自相关分析

全局莫兰指数计算公式如下：

$$Moran's\ I = \frac{\sum_{i=1}^{n}\sum_{j=1}^{n}w_{ij}(x_i-\bar{x})(x_j-\bar{x})}{S^2\sum_{i=1}^{n}\sum_{j=1}^{n}w_{ij}} \tag{7.13}$$

其中，$S^2 = \frac{\sum_{i=1}^{n}(x_i-\bar{x})^2}{n}$ 是样本方差，$\bar{x} = \frac{\sum_{i=1}^{n}x_i}{n}$ 是样本均值，w_{ij} 是用于衡量区域 i 与区域 j 之间的空间距离权重矩阵，$\sum_{i=1}^{n}\sum_{j=1}^{n}w_{ij}$ 为所有空间权重之和。Moran's I 的取值通常介于-1 到 1 之间，大于零表示正相关，小于零表示负相关，而接近零则表示空间分布完全是随机的，即不会存在空间自相关。由于 Moran's I 适用于空间截面数据，而本文采用空间面板数据，所以在应用 Moran's I 之前需要先将分块对角矩阵 $C = IT \otimes W$ 替换为 Moran's I 中的空间权重矩阵 W。

表 7.19 2008-2018 年金融风险的 Moran's I 值

年份	RFRI		
	Moran's I 值	Z 值	P 值
2008	0.232	2.462	0.007
2009	0.048	0.706	0.240
2010	0.151	1.693	0.045
2011	0.266	2.708	0.003
2012	0.231	2.347	0.009
2013	0.224	2.287	0.011
2014	0.206	2.119	0.017
2015	0.212	2.089	0.018
2016	0.094	1.102	0.135
2017	0.057	0.792	0.214
2018	0.266	2.577	0.005

根据表 7.19 所示，基于空间临近矩阵对 31 个省份的金融风险进行了全局 Moran's I 指数检验。2008-2018 年金融风险具有显著的空间正相关性，金融风险 Moran's I 平均值为 0.181，且基本均在 5%显著性水平上通过检验，说明了中国各地区的金融风险均受到相邻区域影响，在一定空间的地理位置上呈现了空间集聚。

② 局部空间自相关分析

全局莫兰指数的检验结果表明金融风险呈显著的空间正相关性，而全局莫兰指数则无法表明各区域间金融风险的空间集聚性和空间关联性，因此为了进一步检验各地区金融风险的空间关联性，进行局部莫兰指数检验（LISA）。局部莫兰指数可以采用莫兰散点图（MSP）进行表示，散点图可以分为四个象限分别表现区域单元与其邻居间的局部空间关联关系，包括四种类型：第一象限反映的是"高-高"空间集聚，即高观测值的区域相邻；第二象限反映的是"低-高"空间离群，即高观测值区域包围低观测值的区域；第三象限反映的是"低-低"空间集聚，即低观测值的区域相邻；第四象限反映的是"高-低"空间离群，即低观测值区域包围高观测值的区域被。如果散点位于第一象限和第三象限表示局部正向空间自相关，如果散点位于第二象限和第四象限则表示局部负向空间自相关。莫兰指数散点图拟合直线的斜率为 Moran's I 的统计量。由于篇幅原因，这里仅列示 2008 年的 LISA 集聚情况（如图 7.13）。

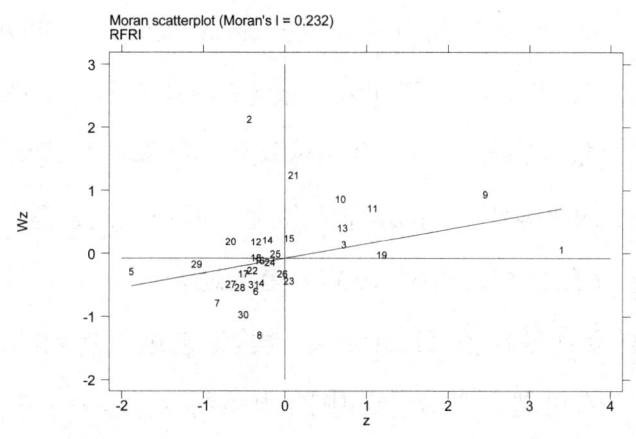

图 7.13 2008 年金融风险 Moran 散点图

从图 7.13 可以看到 2008 年我国各省份金融风险主要位于一、三象限，呈现"高-高"集聚和"低-低"集聚，说明金融风险较高（低）地区更易聚集，各区域间金融风险具有较强的空间正相关性，相邻区域金融资金联系日益密切。反映金融风险的空间集聚性为"高-高"的区域有北京、河北、上海、江苏、浙江、山东、广东、海南；"低-低"的区域有黑龙江、辽宁、山西、福建、河南、吉林、湖北、内蒙古、湖南、广西、贵州、西藏、重庆、山西、甘肃、青海、宁夏、新疆；"低-高"的区域有天津、安徽、江西、云南；"高-低"的区域有四川。

（2）空间计量模型的选择

首先进行拉格朗日乘数（LM）检验和稳健性拉格朗日乘数（Robust LM）检验，通过显著性水平来选择适合的空间计量模型具体形式。当计量模型中 LM 指标显著，那么该模型可以选择，若两个指标同时显著就继续进行稳健 LM 检验，计算 Robust LM 指标，选择其中 Robust LM 指标显著的模型进行回归分析。具体结果如下：

表 7.20 金融风险的空间计量模型检验

检验方法	统计量	P 值
LM-lag	60.379***	0.0000
R-LMLag	3.716*	0.054
LM-Error	59.147***	0.0000
R-LMErr	2.485***	0.1115
Hausman 值	74.37***	0.000

表 7.20 中 LM-Lag 为空间自相关模型的 LM 检验，R-LMLag 为空间自相关模型稳健 LM 检验，LM-Error 为空间误差模型的 LM 检验，R-LMErr 为空间误差模型稳健 LM 检验。根据检验结果，金融风险作为被解释变量的空间自相关模型和空间误差模型的 LM 检验均在 1%水平下显著，但是空间误差模型稳健 LM 检验不显著，可以判断空间自相关模型（SAR）更为适合。

其次，进行豪斯曼检验（Hausman 检验）来进一步判断，应该选择固定效应还是随机效应的模型。表 7.20 中的 Hausman 检验结果显示，金融风险的 Hausman 检验统计量为零，拒绝原假设，选择固定效应模型更为适合。

根据以上检验，建立以金融风险作为被解释变量，固定效应下的空间自相关模型，空间回归模型的具体表达式如下：

$$RFRI_{it} = \alpha + \rho W RFRI_{it} + \beta_1 lnGdebt_{it} + \beta_2 lnLpgdp_{it} + \beta_3 lnUrban_{it} + \beta_4 INstr_{it} + \beta_5 Ginter_{it} + \beta_6 FinanD_{it} + \varepsilon_{it} \tag{7.14}$$

其中，$RFRI_{it}$ 为 i 地区 t 期的金融风险，$Gdebt$、$Lpgdp$、$Urban$、$Instr$、$Ginter$ 和 $Finand$ 分别表示地方政府债务、人均 GDP、城镇化水平、产业化结构、地方政府干预程度和金融发展水平；β_i 为各变量的相关系数；W 为 0-1 空间权重矩阵；ρ 为空间自回归系数；ε 为随机误差项。

7.3.6 实证检验与结果分析

（1）实证检验结果

本文使用 2008-2018 年 31 个省份的空间面板数据，为了进行更好的模型结果对比和增加模型稳健性，先对一般面板模型（7-7）进行个体和时间固定效应的回归，再对空间面板模型（7-14）分别进行个体固定、时间固定和双向固定的回归分析，具体回归结果见表 7.21。

表 7.21 金融风险的空间溢出效应的回归结果

变量	一般面板模型 双向固定效应	空间面板模型		
		个体效应	时间效应	双向固定效应
LnGdebt	0.714***	0.359***	0.219***	0.695***
	(7.76)	(3.85)	(4.19)	(7.00)
LnLpgdp	-1.653**	-0.810***	-0.504***	-1.576***
	(-2.36)	(-4.07)	(-3.40)	(-4.28)
LnUrban	0.401	-0.566	1.410***	0.346
	(0.34)	(-0.72)	(4.29)	(0.47)

Instr	0.0847 (0.30)	-0.279* (-1.95)	0.400*** (6.41)	0.0879 (0.48)
Ginter	-3.572*** (-2.91)	-2.607*** (-3.14)	0.0582 (0.22)	-3.562*** (-4.34)
FinanD	15.23*** (4.53)	8.208*** (2.62)	7.671*** (4.73)	15.23*** (4.95)
常数项	9.629 (1.62)			
空间自回归系数ρ		0.380*** (6.54)	0.180*** (2.97)	0.155** (2.34)
拟合优度R²	0.4221	0.1654	0.0701	0.0270
LogL		-177.3823	-205.8224	-138.2419
样本数	341	341	341	341

注：***、**和*分别表示估计参数在1%、5%和10%水平下显著，括号内为t检验值。

前文空间自相关模型检验的结果表明金融风险与地方政府债务具有空间依赖性，在此基础上对空间面板计量模型进行估计，可以揭示出地方政府债务对金融风险的空间溢出效应。从表7.21的估计结果可以看到，个体固定和时间固定的SLM模型空间自回归系数ρ分别为0.380和0.180，均在1%的水平上显著，个体和时间双向固定的SLM模型空间自回归系数ρ为0.155，在5%的水平上显著，进一步说明考虑模型空间效应的合理性。同时，空间自回归模型中的自回归系数显著代表金融风险在相邻区域之间具有溢出效应，一旦某一地区金融风险增加，也会由于金融资源的流动和聚集，对周围省份的金融稳定造成不利影响。面板空间自回归双向固定模型估计显示，地方政府债务扩张对金融风险的影响系数为0.695，且在1%水平上显著为正，即当地方政府债务扩张1%，将促使宏观金融风险增加0.695个百分点，这表明在考虑空间效应的条件下地方政府债务的扩张仍然对金融风险的增加有促进作用，并且表现出显著的空间溢出效应。地方政府债务扩张对金融风险的空间溢出可能源自地方政府债务融资过程中信贷资金的跨区域流动以及金融风险的空间集聚。

（2）稳健性检验

第一，替换空间权重矩阵进行稳健性检验。

为了考察模型的稳健性，通过构建经济距离空间权重矩阵替代空间邻近矩阵，对模型进一步进行回归分析。矩阵$W_{ij}=\frac{1}{|\bar{x}_i-\bar{x}_j|}(i \neq j)$，$\bar{x}_i$为地区$i$在2008-2018年间的人均GDP平均值，对空间权重矩阵行标准化使每行元素之和均为

1。稳健性检验中所选的空间自相关模型（SAR）估计方法与前文一致，检验结果见表 7.22。

表 7.22 替换空间权重矩阵的稳健性检验结果

变量	个体固定	时间固定	双向固定
LnGdebt	0.381***	0.201***	0.711***
	(4.02)	(3.79)	(7.14)
LnLpgdp	−0.850***	−0.415***	−1.671***
	(−4.22)	(−2.75)	(−4.52)
LnUrban	−0.616	1.397***	0.364
	(−0.77)	(4.18)	(0.49)
Instr	−0.308**	0.415***	0.0687
	(−2.12)	(6.56)	(0.37)
Ginter	−2.576***	0.0240	−3.588***
	(−3.05)	(0.09)	(−4.34)
FinanD	8.065**	6.996***	15.33***
	(2.53)	(4.28)	(4.95)
空间自回归系数ρ	0.363***	0.0164	0.106
	(5.73)	(0.22)	(1.41)
拟合优度R^2	0.1766	0.0680	0.0445
LogL	−181.4456	−209.9985	−139.9144
样本数	341	341	341

注：***、**和*分别表示估计参数在 1%、5%和 10%水平下显著，括号内为 t 检验值。

由模型稳健性检验结果可以发现，稳健性检验结果与前文的实证结果之间的差异主要在于某些变量的系数发生变化，但空间自相关系数、控制变量的显著性以及估计结论与上文的研究结果基本一致，地方政府债务规模扩张对金融风险影响具有空间溢出效应的回归结果具有可靠性和稳健性，同时也可以看到金融风险不仅在相邻区域间具有溢出效应，在经济发展水平相近的地区之间同样具有显著的溢出效应。

第二，替换金融风险衡量指标进行稳健性检验。

用商业银行信用风险和商业银行流动性风险替换金融风险指数（RFRI），作为被解释变量来衡量金融风险。根据前文的理论分析可知，地方政府债务风险对商业银行的影响路径主要是通过信用渠道和流动性渠道，因此将商业银行的风险进一步划分为信用风险和流动性风险，这两种风险同时也是商业银行经营风险中的主要风险类型。选取商业银行不良贷款率来代表商业银行信用风险，表示为 CR，该比值越高，就表明商业银行的信用风险相对越大；选取商业银行中长期贷款占总贷款的比重代表商业银行流动性风险，表示为 LR，该比重越高，则表明商业银行流动性风险相对越大。

首先构建反映地方政府债务和金融风险二者关系的一般计量模型，分别建立模型如下：

$$CR_{it} = \beta_0 + \beta_1 Gdebt_{it} + \sum \gamma Z_{it} + \delta_i + \mu_t + \varepsilon_{it} \qquad (7.15)$$

$$LR_{it} = \delta_0 + \delta_1 Gdebt_{it} + \sum \gamma Z_{it} + \delta_i + \mu_t + \varepsilon_{it} \qquad (7.16)$$

其中i表示省份，t表示年份，被解释变量CR代表商业银行信用风险，LR代表商业银行流动性风险，主要解释变量$Gdebt$代表地方政府债务水平，Z表示控制变量，包括地区经济发展水平（Lpgdp），采用地区生产总值与地区总人口数量的比值即人均 GDP 来衡量；城镇化水平（Urban），采用城镇人口数量占地区总人口数量的比重来衡量；产业结构（INstr），采用第三产业和第二产业增加值的比值来衡量；地方政府的干预程度（Ginter），采用财政支出占 GDP 的比重衡量；金融发展水平（FinanD），采用金融业增加值占地区生产总值的比重来反映该地区的金融发展水平。δ_i和μ_t分别为省份和时间的固定效应，ε_{it}表示随机误差项。

然后再对变量进行空间相关性检验，以判断所考察的数据是否具有空间依赖性，利用空间计量模型进行回归分析是否合理。商业银行信用风险和商业银行流动性风险的莫兰指数见表 7.23。

表 7.23 2008-2018 年商业银行信用风险和流动性风险的 Moran's I 值

年份	商业银行信用风险			商业银行流动性风险		
	Moran's I 值	Z 值	P 值	Moran's I 值	Z 值	P 值
2008	0.240	2.445	0.007	0.290	2.761	0.003
2009	0.275	2.617	0.004	0.281	2.672	0.004
2010	0.285	3.397	0.000	0.417	3.864	0.000
2011	0.190	1.999	0.023	0.471	4.375	0.000
2012	0.014	0.420	0.337	0.440	4.112	0.000
2013	0.293	2.976	0.001	0.424	3.964	0.000
2014	0.173	1.775	0.038	0.376	3.523	0.000
2015	0.029	0.560	0.288	0.376	3.523	0.000
2016	0.145	1.545	0.061	0.379	3.538	0.000
2017	0.247	2.395	0.008	0.371	3.468	0.000
2018	0.205	2.035	0.021	0.353	3.376	0.000

表 7.23 中的莫兰指数值是基于空间临近矩阵对 31 个省份的商业银行信用风险和流动性风险分别进行了全局Moran's I指数检验。2008-2018 年商业银行信用风险和流动性风险均存在显著空间正相关性。商业银行信用风险Moran's I平均值为 0.1905，均在 5%显著性水平下通过检验，说明了全国各地区商业银行的信用风险均受到相邻地区的影响，在空间地理位置上呈现了空间集聚。商业银行的流动性风险Moran's I平均值为 0.3798，均在 1%显著性水平下通过检验，说明了全国各地区商业银行的流动性风险均受到相邻地区的影响，在空间地理位置上呈现了空间集聚。

区域之间金融风险的空间集聚和空间相关性，不能通过全局莫兰指数反映出来，我们为了进一步检验各区域金融风险的空间相关性，需要进行局部莫兰指数检验（LISA）。由于篇幅原因，这里仅列示 2008 年的 LISA 集聚情况（如图 7.14 和 7.15）。

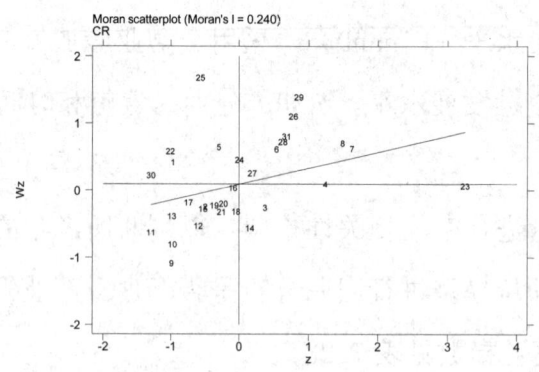

图 7.14 2008 年商业银行信用风险 Moran 散点图

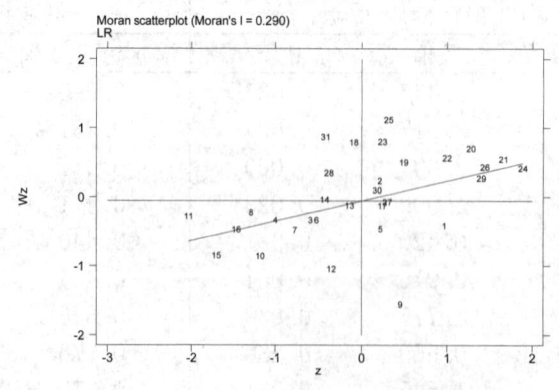

图 7.15 2008 年商业银行流动性风险 Moran 散点图

从图 7.14 和 7.15 可以看到 2008 年我国 31 个省份区域商业银行信用风险

和流动性多数位于一、三象限，呈现"高-高"集聚和"低-低"集聚，说明商业银行风险较高（较低）的地区更易聚集，各区域间商业银行信用风险和流动性风险具有较强空间正相关性，相邻区域金融资金联系日益密切。反映商业银行信用风险的空间集聚性为"高-高"的区域，有山西、辽宁、吉林、黑龙江、四川、贵州、西藏、陕西、甘肃、青海、新疆；"低-低"的区域有天津、上海、浙江、江苏、福建、安徽、河南、山东、湖北、湖南、广东、广西、海南；"低-高"的区域有北京、内蒙古、重庆、云南、宁夏；"高-低"的区域有河北、江西。

反映商业银行流动性风险的空间集聚性，为"高-高"的区域有天津、广东、广西、海南、重庆、四川、贵州、云南、西藏、陕西、青海、宁夏；"低-低"的区域有山西、河北、吉林、辽宁、江苏、黑龙江、安徽、浙江、江西、福建、河南、山东；"低-高"有湖南、甘肃、新疆；"高-低"的有北京、内蒙古、上海和湖北。

接下来进行拉格朗日乘数（LM）检验和稳健性拉格朗日乘数（Robust LM）检验，通过显著性水平来选择适合的空间计量模型具体形式。当计量模型中 LM 指标显著，那么该模型可以选择，若两个指标同时显著就继续进行稳健 LM 检验，计算 Robust LM 指标，选择其中 Robust LM 指标显著的模型进行回归分析。具体结果如下：

表 7.24 商业银行信用风险和流动性风险的空间计量模型检验

商业银行信用风险			商业银行流动性风险		
检验方法	统计量	P 值	检验方法	统计量	P 值
LM-lag	124.572***	0.0000	LM-lag	5.979**	0.014
R-LMLag	1.994	0.1580	R-LMLag	0.101	0.751
LM-Error	210.263***	0.0000	LM-Error	73.485***	0.0000
R-LMErr	87.685***	0.0000	R-LMErr	67.607***	0.0000
Hausman 值	3.23	0.7793	Hausman 值	2.46	0.8724

注：***、**和*分别表示估计参数在 1%、5%和 10%的水平下显著。

表 7.24 中 LM-Lag 为空间自相关模型的 LM 检验，R-LMLag 为空间自相关模型稳健 LM 检验，LM-Error 为空间误差模型的 LM 检验，R-LMErr 为空间误差模型稳健 LM 检验。根据检验结果，以商业银行信用风险作为被解释变量的空间自

相关模型和空间误差模型的 LM 检验均在 1%水平下显著，但是空间自相关模型稳健 LM 检验不显著，可以判断空间误差模型（SEM）更为适合；以商业银行流动性风险作为被解释变量的空间误差模型的 LM 检验和稳健 LM 检验都通过了 1%的显著性检验，但是空间自相关模型的 LM 检验在 5%的水平下显著，稳健 LM 检验不显著，同样可以判断空间误差模型（SEM）更为适合。

利用豪斯曼检验（Hausman 检验）来判断模型选择固定效应还是随机效应。表 7.24 中的 Hausman 检验结果显示，商业银行信用风险模型和流动性风险模型的 Hausman 检验统计量均未通过检验，接受原假设，都选择随机效应模型。

根据以上检验，分别建立以商业银行信用风险和商业银行流动性风险作为被解释变量，随机效应下的空间误差模型，空间回归模型的具体表达式如下：

$$LnCR_{it} = \alpha + \beta_1 LnGdebt_{it} + \beta_2 LnLpgdp_{it} + \beta_3 Urban_{it} \\ + \beta_4 INstr_{it} + \beta_5 Ginter_{it} + \beta_6 FinanD_{it} + \varepsilon_{it} \quad (7.17)$$

$$\varepsilon_{it} = \lambda W \varepsilon_{it} + \upsilon_{it}$$

$$LnLR_{it} = \gamma + \delta_1 LnGdebt_{it} + \delta_2 LnLpgdp_{it} + \delta_3 Urban_{it} \\ + \delta_4 INstr_{it} + \delta_5 Ginter_{it} + \delta_6 FinanD_{it} + \theta_{it} \quad (7.18)$$

$$\theta_{it} = \sigma W \theta_{it} + \vartheta_{it}$$

在式（7.17）和（7.18）中，CR_{it} 为 i 地区 t 期的商业银行信用风险，LR_{it} 为 i 地区 t 期的商业银行流动性风险；$Gdebt$、$Lpgdp$、$Urban$、$Instr$、$Ginter$ 和 $Finand$ 分别表示地方政府债务、人均 GDP、城镇化水平、产业化结构、地方政府干预程度和金融发展水平；β_i 和 δ_i 为各变量的相关系数；W 为 0-1 空间权重矩阵；空间误差系数 λ 和 σ 度量了存在于随机扰动项中的样本观察值的空间依赖性，即空间相邻地区关于商业银行信用风险和商业银行流动性风险两个因变量的误差冲击对本地区商业银行信用风险和流动性风险的影响；ε、υ、θ 和 ϑ 为随机误差项。地方政府债务对商业银行信用风险和流动性风险的空间回归结果见表 7.25。

表 7.25 商业银行信用风险和流动性风险的空间溢出效应回归结果

变量	CR		LR	
	普通面板	SEM	普通面板	SEM
LnGdebt	0.509***	0.183**	0.0345***	0.0218***
	(5.33)	(2.07)	(4.97)	(3.10)
Lnlpgdp	-1.890***	-0.886***	-0.0132	-0.00188
	(-5.82)	(-2.92)	(-0.69)	(-0.09)
LnUrban	0.0556***	0.0290**	0.00273**	0.00281**
	(3.77)	(2.53)	(2.22)	(2.36)
INstr	0.350**	-0.0879	-0.00667	-0.0256**
	(2.15)	(-0.72)	(-0.53)	(-2.22)
Ginter	0.968*	0.371	0.208***	0.190***
	(1.73)	(0.85)	(3.57)	(3.15)
FinanD	-4.162	-5.035	-0.727**	-0.434*
	(-1.01)	(-1.52)	(-2.57)	(-1.86)
常数项	13.79***	8.121***	0.296**	0.290*
	(6.18)	(3.30)	(2.21)	(1.76)
λ		0.676***		0.578***
		(17.41)		(11.62)
LogL		-356.2646		614.2645
样本数	341	341	341	341

注：***、**和*分别表示估计参数在1%、5%和10%水平下显著，括号内为t检验值。

对于商业银行信用风险，空间误差模型（SEM）误差项的空间自回归系数为 0.676，通过 1%的显著性水平检验，结果表明商业银行信用风险除了受到地方政府债务、地区经济发展水平、城镇化水平、基础设施建设、政府干预和金融发展水平等因素的影响以外，还受到相邻地区不可观测因素冲击扰动的影响。不论是普通面板模型还是空间误差模型，地方政府债务的系数均显著为正，表明了地方政府债务规模的扩大会引起商业银行信用风险水平的上升。从控制变量的角度来看，地区人均生产总值（Lpgdp）的系数在 1%水平下显著为负，表示区域内经济发展水平越高的地区，其商业银行信用风险水平就越低。城镇化水平（Urban）的系数在 5%水平下显著为正，表示城镇化水平较高的地区，其商业银行信用风险水平就越高，城镇化水平较高地区的地方政府，在城市化设施建设的债务融资规模也越大，增加周期长、收入低的项目投资，增加了地方政府债务风险的形成以及向金融部门的溢出。

对于商业银行流动性风险，空间误差模型（SEM）误差项的空间自回归系数为 0.578，通过 1%的显著性水平检验，结果表明商业银行流动性风险除了受到地方政府债务、地区经济发展水平、城镇化水平、基础设施建设、政府干预和金融发展水平的影响以外,还受到相邻地区不可观测因素冲击扰动的影响。普通面板模型和空间误差模型的地方政府债务系数都显著为正,表明随着地方政府债务规模的扩大,商业银行资金的流动性下降,商业银行的流动性风险也将显著上升。从控制变量来看,城镇化水平(Urban)的系数在5%水平下显著为正,表明城镇化水平较高的地区商业银行流动性风险就越高。产业结构(INstr)的系数在5%水平下显著为负,表明了合理优化的产业结构会推动地方经济发展水平的提升和地方政府财政收入的提高,对金融市场的健康发展具有正面的促进作用,也会降低地方政府债务风险和商业银行的流动性风险。地方政府的干预程度(Ginter)的系数在1%的水平下显著为正,即表示地方政府干预程度越高,地区经济与金融的运行效率越低,风险水平越高,其中就包括商业银行流动性风险的增加。金融发展水平(FinanD)的系数在10%的水平下显著为负,表明在金融发展水平越高的地区,商业银行流动性风险就越小。综合了商业银行信用风险和流动性风险模型的实证结果,说明了地方政府债务规模的扩大会导致商业银行经营风险的产生与扩大,风险暴露的可能性也将会上升,当达到一定水平容易导致金融系统性风险的暴露。

表7.26 经济距离空间权重矩阵下的稳健性检验结果

变量	CR	LR
Lngdebt	0.197*	0.00695
	(1.84)	(0.90)
Lnlpgdp	-1.422***	0.0704***
	(-3.76)	(3.00)
LnUrban	0.0496***	-0.000127
	(3.20)	(-0.10)
INstr	0.107	-0.00907
	(0.61)	(-0.68)
Ginter	0.671	0.104*
	(1.26)	(1.76)
FinanD	-6.595*	-0.467*
	(-1.72)	(-1.87)
λ	0.636***	0.607***
	(12.98)	(10.34)
LogL	-381.2412	602.7062
样本数	341	341

注:***、**和*分别表示估计参数在1%、5%和10%水平下显著,括号内为t检验值。

表7.26的检验结果反映的是通过构建经济距离空间权重矩阵替代空间邻近矩阵,对模型进一步进行的回归分析。通过观察可以看出,检验结果与上文的

实证结果之间的差异，主要在于某些变量的系数发生变化，但空间自相关系数、控制变量的显著性和估计结果与上文的研究结果基本一致，表明了由于地方政府债务规模扩张所产生的债务风险，向商业银行信用风险和流动性风险溢出效应的回归结果，存在可靠性和稳健性。

7.3.7 基于区域异质性的进一步分析

中国大陆幅员辽阔，各地区自然资源、经济社会的发展水平、市场化水平、金融发展状况、地方政府债务规模等方面均存在较大差异，这些因素可能会对金融风险产生影响。为了在空间维度的层面上，更进一步研究地方政府债务扩张对金融风险产生的影响是否具有区域特征，文中将 31 个省份分成了东部、中部与西部三个区域，分别对不同区域地方政府债务对金融风险影响的空间效应进行检验，回归结果见表 7.27。

表 7.27 地方政府债务对金融风险空间溢出效应的区域异质性检验结果

变量	东部	中部	西部
LnGdebt	0.663***	2.081***	-0.0965
	(6.15)	(6.76)	(-0.36)
LnLpgdp	-2.086***	0.652	-1.630*
	(-4.67)	(0.99)	(-1.86)
LnUrban	0.426	-6.144***	-0.895
	(0.39)	(-5.81)	(-0.55)
INstr	0.315	-0.446	0.191
	(1.24)	(-1.52)	(0.54)
Ginter	-8.951***	22.84***	-3.467***
	(-3.35)	(4.99)	(-3.11)
FinanD	13.69***	23.85***	9.906**
	(3.34)	(3.90)	(2.10)
空间自回归系数ρ	-0.192**	0.0685	0.113
	(-2.01)	(0.68)	(0.94)
拟合优度R^2	0.32	0.0463	0.0962
LogL	-17.6065	1.1008	-55.9221
样本数	121	88	132

注：***、**和*分别表示估计参数在1%、5%和10%水平下显著，括号内为 t 检验值。

在分区域的空间自回归模型中，只有东部地区的空间自回归系数最为显著，说明东部地区相邻区域金融风险的溢出效应较为突出，这与东部地区经济发展水平较高，金融资源丰富且相互之间资金流动速度较快有直接关系，某一地区的金融风险会在经济合作、资金融通等过程中外溢到其他地区。同时在回归结果中也可以看到，东部和中部地区地方政府债务扩张对金融风险的影响均显著，其中中部地区的影响较大。

对不同区域地方政府债务对商业银行信用风险和流动性风险影响的空间效应进行检验，回归结果见表7.28和表7.29。由表7.28的空间误差模型（SEM）估计结果可以发现，东部、中部和西部三个区域误差项的空间自回归系数分别为0.566、0.717和0.527，均通过1%的显著性水平检验，说明商业银行信用风险除了受到地方政府债务、地区经济发展水平、城镇化水平、基础设施建设、政府干预和金融发展水平的影响以外，还受到相邻地区不可观测因素冲击扰动的影响。中部地区的影响最大，其次是东部和西部地区。

表7.28 地方政府债务对商业银行信用风险溢出效应的区域异质性检验

变量	东部	中部	西部
LnGdebt	0.172	0.00238	0.000751
	(1.44)	(0.01)	(0.00)
LnLpgdp	-0.379	-1.051	-1.713
	(-0.88)	(-1.37)	(-1.58)
LnUrban	0.0190*	0.0571	0.0849
	(1.65)	(1.33)	(1.50)
INstr	0.0128	-0.505*	1.308***
	(0.08)	(-1.79)	(2.95)
Ginter	-1.946	0.295	0.219
	(-0.97)	(0.07)	(0.16)
FinanD	-6.443	7.304	-0.633
	(-1.32)	(0.98)	(-0.08)
常数项	3.637	9.898*	14.18*
	(0.96)	(1.73)	(1.89)
λ	0.566***	0.717***	0.527***
	(8.09)	(14.44)	(6.79)
LogL	-101.7011	-67.7785	-165.7098
组内R^2	0.0187	0.0956	0.3707
样本数	121	88	132

注：***、**和*分别表示估计参数在1%、5%和10%水平下显著，括号内为t检验值。

从表7.29的空间误差模型（SEM）估计结果可以看到，东部、中部和西部三个区域误差项的空间自回归系数分别为0.459、0.494和0.491，均通过1%的显著性水平检验，说明商业银行流动性风险除了受到地方政府债务、地区经济发展水平、城镇化水平、基础设施建设、政府干预和金融发展水平的影响以外，还受到相邻地区不可观测因素冲击扰动的影响。中部地区受到的影响程度最大，然后是西部和东部地区。加入空间因素后东部地区地方政府债务扩张对金融风险的影响在10%的水平上显著为正，中部地区地方政府债务扩张对金融风险的影响在1%的水平上显著为正，说明这两个区域地方政府债务规模的扩张会显著促使金融风险水平的增加。

表7.29 地方政府债务对商业银行流动性风险溢出效应的区域异质性检验

变量	东部	中部	西部
LnGdebt	0.0183*	0.103***	0.0178
	(1.85)	(5.59)	(1.19)
LnLpgdp	−0.0493	0.0180	0.00409
	(−1.31)	(0.52)	(0.08)
LnUrban	0.00598***	−0.000225	0.0000735
	(4.06)	(−0.09)	(0.02)
INstr	0.000461	−0.0392**	−0.0349*
	(0.02)	(−2.35)	(−1.75)
Ginter	0.908***	−0.0827	0.0821
	(3.22)	(−0.29)	(1.18)
GinanD	−1.017**	−1.369***	−0.0362
	(−2.29)	(−3.23)	(−0.10)
常数项	0.476	−0.413*	0.475
	(1.53)	(−1.92)	(1.46)
λ	0.459***	0.494***	0.491***
	(5.79)	(6.14)	(5.72)
LogL	212.8653	196.9880	242.7754
组内R^2	0.2816	0.7247	0.1778
样本数	121	88	132

注：***、**和*分别表示估计参数在1%、5%和10%水平下显著，括号内为t检验值。

7.4 本章小结

本章主要实证检验了地方政府债务影响金融风险的非线性效应和空间溢出效应。一方面，实证结果表明，地方政府债务与金融风险之间存在门槛效应。具体而言，基于宏观视角，地方政府债务规模与金融风险之间存在单一门槛效应，地方政府债务规模的扩张对金融风险的正向影响呈现由强变弱的非线性变化过程。另外，分别将货币供应量和土地财政作为门槛变量进行门槛效应的检验，实证结果表明分别存在着单一门槛效应和双重门槛效应：随着货币供应量的增加，地方政府债务对金融风险的正向影响减弱。随着土地出让金收入的增加，地方政府债务对房地产风险的正向影响不断增强；基于微观视角，地方政府债务规模与商业银行信用风险和流动性风险之间都存在单一门槛效应，随着地方政府债务规模的增加，地方政府债务对商业银行信用风险和流动性风险的正向影响增强。另外，分别以信贷规模和影子银行规模作为门槛变量进行门槛效应的检验，实证结果表明：随着信贷规模的增加，地方政府债务对商业银行信用风险的正向影响增强，但是对流动性风险的正向影响有所减弱。随着影子银行规模的增加，地方政府债务对商业银行流动性风险的正向影响增强。随着信贷期限结构即银行业金融机构中长期贷款比重的增加，地方政府债务规模对商业银行流动性风险的正向影响增强。

另一方面，通过构建空间计量模型，通过从空间关联的视角实证检验了地方政府债务影响金融风险的空间溢出效应。全局莫兰指数检验得出地方政府债务与金融风险存在正向的空间自相关。空间计量模型的回归结果表明金融风险在相邻区域之间存在着溢出效应，如果某一区域的金融风险增加，那么就会由于金融资源的流动和积聚，对周边地区的金融稳定性产生不利影响；商业银行的信用风险和流动性风险除了受到地方政府债务、地区经济发展水平、城镇化水平、基础设施建设、政府干预和金融发展水平的影响以外，还会受到相邻地区不可观测因素冲击扰动的影响。空间效应的检验，充分反映出我国金融风险水平存在着明显的正向空间依赖性，一个地区金融风险增长水平不但与该地区初始的金融风险水平有关，还与其他邻近地区金融风险水平变动的随机冲击项有关。所以，在研究金融风险的影响机制时不能忽视地区间的空间溢出效应，也必须充分考虑邻近地区之间产生的空间互动影响。区域间资金、信贷资金等要素的跨地域流动，将导致邻近地区金融发展与风险水平之间的相互影响逐渐变强、空间趋同效应越来越突出。实证检验的结论，体现出中国区域的金融风险和地方政府债务扩张存在着明显的空间关联性和空间异质性现象，在空间分布上呈现了"高-高"与"低-低"集聚的特点，这也印证了我国地方经济发展水平与金融发展水平之间的不平衡性。地方政府债务扩张不但可以提高本地区金融风险，还能够通过空间溢出效应导致其他地区金融风险水平上升。

第8章 基本结论与对策建议

8.1 基本结论

本文从我国地方政府债务规模扩张、债务风险累积并对金融体系产生影响的理论与事实出发,应用多种研究方法,以省级面板数据作为研究样本,同时基于宏观和微观视角,从时间维度、截面维度、个体维度等多个维度研究我国地方政府债务对金融风险影响的宏观传导机制、微观传导机制、非线性效应和空间溢出效应等,力图探索地方政府债务对金融风险的影响渠道和机制,从而采取有效措施规范地方政府债务融资、加强金融监管和规范金融市场,对地方政府债务扩张过程中产生的风险进行遏制,维护我国金融体系的稳定。本文具体回答以下五个方面的问题:(1)我国地方政府债务的发展现状如何?(2)如何依据我国国情和市场经济发展的实际现状,构建我国金融风险指标体系并测算金融风险指数?(3)基于宏观视角,地方政府债务是如何对金融风险产生影响的?宏观传导机制又是什么?(4)基于微观视角,地方政府债务是如何对金融风险产生影响的?微观传导机制又是什么?(5)地方政府债务与金融风险之间是否具有非线性效应和空间溢出效应?基于上述问题,本文从理论和实证两个方面分别进行了具体的分析与研究,得到如下结论:

第一,全面回顾了我国地方政府债务的发展历程,对地方政府债务的规模和结构现状加以阐述和分析,并对现阶段我国地方政府债务的整体特点和风险特征进行剖析与总结。我国地方政府债务经历了从分税制改革后债务规模的急剧扩张,到地方政府债务风险问题逐渐显露后的全面规范发债,再到新《预算法》颁布后的债务强化管理的阶段。我国地方政府债务规模的快速扩张主要是在分税制改革以后,受到地方财政支出需求的持续增长以及世界范围经济危机的共同影响,地方政府债务绝对规模和相对规模均大幅增加。虽然债务规模仍在国际警戒线之内,但是地方政府债务增长速度过快、隐性债务规模庞大且透明度低以及局部地区风险突出等特征,让我们必须对地方政府债务风险引起足够重视并采取有力的管理措施。

第二,借鉴现有文献并结合我国宏观经济形势与金融市场发展的实际情况,在本文从五个主要维度选取了十四个关键指标并采用综合指数法,以建立我国金融风险指标体系和测算金融风险指数。这五个维度分别为宏观经济风险、地方财政风险、金融机构风险、金融市场风险、外部冲击风险，十四个指标分别是居民消费价格指数、GDP增长率、工业增加值增长率、房地产投资占GDP比重、财政收入增长率、赤字增长率、赤字依存度、不良贷款率、存款增长率、贷款增长率、股票总市值占GDP比重、保险深度、进出口总额占GDP比重、外商直接额占GDP比重，其中包括八个正向指标和六个逆向指标。这些维度和指标的选择符合金融发展理论的内在要求，既结合了宏观和微观指标，又考虑了内部经济环境和外部冲击。根据该金融风险指标体系计算出的金融风险指数，可以比较全面和客观地反映出我国各地区近年来的金融风险水平和变化趋势，同时该指数也为地方政府债务对金融风险影响的实证分析提供依据。

第三，进一步阐述了地方政府债务影响金融风险的宏观传导机理，并加以实证检验。理论分析方面，详细阐述了地方政府债务影响金融风险的宏观金融杠杆传导机制、货币供应量传导机制和土地财政传导机制，地方政府债务规模扩张将通过这些途径对金融风险产生重大影响。①宏观金融杠杆传导机制。由于大量地方政府债务通过银行贷款、债券市场、影子银行这些融资渠道与金融机构具有产生紧密联系，地方政府的绝大部分债务资金是来源于金融机构。较高的融资杠杆会增加金融机构的流动性风险和信用风险，并将通过资金链条的传染而扩散到其他机构，从而形成更大范围的金融风险。②货币供应量传导机制。地方政府通过融资平台融资或者在债务置换的过程中，都将促使金融机构信贷规模扩张，直接或者间接向市场注入了货币流动性，财政赤字导致货币扩张，货币过度扩张很容易导致金融风险的扩张和金融危机的发生。③土地财政传导机制。长期以来地方政府对土地财政过于依赖，利用土地出让金收入填补地方财政赤字，债务压力得以释放，但是由于地方政府对地价和房地产市场的调控和干预，破坏市场客观发展规律，导致房地产金融风险的累积，房地产价格的变化又对以土地和房产为抵押的商业银行贷款产生重大影响，一旦债务违约银行体系受到重创，金融风险迅速累积乃至危机爆发。

实证检验方面，本文基于宏观视角实证检验了地方政府债务扩张对金融风险的直接影响，同时通过三个中介效应的检验进一步探讨地方政府债务对金融风险的传导渠道和影响效应。首先，利用31个省市的面板模型构建地方政府债务扩张影响金融风险的估计模型，实证结果表明地方政府债务规模的增加对金融风险具有正向影响，地方政府债务扩张程度越大，金融风险水平越高。而且金融风险不仅受到当期地方政府债务规模的影响，还受到前两年地方政府债务规模的影响。通过区域异质性检验发现我国东部地区金融风险受到地方政府规模扩张的影响更为显著；其次，检验宏观金融杠杆率的中介效应。通过对中介效应模型的检验发现，地方政府债务融资可以通过宏观金融杠杆对金融风险产生显著的影响，随着地方政府债务规模的扩大，宏观金融杠杆水平也显著提高，进而金融风险水平随之增加。再次，检验货币供应量的中介效应。从中介效应模型的检验结果可以看出，地方政府债务规模的扩张通过货币供应量这个中介变量，对金融风险水平产生显著的影响。最后，检验土地财政的中介效应。从房地产市场的路径，对地方政府债务风险向金融风险传导的机制进行阐释，实证检验地方政府债务风险是如何通过房地产市场途径产生金融市场风险效应。研究结果显示，地方政府债务的扩张对房地产价格的上涨产生了明显的促进作用，进而对房地产市场形成了风险效应，土地财政属于部分中介。一方面，经过中介效应的检验，我们发现地方政府债务规模扩张的效应可以通过土地财政途径作用于房地产市场，即地方政府债务负担的增加促使政府对土地出让收入的依赖性提高，土地出让价格的走高带动了房地产市场价格的持续攀升；另一方面，通过对中西部区域异质性的分析得出结论，东部地区地方政府债务通过土地财政向房地产市场风险溢出的效应更加显著，中部和西部地区表现出地方政府债务扩张和土地财政分别对房地产市场价格具有一定的影响。因此，地方政府稳定财政收入来源的增加，可以大大改善地方财政对土地财政的过度依赖现状，使地方财政收入获得充分补充，从而缓解地方政府的财政资金压力。宏观金融杠杆、货币供应量和土地财政这三个中介变量都属于部分中介，共同作用于地方政府债务扩张对金融风险的影响。

第四，阐述地方政府债务影响金融风险的微观传导机制并进行实证检验。理论分析方面，借鉴已有文献详细阐述了地方政府债务影响金融风险的信贷扩张传导机制、影子银行传导机制和信贷期限结构传导机制，地方政府债务规模扩张通过这些渠道对金融风险产生影响。①信贷扩张传导机制。地方政府债务来源较为单一和集中，归根到底还是主要来自于银行体系并以政府信用作为担保,财政负担大也加剧了银行的经营风险。当地方政府债务规模不断扩张,长期无法得到化解形成债务风险隐患,并通过信用渠道和流动性渠道将风险传递给商业银行,地方政府债务风险与商业银行经营风险直接关联程度非常高。②影子银行传导机制。当传统的债务融资渠道无法满足地方政府债务巨大的资金需求时,各级地方政府利用融资平台进行间接融资,影子银行体系拓宽了地方政府融资平台的融资渠道,也推动了地方政府债务增长,但是地方政府债务规模和影子银行规模相伴增长,进一步滋生了金融风险。③信贷期限结构传导机制。地方政府建设项目资金回流的长周期与债务分期偿还形成期限错配,带来偿债压力与债务风险,商业银行等金融机构是这些中长期借贷资金的主要债权人,政府债务规模增加会改变金融机构的信贷期限结构,也对商业银行的经营风险形成影响。

  实证检验方面,本文通过商业银行的视角实证检验了地方政府债务扩张对金融风险的影响,首先利用面板自回归模型和动态面板模型的建立对地方政府债务与商业银行流动性风险、信用风险之间可能产生的影响机制展开分析,实证结果显示地方政府债务与商业银行的信用风险和流动性风险都显著正相关,地方政府债务的扩张会同时引起商业银行信用风险和流动性风险的增加,因此地方政府债务对商业银行的经营风险具有直接影响。其次,检验了信贷扩张的中介效应。通过对中介效应模型的检验得出,地方政府债务通过信贷扩张这个中介变量对商业银行经营风险形成了显著的影响,由于地方政府债务规模的扩张,商业银行信贷规模随之扩大,继而引起商业银行不良贷款余额的增加。再次,检验了影子银行的中介效应。在加入了影子银行这个中介变量之后,地方政府债务对商业银行经营风险的影响依然显著为正,因为影子银行业务对地方政府融资的参与分散了一部分传统商业银行业务的经营风险,部分转移成为影子银行风险,因此地方政府债务对商业银行不良贷款的直接效应减弱。最后,检验了信贷期限结构的中介效应。加入信贷期限结构这一中介变量之后,它对商业银行不良贷款余额的正向影响显著,并且地方政府债务对商业银行经营风险的影响程度增加,说明地方政府债务规模的扩大增加了商业银行中长期贷款在信贷总额中的比重,从而加大了商业银行的经营风险。信贷扩张、影子银行和信贷期限结构这三个中介变量都属于部分中介,共同作用于地方政府债务对商业银行风险的影响机制。

第五，地方政府债务对金融风险的影响具有门槛效应。基于宏观视角，地方政府债务规模与金融风险之间存在单一门槛效应，地方政府债务规模的扩张对金融风险的正向影响呈现由强变弱的非线性变化过程。另外，分别将货币供应量和土地财政作为门槛变量进行门槛效应的检验，实证结果表明分别存在着单一门槛效应和双重门槛效应：随着货币供应量的增加，地方政府债务对金融风险的正向影响减弱。随着土地出让金收入的增加，地方政府债务对房地产风险的正向影响不断增强；基于微观视角，地方政府债务规模与商业银行信用风险和流动性风险之间都存在单一门槛效应，随着地方政府债务规模的增加，地方政府债务对商业银行信用风险和流动性风险的正向影响增强。另外，分别以信贷规模和影子银行规模作为门槛变量进行门槛效应的检验，实证结果表明：随着信贷规模的增加，地方政府债务对商业银行信用风险的正向影响增强，但是对流动性风险的正向影响有所减弱。随着影子银行规模的增加，地方政府债务对商业银行流动性风险的正向影响增强。

第六，地方政府债务对金融风险的影响具有空间溢出效应。地方政府债务规模的扩张能够引发金融风险并产生空间溢出效应，其根源在于经济各部门之间具有区域内部和区域之间的金融空间关联性。通过包含了金融部门、政府部门、家庭部门和企业部门的"四部门金融关系循环"，对区域内部和区域之间的金融空间关联性进行分析。①区域内金融空间关联路径。在区域内部四部门之间具有金融关联性，其中各部门都与金融部门通过资金借贷产生紧密联系，而金融部门投资地方政府债券以及向政府融资平台提供贷款，和地方政府之间存在着大量的债权债务关联，因此如果地方政府出现债务违约等风险，金融机构不但无法回收投资于政府债券的本息以及融资平台贷款，银行资金流动性出现困难，金融机构信用风险和流动性风险将大幅上升，进一步加大了区域内部金融风险。②区域间金融空间关联路径。在区域之间四部门之间会产生跨区域金融关联性，特别是各金融机构之间通过同业业务的开展，在金融体系内部产生直接或者间接的资金链条，金融风险也将通过资金链条扩散传染，产生更大范围的金融风险。跨区域投融资将各类投资主体捆绑于同一利益链条中，如果地区经济金融领域发生风险，或者地方政府出现债务违约风险，区域风险在整个利益网络中传播扩散,形成跨区域的风险溢出。

本文通过建立空间计量模型,从空间关联的视角实证检验了地方政府债务扩张对金融风险的空间溢出效应。首先,利用全局莫兰指数检验得出地方政府债务与金融风险之间存在正的空间自相关关系的结论。其次,利用空间计量模型进行回归分析,研究结果表明金融风险在相邻区域之间具有溢出效应,一旦某一地区金融风险增加,也会由于金融资源的流动和聚集,对周围省份的金融稳定造成不利影响。最后,进行空间异质性检验。东部、中部和西部不同区域地方政府债务扩张对金融风险影响的空间效应存在一定差异。实证检验的结果反映出我国省域的金融风险与地方政府债务扩张之间存在着显著的空间相关性与空间异质性,且在空间分布上呈现出"高-高"与"低-低"的集聚特征,因此地方政府债务扩张不但能够提高本地区的金融风险水平,还可能通过空间溢出效应促使其他地区金融风险水平提高。

8.2 对策与建议

8.2.1 加强地方政府债务管理

(1)继续深化分税制改革

我们国家实施分税制改革近三十年的时间,它对中国经济发展产生了巨大的积极影响,分税制财政管理体制对中央和地方政府间的分配关系做出了调整,使中央政府宏观调控能力进一步增强,提高了财政部门的税收征管力度。但是,各地在分税制推行的过程中还面临着许多矛盾与问题,主要体现在各地方政府的财权与事权不相匹配,导致了各地方政府财政赤字的长期存在、地方政府把土地财政和预算外收入视为当地政府投资与建设资金的主要来源、地方政府债务规模持续快速增长等等,这些问题凸显了我国继续深化分税制改革的必要性。深化分税制改革,要把科学合理界定各级政府的事权和财权责任视为主要前提和基石,通过完善立法明确各级政府权责清单,规范转移支付制度特别是解决省级以下的转移支付问题,扩宽财产税、资源税、环保税等地方税收来源。只有当财政支出与财政收入相互匹配时,才能减少地方政府大规模的被动举债,这样既可以确保分税制能够正常高效运转,又可以充分发挥各地方优势和创造性，从而充分调动地方政府的积极性。

（2）改革地方政府和官员的政绩考核制度

习近平总书记提出，各级地方政府一定要塑造端正的政绩观，严格控制地方政府债务增量。长期以来，各地方政府以经济增长率为导向展开"锦标赛竞争"，大规模主动举债严重增加了地方的债务负担。在政绩考核和选拔干部工作中应当把地方政府债务负债率和债务率等债务管理重要指标与生态文明建设、保障和改善民生等优化指标一并纳入综合考核体系中，促进各地区之间的良性竞争。同时还应进一步将考核问责条款细化并与相关法律法规结合，增加制度的法制化和可操作性。

（3）规范与创新地方政府融资模式

为了防范地方财政金融风险，国家对地方政府投融资的监管也更加规范，通过"开正门、堵后门"的方法建立了规范的地方政府融资渠道。2015年通过的《中华人民共和国预算法》规定对于地方政府，只有通过发行地方政府债券的融资方式举债筹资才是合法化的，但是依然存在地方政府利用非正规融资渠道违规举债的情形。所以必须要致力于提高地方政府债务市场化建设力度，以防止地方政府的融资过程非规范化，抑制债务过度膨胀以及债务风险向金融领域的溢出。首先，拓展地方政府债券的品种，增加债券期限与项目期限的匹配度。项目收益专项债券等债券的发行丰富了地方债的品种，配套政策和实施细则也应随之完善，同时加强信息披露的真实完整性，以保障债券发行工作的顺利落实。财政部出台的《关于做好2018年地方政府债券发行工作的意见》中明确规定加强地方政府债券期限结构的合理化设计，公开发行的一般债券以及普通专项债券有了更多期限种类的选择。2019年新发行的10年期以上期限地方政府债券占比得到显著大幅提高；其次，加速了地方政府债券的发行进度，严格控制隐性债务风险。地方债的发行可以有效推进当地基础设施建设项目的顺利实施，将筹集到的财政资金及时投放到项目建设上去。但与此同时又必须防止政府盲目投资与违规建设，严格控制债务率在100%警戒线以内，严格执行地方政府债务限额管理和预算管理，以推进我国地方政府债务的规范化和市场化进程。

同时，还要不断拓宽地方政府债务融资模式。PPP模式将主要运用社会资本来承担地方公共建设项目投融资任务，这也将有助于减轻地方政府在当期的财政支出负担和社会融资压力，通过加强政企之间的协商和完善长期项目回报机制来提高社会资本参与 PPP 项目的积极性，充分发挥该模式的重要作用。以社会效益债券形式补充地方政府债券，可作为地方政府的专项债券，并拓宽政府专项债券的使用范围，丰富地方政府债券的品种。社会效益债券由对应项目作为偿还资金支付，严格实行项目制管理。对其融资范围做出具体规范强化债券责任机制，同时通过多部门协同监管促进社会效益债券的规范有序发展。

（4）地方政府融资平台债务风险治理

新《预算法》实施以前，地方政府债务平台主要承担着政府融资职责，平台公司利用土地、市政设施等作为抵押品向商业银行借款，筹集到的资金也主要用于进行市政项目建设，从一定程度上缓解了地方政府建设资金短缺的问题，有效支持了区域经济发展并带动地方城镇化进程。二零零八年全球金融危机爆发后，在国务院通过一系列扩大内需推动经济增长的措施下，地方政府融资平台数量快速上升，从银行大举借贷，地方政府债务规模直线增长，而融资平台大规模举债也成了地方政府债务规模快速上升的主要原因之一。在政府融资平台公司高速发展的过程中，存在着管理运作不规范、企业过度举债、地方政府过度干预、债务未纳入地方政府预算管理范围等重大风险隐患。自 2010 年发布《关于加强地方政府融资平台公司管理有关问题的通知》以来，国务院办公厅多次发布指导意见，坚决规范地方政府融资平台。新《预算法》要求剥离地方政府融资平台公司的政府融资职能，其举借债务依法不属于政府债务范畴，违法违规举债的现象得到有效整治。不过，仍有地方政府采用"明股实债"的方法变相举债融资，将公益性资产投入融资平台公司，利用融资租赁等金融工具违规隐性举债，同时也存在大量严重资不抵债没有偿还能力的地方政府融资平台公司未进行破产重整和清算，地方融资平台带息负债过高而偿债保障比率却过低，这其中蕴藏着严重的流动性风险和违约风险。2020 年 12 月中央经济工作会议确定把化解地方隐性债务问题作为一个重大政治任务，各地的融资平台将步入新一轮整顿阶段。首先要清理规范地方融资平台企业，逐步剥离其政府投融资职能以及政府的隐性担保及兑付，之后对没有偿还能力的企业要依法进行破产重整及清算工作，要抓好和企业破产有关的维护社会稳定等工作，将负面影响降到最低的同时加快平台公司转型进度。其次，通过市场化、法制化手段化解债务。增强城投债发行人与投资者之间的市场化理念，通过引导债务人、债权人之间协商处理存量债务问题，以防范恶意逃废债务。最后完善常态化监控、全口径债务核查机制，加强地方债务审计，强化问责制度对各类违法举债行为依法问责。将引导基金、PPP 项目等都列入债务审计范畴，以避免违法违规的债务借道扩张。

(5) 保障还款来源，化解债务风险

短期内，适当加强转移支付的力度，并利用政府专项债券和置换债减轻地方财政偿债压力，以防止由于政府还款压力过度集中，而造成违约风险的出现。长远而言，地方财政必须增加稳定的财政收入来源。近二十年间，土地财政在中国地方经济增长中发挥了非常关键的作用，给地方城市化建设募集了巨大的财政资金，也暂时缓解了当地财政的困难，不过这种财政收支形式受到土地资源的相对稀缺性以及房地产市场变化的影响很大，同时也增加了我国的土地资源错配，地方财政过度干预严重损害了房地产市场发展的客观规律并导致了房地产业的风险积聚，因此土地财政模式不稳定也难以持续。房地产税的立法和改革是保证地方政府收入来源的重要举措，它不仅具有长期性的特点，还对健全地方税收体系、遏制投资性购房等方面具有积极作用。土地财政体制改革和房地产税改革将共同持续推进，让当前全国各地的公共财政收入水平得到补充，并有效缓解各地方政府的公共财政资金支出压力。

8.2.2 加强金融体系风险防范

(1) 加强金融体系监管

首先，加强对商业银行的风险监管。地方政府债务融资最主要的来源是地方商业银行，必须对其实施严密的风险监管，才能防止因为地方政府债务的扩大而导致的地方商业银行经营风险上升。商业银行将传统的控制风险方式向管理风险理念转变，加大日常识别、计量、预测风险的主动性操作，不要坐以待毙丧失最佳控制风险时机。商业银行还要重视各类别风险的整体风险把控，重视各类风险之间的关联性，加强各项业务的一体化风险管理。优化商业银行经营管理的风险分析工具以及风险计量模型，可以推动风险监督管理水平的进一步提升。

其次，完善地方金融监管机制并加强区域间金融监管合作。把区域金融机构资源的整合与配置带向更符合区域经济社会可持续发展要求的轨道之上，将主要监管精力放到维护地区市场规则、提供一个高效的市场、加强对地方金融机构系统性风险的预防等这些关键环节，有利于提高地方监管能力和效率。

再次，提高金融监管现代化水平。在金融监管中加强监管机构与金融科技公司之间的合作，培养监管方面的科技人才，通过运用大数据、区块链、金融科技等新技术手段实现远程标准化数据共享，全方位加大监管力度。与此同时，还要加强金融数据和信息网络安全的保护。

(2) 增强金融机构决策独立性

我国在计划经济时期，金融体系主要是具体执行政府的各项经济金融政策，缺乏独立的主体地位。市场化经济体制改革以后，财政金融改革的两个基本任务是财政系统与金融体系相互独立，金融机构的商业化改革。形成一种独立于传统国家财政体制并带有市场化方向的新金融体制，使金融结构不仅是国家财政的附属品，能够实现行政和监管分离；商业银行等金融机构实行自负盈亏，切断国家和银行之间的"父子关系"。目前我国已经形成适合于中国经济运行和发展的较为完善的金融体制，但是在金融体系运行过程中仍然存在金融机构不能完全摆脱政府干预的情况。探究其原因，有金融机构的主动性和被动性两个方面因素，主动性主要是来自金融机构的体制性偏好，出于利润最大化和风险最小化的考虑，中央政府的隐性背书和地方政府的信用担保使金融机构敢于将信贷资源向其倾斜，金融机构存在财政兜底的幻觉，地方政府债务刚性兑付扭曲了自身的决策；被动性是由于地方性金融机构与地方政府联系紧密，受到地方政府的管理与行政影响，在融资需求方面尽可能满足，挤占了大量资金，降低了金融资源配置效率。

提高地方金融机构决策独立性，首先要把地方金融机构改革、财税体制改革实施到底，进一步健全地方金融机构企业法人治理架构，实施市场化运营管理，以破除地方财政与国有企业部门的预算软约束，减少经济活动政府性干预，增强商业银行等金融机构的决策独立性。其次，贯彻国家财政不救助原则，全面打破传统金融对地方政府和中央政府债务兜底和债务买单的"财政幻觉",严格按照信贷风险管理要求和信贷审批流程选择贷款对象和具体资金投向,金融机构应充分发挥金融体系的约束作用。最后,形成了统一垂直领导的市场化金融管理制度,打破了行政审查、价格监管等行政限制行为,处理好了市场主体和政府部门之间的相互关系,地方政府不缺席不越权,在充分发挥地方政府宏观管理和公共服务职能的基础上,对地方政府干预金融部门决策的做法进行严格限制。

(3) 区域内外协作防控金融风险

通过文章的理论和实证研究发现,地方财政风险通过市场中各行政主体的金融活动不仅在地方内部传递,而且还会跨地域的交叉传播,使地方财政风险高度关联并扩展影响范围,进一步扩大了地方财政风险的影响力和危害性,区域金融风险具有空间关联性的特征,为防范地方系统性金融风险提出了巨大挑战。所以,金融风险的预防与管理必须对重点地区精准采取控制措施,同时又要强化重点地区内部金融机构的相互监督和地方金融监管部门的协调合作,并运用大数据平台对地方金融机构资金使用规范性与安全性实施有效监督,以防止地方性和系统性金融风险的出现。还可通过构建多元化的金融信息协同共享机制,使全国各地政府部门、地方金融监管部门、各种金融机构和企业等都融入其中,并利用全国信息资源共享平台适时更新各类金融信息,以增进不同参与主体的沟通,进而进一步健全金融信息协同共享机制,降低信息不对称带来的潜在金融风险。

8.2.3 防范财政风险与金融风险联动

加强对地方政府债务管理和防范金融体系风险,是分别从财政视角和金融视角通过政策措施的实施、相关制度的改革以及监管机制的加强在各自的领域内规避地方政府债务风险和金融风险的发生、累积以及扩散。财政与金融作为社会资源配置的两大主要部门,在社会经济发展中具有千丝万缕的联系,不可避免地产生相互的影响,财政风险和金融风险必然发生联动、相互转化,甚至成倍累积爆发更加严重的经济金融危机。因此,我们从地方政府角度研究债务风险或者从金融角度研究金融风险,都不能全面的衡量风险来源和探究其中复杂的风险影响机制和路径。

为了防止财务风险和金融风险的相互传染、发生联动，首先，需要避免财政和金融职能的缺位和越位。政府部门人员应积极致力于促进地区性的基础配套设施项目建设，城市化进程发展、医疗、教育、环保等公共职能的实现，从而做到不缺位；而像市场定价、国有企业经营性亏损超额补贴、过多的行政干预都是财政越位的表现，不能实现市场职能的充分发挥，要避免政府对经济活动的直接干预，减少对私人部门的挤出，将资源配置的主动权留给市场，使社会融资更多的流向企业和个人部门。金融部门要加强普惠金融服务，提高金融资源的配置效率，并且通过科技金融手段获取更加全面的金融信息，为财政政策提供协助。其次，在界定财政政策和货币政策边界的基础上加强政策合力。中国人民大学原副校长吴晓求教授曾指出，"我国宏观经济的主要职能，要保持长期协调发挥，财政和与金融政策是必须协调的。"现阶段我国经济发展中需要将质量和效益放在经济规模和经济增速之前，财政和金融的协同合力点在供给侧结构性改革，重视改革的措施和方向。充分发挥财政政策和金融政策逆周期调控经济波动中发挥的作用，调整经济体系杠杆率并加快经济结构转型，防范一刀切带来的流动性风险和债务通缩风险。

8.3 研究展望

我国正处于金融体制改革的重要阶段，地方政府债务问题不断呈现新特点，我国政府对地方政府债务管理的新举措也在逐步优化，鉴于经济金融形势的复杂性和本人研究水平的局限性，本文仍然存在一些不足之处，需要在未来的研究中进一步探讨与完善。

首先，影响机制分析方面。本文分析了地方政府债务对金融风险影响的宏观传导机制和微观传导机制，但是仍然有一些影响路径和渠道没有通过实证方法进行检验，比如目前地方政府债券作为地方政府融资的主要模式，它的发行与流通对我国债券市场以及金融体系的影响还要进行深入探讨。

其次，地方政府债务和金融风险等衡量指标的选择方面。由于目前我国有关部门公布的地方政府债务详细数据有限，文中对省级地方政府债务规模的衡量采用了估算的方法，可能与各省地方政府债务实际规模存在差距，也未涉及到省级以下政府债务的数据。金融风险指标体系的建立尽可能选择了多维衡量指标，但仍不免存在偏薄与疏漏。另外，地方政府隐性债务是我国财政金融风险防范的重点，由于数据的不透明和不可获得性未能在文中作为重点研究对象，在未来的研究中将努力作为拓展性研究。

再次，实证方法的选择。笔者对实证分析方法的掌握与运用还不够精准，今后在研究中需要进一步学习，选择更加符合研究内容和研究目的的方法和手段，更加深入地对地方政府债务与金融风险之间的关系与影响进行研究，得出有助于防范财政与金融风险的结论与建议。

参考文献

引文文献

[1] 弗兰克·奈特.风险、不确定性和利润[M].北京：商务印书馆出版社，2010年：1-15

[2] 刘尚希.金融风险：宏观与微观的界定[N].中国财经报，2006年6月20日

[3] 亚当·斯密.国富论[M].北京：商务印书馆出版社，2013年：51-78

[4] 大卫·李嘉图.政治经济学及赋税原理[M].北京：商务印书馆出版社，2013年：29-45

[5] 凯恩斯.就业利息和货币通论[M].北京：商务印书馆出版社，2019年：12-66

[6] 李永刚.中国地方政府债务负担及化解对策[J].上海财经大学学报，2011年第2期：77-83

[7] 龚强，王俊和贾坤.财政分权视角下的地方政府债务研究：一个综述[J].经济研究，2011年第7期：144-156

[8] 邱栎桦，伏润民.财政分权、政府竞争与地方政府债务——基于中国西部D省的县级面板数据分析[J].财贸研究，2015年第3期：97-102

[9] 邱栎桦，伏润民，李帆.经济增长视角下的政府债务适度规模研究——基于中国西部D省的县级面板数据分析[J].南开经济研究，2015年第1期：13-31

[10] 杨十二，李尚蒲.地方政府债务的决定：一个制度解释框架[J].经济体制改革，2013年第2期：15-19

[11] 杨志勇.省直管县财政体制改革研究——从财政的省直管县到重建政府间财政关系[J].财贸经济，2009年第11期：36-41+136

[12] QianYand Roland G.Federalism and the Soft Budget Constraint[J].American Economic Review,1998(5):1143-1162

[13] 缪小林，伏润民.地方政府债务风险的内涵与生成：一个文献综述及权责时空分离下的思考[J].经济学家，2013年第8期：90-101

[14] 罗党论，佘国满.地方官员变更与地方债发行[J].经济研究，2015年第6期：131-146

[15] 周黎安.晋升博弈中政府官员的激励与合作——兼论我国地方保护主义和

重复建设问题长期存在的原因[J].经济研究,2004年第6期:33-40

[16] 杨大楷,汪若君,夏有为.基于竞争视角的地方政府债务研究述评[J].审计与经济研究,2014年第1期:86-94

[17] 陈菁,李建发.财政分权、晋升激励与地方政府债务融资行为——基于城投债视角的省级面板经验证据[J].会计研究,2015年第1期:61-67+97

[18] 科尔奈.短缺经济学[M].北京:经济科学出版社,1986年:15-64

[19] Torsten Persson and Guido Tabellini.Federal Fiscal Constitutions:Risk Sharing and Moral Hazard[J].Econometric,1996(3):623-646

[20] Timothy J. Goodspeed.Bailouts in a Federation[J].International Tax and Public Finance,2002(4):409-421

[21] David E.Wildasin.The Institutions of Federalism:Toward an Analytical Framework [J].National Tax Journal,2004(2):247-272

[22] 吴洵,俞乔.地方政府债务风险溢价研究[J].财政研究,2017年第1期:89-102+113

[23] 周学东,李文森,刘念,周源,姜子叶,彭恒文,陈冀,唐晓婕.地方债务管理与融资规范研究[J].金融研究,2014年第10期:34-49

[24] 郭平,江姗姗.财政分权视角下预算软约束对地方政府债务规模的影响[J].河北大学学报(哲学社会科学版),2017年第5期:76-85

[25] 梅建明,谢霞飞,王志伟.关于地方政府融资适度规模的探讨[J].财政研究,2015年第9期:85-91

[26] Dafflon Bernard and Toth Krisztina.Fiscal federalism in Switzerland:relevant issues for transition economies in central and eastern Europe[B],2005

[27] Michael A.Ellis and D. Eric Schansberg.The Determinants of State Government Debt Financing [J].Public Finance Review,1999(6):571-587

[28] Stein E.Fiscal Decentralization and Government Size in Latin America[J].Journal of Applied Economics,1999,2(2):357-391

[29] Fujiki H,Uchida H.Inflation target and debt management of local government bonds[J].Japan and the World Economy,2011,23(3):178-189

[30] 徐占东,王雪标.基于跳跃扩散过程的地方政府债务规模测度[J].统计与决策,2017年第1期:149-152

[31] 刘锡良，李秋婵.金融发展水平对地方政府债务适度规模的影响研究[J].经济问题，2015年第5期：53-58

[32] 夏诗园.中国金融市场发展对地方政府债务适度规模的影响研究——基于省级面板数据门槛模型的实证检验[J].宏观经济研究，2019年第5期：74-88

[33] 杨大楷，汪若君，夏有为.基于竞争视角的地方政府债务研究述评[J].审计与经济研究，2014年第1期：86-94

[34] 张英杰，赵继志，辛洪波.我国地方政府适度债务规模与偏离度问题研究[J].经济纵横，2014年第4期：73-77

[35] 伏润民，王卫昆，缪小林.我国地方政府债务风险与可持续性规模探讨[J].财贸经济，2008年第10期：82-87

[36] 杜洪林.地方政府债务最适规模的数理分析[J].扬州大学税务学院学报，2010年第8期：76-80

[37] 刁伟涛.经济增长视角下我国地方政府债务的适度规模研究——基于省际数据的分析[J].经济问题，2016年第3期：50-54

[38] Tobin J.Government Deficits and Capital Accumulation[J].Cowles Foundation Discussion Papers,1978(10):1-26

[39] Elmendorf D W and Mankiw N G.Government Debt[J].Handbook of Macroeconomics,1999(1):part c

[40] Cochrane J. H..Understanding Policy in the Great Recession:Some Unpleasant Fiscal Arithmetic[J].European Economic Review,2011(1):2-30

[41] Cerra V.and Saxena S. C..Growth Dynamics:The Myth of Economic Recovery[J].American Economic Review,2008(1):439-457

[42] Panizza U and Presbitero A F.Public debt and economic growth:Is there a causal effect?[J].Journal of Macroeconomics,2014,41(9):21-41

[43] Reinhart C.M and Rogoff K.S.Growth in a Time of Debt[J].American Economic Review,2010(2):573-578

[44] 郭庆旺，贾俊雪.地方政府间策略互动行为、财政支出竞争与地区经济增长[J].管理世界，2009年第10期：17-27+187

[45] 胡翠，许召元.对外负债与经济增长[J].经济研究，2011年第2期：19-30+58

[46] 吕健.地方债务对经济增长的影响分析——基于流动性的视角[J].中国工业经济，2015年第11期：16-31

[47] 毛捷，黄春元.地方债务、区域差异与经济增长——基于中国地级市数据的验证[J].金融研究，2018年第5期：1-19

[48] 刁伟涛.债务率、偿债压力与地方债务的经济增长效应[J].数量经济技术经济研究，2017年第3期：59-77

[49] 刘澜飚，马珊珊，郭步超.政府债务拐点、经济增长与系统性风险——资本成本视角的门限分析[J].经济学动态，2018年第5期：30-41

[50] 刘哲希，任嘉杰，陈小亮.地方政府债务对经济增长的影响——基于债务规模与债务结构的双重视角[J].改革，2020年第4期：100-115

[51] 曹光远，张曾莲.地方政府债务影响经济增长质量的空间效应与门槛效应研究[J].现代经济探讨，2020年第8期：57-68

[52] 程宇丹，龚六堂.政府债务对经济增长的影响及作用渠道[J].数量经济技术经济研究，2014年第12期：22-37+141

[53] 韩健，程宇丹.地方政府性债务影响经济增长路径的区域异质性分析[J].统计研究，2019年第3期：32-41

[54] 刘哲希，任嘉杰，陈小亮.地方政府债务对经济增长的影响——基于债务规模与债务结构的双重视角[J].改革，2020年第4期：100-115

[55] 沈沛龙，樊欢.基于可流动性资产负债表的我国政府债务风险研究[J].经济研究，2012年第2期：93-105

[56] 马海涛，吕强.我国地方政府债务风险问题研究[J].财贸经济，2004年第2期：12-17

[57] 呼显岗.地方政府债务风险的特点、成因和对策[J].财政研究，2004年第8期：42-45

[58] 缪小林，伏润民.我国地方政府性债务风险生成与测度研究——基于西部某省的经验数据[J].财贸经济，2012年第1期：17-24

[59] 刘昊，刘志彪.地方债务风险有多高?——基于现实、潜在及引致风险的分析[J].上海财经大学学报，2013年第6期：72-79

[60] Polackova H.Contingent government liabilities:a hidden risk for fiscal

stability[M].World Bank Publications,1998:1-53

[61] Richard Dobbs,Susan Lund,Jonathan Woetzel,Mina Mutafchieva.Debt and (not much)deleveraging[R/OL].Mc Kinsey Global Institute,Febrery 5st,2015

[62] 张英杰，张良贵.地方政府债务风险传导机制分析[J].新金融，2013 年第 11 期：53-58

[63] 李升，陆琛怡.地方政府债务风险的形成机理研究：基于显性债务和隐性债务的异质性分析[J].中央财经大学学报，2020 年第 7 期：3-16+47

[64] 马文扬.归因视角下的地方政府债务风险化解对策[J].湖湘论坛，2020 年第 4 期：110-120

[65] Horton Jr and Joseph J.The postwar quality of stata and local debt[J].Journal of Finance,1972,27(3):746-747

[66] Alberto A, and Tabellini G.Positive and normative theories of public debt and inflation in historical perspective[J].European Economic Review,1992,36(2-3):337-344

[67] Jun Ma.Hidden Fiscal risks in Local China[J].Australian Journal of Public Administration,2013,72(3):278-292

[68] 周浩坤.地主政府债务风险的表现形式、成因及对策[J].经济管理，2004 年第 12 期：35-37

[69] 张海星.中国地方政府债务风险分析[J].宁夏社会科学，2006 年第 2 期：62-67

[70] 赵迎春.地方政府债务风险防范研究——基于发达地区政府债务的样本分析[J].中央财经大学学报，2006 年第 10 期：6-9+43

[71] 中国工商银行投资银行部课题组，李勇，陈振锋，刘贵冰，贾崧，蔡晓婧，张曦.地方政府债务风险的衡量、分布与防范[J].金融论坛，2011 年第 1 期：14-24

[72] 甘泉，向妍.新城镇化背景下地方政府债务风险预警研究[J].统计与决策，2020 年第 3 期：55-158

[73] 赵树宽，李婷婷.应用 AHP 模糊评价法对地方政府债务风险的评价研究[J].社会科学辑刊，2014 年第 1 期：122-125

[74] 沈雨婷，金洪飞.中国地方政府债务风险预警体系研究——基于层次分析

法与熵值法分析[J].当代财经，2019 年第 6 期：34-46

[75] Black,F and Scholes,M.The pricing of options and corporate liabilities[J].Journal of Political Economy,1973,81(3):637-654

[76] 韩立岩，郑承利，罗雯，杨哲彬.中国市政债券信用风险与发债规模研究[J].金融研究，2003 年第 2 期：85-94

[77] 沈沛龙，樊欢.基于可流动性资产负债表的我国政府债务风险研究[J].经济研究，2012 年第 2 期：93-105

[78] 李腊生，耿晓媛，郑杰.我国地方政府债务风险评价[J].统计研究，2013 年第 10 期：30-39

[79] 洪源，胡争荣.偿债能力与地方政府债务违约风险——基于 KMV 修正模型的实证研究[J].财贸经济，2018 年第 5 期：21-37

[80] Coen Kruger.Valuing and Managing Risk Associated with Government Contingent Liabilities[J].World Bank,1998,6(1):13-19

[81] 世界银行和中华人民共和国财政部.地方债务管理与重组：国际经验教训[R].2016 年

[82] 顾建光.地方政府债务与风险防范对策研究[J].经济体制改革，2006 年第 1 期：10-15

[83] 吕健.政绩竞赛、经济转型与地方政府债务增长[J].中国软科学，2014 年第 8 期：17-28

[84] 徐忠.新时代背景下中国金融体系与国家治理体系现代化[J].经济研究，2018 年第 7 期：4-20

[85] Gleich H. Budget institutions and fiscal performance in central and eastern European countries[R].European Central Bank,2003

[86] 赵迎春.地方政府债务风险防范研究——基于发达地区政府债务的样本分析[J].中央财经大学学报，2006 年第 10 期：6-9+43

[87] 廖家勤，宁扬.防范地方政府债务风险的预算平衡机制创新研究[J].当代财经，2014 年第 9 期：28-35

[88] 洪源、秦玉奇、王群群.地方政府债务规模绩效评估、影响机制及优化治理研究[J].中国软科学，2015 年第 11 期：161-175

[89] Cebotari A.Contingent Liabilities:Issues and Practice[J].Social ScienceElectronic Publishing,2008,8(245):1-60

[90] 刘海申.我国地方政府隐性债务风险状况及化解建议[J].地方财政研究，2020年第1期：20-23

[91] 梁朋.防范和化解地方政府性债务风险[J].中国党政干部论坛，2018年第5期：31-33

[92] 崔瑜.地方隐性债务风险与治理[J].中国金融，2018年第10期：84-86

[93] 郑洁，昝志涛.地方政府隐性债务风险传导路径及对策研究[J].宏观经济研究，2019年第9期：58-66

[94] 殷明.地方政府隐性债务风险防范探析——基于信息披露与全口径预算监督[J].财会通讯，2019年第35期：106-109

[95] 邢俊英.改革政府会计制度防范财政负债风险[J].中央财经大学学报，2004第4期：60-72

[96] 王涛，高珂.我国地方政府隐性债务风险与化解对策研究[J].西南金融，2019年第11期：3-12

[97] 封北麟.地方政府投融资平台与地方政府债务研究[J].中国财政，2009年第18期：43-45

[98] 刘海申.我国地方政府隐性债务风险状况及化解建议[J].地方财政研究，2020年第1期：20-23

[99] 马进，殷强.地方发债与地方政府隐性债务问题研究[J].广西社会科学，2010年第5期：28-31

[100] 封北麟.隐性债务的应对之策[J].中国金融，2018年第8期：57-58

[101] 张庆君，闵晓莹.制度变迁、规模结构与地方政府债务风险化解[J].江汉论坛，2020年第1期：24-30

[102] 黄国桥，徐永胜.地方政府性债务风险的传导机制与生成机理分析[J].财政研究，2011年第9期：2-5

[103] 罗潇.地方财政风险的金融化扩散：机制梳理、传导路径和改革建议[D].中央财经大学，2018年：45-66

[104] 杨艳，刘慧婷.从地方政府融资平台看财政风险向金融风险的转化[J].经济学家，2013年第4期：82-87

[105] 刘忠，汪仁洁.当前地方政府债务所蕴藏的金融风险及其防范[J].云南社会科学，2014 年第 2 期：80-84

[106] 李广析.地方政府金融资源竞争中的金融风险探讨[J].时代金融，2016 年第 23 期：29-31+33

[107] 陈灿祁.规范政府融资行为,防范系统性金融风险[N].中国社会科学报，2018 年 11 月 8 日

[108] Bonis R D and Stacchini M.Does government debt affect bank credit?[J].International Finance,2013,16 (3):289-310

[109] 伏润民，缪小林，高跃光.地方政府债务风险对金融系统的空间外溢效应[J].财贸经济，2017 年第 9 期：31-47

[110] 毛锐，刘楠楠，刘蓉.地方政府债务扩张与系统性金融风险的触发机制[J].中国工业经济，2018 年第 4 期：19-38

[111] 郑洁，昝志涛.地方政府隐性债务风险传导路径及对策研究[J].宏观经济研究，2019 年第 9 期：58-66

[112] 徐海波.地方政府财政风险转化为金融风险的途径及对策研究[J].武汉金融,2013 年第 9 期：26-28

[113] 唐云锋，刘清杰.地方政府债务诱发金融风险的逻辑与路径[J].社会科学战线，2018 年第 3 期：65-72

[114] 马树才，华夏，韩云虹.地方政府债务影响金融风险的传导机制——基于房地产市场和商业银行视角的研究[J].金融论坛，2020 年第 4 期：70-80

[115] Fisher I.The debt-deflation theory of great depressions[J].Econometrica:Journal of the Econometric Society,1933(1):337-357

[116] HP Minsky.Inflation recession and economic policy[M].Wheatsheaf Books,1982:23-55

[117] J.A.Kregel.Margins of Safety and Weight of the Argument in Generating Financial Fragility[J].Journal of Economic Issues,1997,31(2):543-548

[118] Diamond D W and Dybvig P H.Bank runs,deposit insurance,and liquidity[J].Journal of political economy,1983,91(3):401-419

[119] Charles J.Jacklin and Sudipto Bhattacharya.Distinguishing Panics and Information-based Bank Runs:Welfare and Policy Implications[J].Journal of Political

Economy.1988,96(3):568-592

[120] Krugman P.What Happened to Asia?[R].MIMEO,MIT,1998(1)

[121] Akerlof G A.The market for"lemons":Quality uncertainty and the market mechanism[M].Uncertainty in Economics Academic Press,1978:235-251

[122] 王凤京.我国金融脆弱性现状及发展势态与应对策略[J].统计与决策，2007年第7期：102-104

[123] Kapur B K.Alternative Stabilization Policies for Less-developed Economies[J].Journal of Political Economy.1976,84(4):777-796

[124] Mathieson A C,Shipman J W,O'shea J R,et al.Seasonal growth and reproduction of estuarine fucoid algae in New England[J].Journal of Experimental Marine Biology and Ecology,1976,25(3):273-284

[125] Galbis V.Financial intermediation and economic growth in less-developed countries:A theoretical approach[J].Money & Monetary Policy in Less Developed Countries,1980,13(2):71-84

[126] Pagano M.Financial markets and growth:an overview[J].European economic review,1993,37(2-3):613-622

[127] Kornai J.Economics of shortage[M].North-Holland,1980:1-631

[128] Qian Y,Roland G.Federalism and the soft budget constraint[J].American economic review,1998:1143-1162

[129] Boadway R W and Tremblay J.A theory of vertical fiscal imbalance [J].Working Papers,2006,62(1):1-27

[130] 陈凡，王海成.财政分权框架下的地方政府债务问题研究[J].理论导刊，2013年第3期：83-85

[131] 李尚蒲，郑仲晖，罗必良.资源基础、预算软约束与地方政府债务[J].当代财经，2015年第10期：28-38

[132] 张曾莲，江帆.财政分权、晋升激励与预算软约束——基于政府过度负债省级政府数据的实证分析[J].山西财经大学学报，2017年第6期：15-25

[133] Musgrave R A.The Theory of Public Finance:A Study in Public Economy[M].New York:McGraw-Hill Press,1959:43-50

[134] Buchanan J M.The Demand and Supply of Public Goods[M].Chicago:Rand McNally,1968:161-179

[135] Pickhardt M.Abstract of Fifty years after Samuelson's.The Pure Theory of Public Expenditure[C].52nd International Atlantic Economic Conference.USA: Philadelphia,2001

[136] W Ver Eecke.Public goods:An ideal concept[J].Journal of socio-economics,1999,28(2):139-156

[137] 李建强,朱军,张淑翠.政府债务何去何从：中国财政整顿的逻辑与出路[J].管理世界,2020年第7期：41-55

[138] 张晓斌.地方政府债券置换对银行信贷及货币供给的影响[J].财经理论与实践,2016年第6期：22-27

[139] James M.Buchanan.Barro on the Ricardian Equivalence Theorem[J].Journal of Political Economy.1976(2):337-342

[140] 张雪莹,焦健,宫红琳.政府债务对货币政策利率规则的约束效应研究[J].国际金融研究,2016年第10期：28-36

[141] 周月秋.关于"货币漏出"与货币政策的思考[J].金融论坛,2016年第1期：3-15

[142] 张晓斌.地方政府债券置换对银行信贷及货币供给的影响[J].财经理论与实践,2016年第6期：22-27

[143] 梁海胜,陈倩,廖婷婷,杨琪.地方政府债务置换如何影响银行的货币创造？——基于141家商业银行的实证分析[J].区域金融研究,2020年第4期：42-49

[144] 任伯松.货币供给、房地产泡沫对金融风险影响的实证研究[D].辽宁大学,2019年

[145] 张平,张丽恒,刘灿.我国省级地方政府债务风险影子银行化的成因、途径及其控制[J].理论探讨,2016年第6期：73-78

[146] 李文喆.中国影子银行的经济学分析：定义、构成和规模测算[J].金融研究,2019年第3期：53-73

[147] 李程,贺凯然.影子银行与地方政府债务杠杆率结构性风险的关系研究[J].数量经济研究,2021年第1期：73-91

[148] 张宏安.新中国地方政府债务史考[J].财政研究,2011年第10期：7-10

[149] 樊丽明、黄春蕾、李齐云.中国地方政府债务管理研究[M].北京：经济科学出版社，2006年：35-99

[150] 毛捷，徐军伟.中国地方政府债务问题研究的现实基础——制度变迁、统计方法与重要事实[J].财政研究，2019年第1期：3-23

[151] 万立明.地方经济建设公债发行初探（1959—1961）[J].中共党史研究，2017年第4期：54-61

[152] 刘飞扬，付志宇.中国地方政府债务发展的历史变迁与现实启示[J].江苏科技大学学报（社会科学版），2019年第2期：74-81

[153] 洪小东."财""政""法"：地方政府债务治理的三维架构——基于新中国成立七十年地方债务史的考察[J].当代经济管理，2019年第9期：75-82

[154] 亚诺什·科尔奈.短缺经济学[M].北京：经济科学出版社，1986年

[155] 张曼曼.我国地方政府债务的规模、结构及分布状态分析[J].长江大学学报（自科版），2018年第18期：69-74

[156] Gray D,Z.Bodie,R.Merton.Contingent Claims Approach to Measuring and Managing Sovereign Credit Risk[J].Social Science Electronic Publishing,2007,5(4):1

[157] Gray D,R.Merton,Z.Bodie.New Framework for Measuring and Managing Macrofinancial Risk and Financial Stability[J].NBER Working Papers,2007 (15):125-157

[158] Gray D.Modeling Banking,Sovereign, and Macro Risk in a CCA Global VAR[J].IMF Working Papers,2013,13(218):1

[159] 陈守东，李卓，林思涵.地方政府债务风险对区域性金融风险的空间溢出效应[J].西安交通大学学报（社会科学版），2020年第6期：39-50

[160] 张忆东，李彦霖.地方债务清查及"排雷"风险[R].兴业证券A股策略报告，2013年

[161] 吕健.政绩竞赛、经济转型与地方政府债务增长[J].中国软科学，2014年第8期：17-28

[162] 肖鹏，樊蓉.债务控制视角下的地方财政透明度研究——基于2009—2015年30个省级政府的实证分析[J].财政研究，2019年第7期：60-70

[163] 杨灿明，鲁元平.我国地方债数据存在的问题、测算方法与政策建议[J].财政研究，2015年第3期：50-57

[164] 樊纲，王小鲁，张立文，朱恒鹏.中国各地区市场化相对进程报告[J].经济研究，2003 年第 3 期：9-18+89

[165] 王小鲁，樊纲，胡李鹏.中国分省份市场化指数报告（2018）[M].北京：社会科学文献出版社，2019 年：60-211

[166] 温忠麟，叶宝娟.中介效应分析：方法和模型发展[J].心理科学进展，2014 年第 5 期：731-745

[167] 陈雨露，马勇，徐律.老龄化、金融杠杆与系统性风险[J].国际金融研究，2014 年第 9 期：3-14

[168] 马勇，陈雨露.金融杠杆、杠杆波动与经济增长[J].经济研究，2017 年第 6 期：31-45

[169] 林进忠.经济新常态下我国金融杠杆与经济高质量发展研究——基于拐点与门槛效应视角[J].上海金融，2020 年第 7 期：2-11

[170] 张璟，张震，刘晓辉.宏观金融杠杆波动抑制了技术创新吗？——来自中国省际面板数据的经验证据[J].国际金融研究，2021 年第 6 期：3-12

[171] 丁文丽.转轨时期中国货币政策效力区域非对称性实证研究——基于 VAR 模型的经验分析[J].经济科学，2006 年第 6 期：22-30

[172] 陈宝东，邓晓兰.货币政策被地方政府债务绑架了吗?[J].经济管理，2019 年第 10 期：5-21

[173] 谢绚丽，沈艳，张皓星，郭峰.数字金融能促进创业吗?——来自中国的证据[J].经济学(季刊)，2018 年第 4 期：1557-1580

[174] Wooldridge J.M.Econometric Analysis of Cross Section and Panel Data[M].Cambridge:MIT Press,2010:542-621

[175] 张晓晶，孙涛.中国房地产周期与金融稳定[J].经济研究，2006 年第 1 期：23-33

[176] 马树才，华夏，韩云虹.地方政府债务影响金融风险的传导机制——基于房地产市场和商业银行视角的研究[J].金融论坛，2020 年第 4 期：70-80

[177] HOLTZ-EAKIN D,NEWEY W K,ROSEN H S.Estimating vector autoregressions with panel data[J].Econometrica,1988,56(6):1371-1395

[178] Love I,Zicchino L.Financial Development and dynamic investment

behavior:evidence from panel VAR[J].The Quarterly Review of Economics and Finance,2006,46,(2):190-210

[179] 钱崇秀，宋光辉，许林.信贷扩张、资产多元化与商业银行流动性风险[J].管理评论，2018年第12期：13-22

[180] 王连军.杠杆率约束对银行融资成本与信贷扩张的影响——基于中国银行业的实证研究[J].金融论坛，2019年第3期：48-63

[181] 刘赟，莫斌.货币政策、信贷规模与产业结构升级——基于银行竞争视角的分析[J].山西财经大学学报，2021年第8期：43-56

[182] 陈剑，张晓龙.影子银行对我国经济发展的影响——基于2000—2011年季度数据的实证分析[J].财经问题研究，2012年第8期：66-72

[183] 李向前，诸葛瑞英，黄盼盼.影子银行系统对我国货币政策和金融稳定的影响[J].经济学动态，2013年第5期：81-87

[184] 王振，曾辉.影子银行对货币政策影响的理论与实证分析[J].国际金融研究，2014年第12期：58-67

[185] 李文喆.中国影子银行的经济学分析：定义、构成和规模测算[J].金融研究，2019年第3期：53-73

[186] 李建军.未观测金融与经济运行[M].北京：中国金融出版社，2008年：35-66

[187] 封思贤，居维维，李斯嘉.中国影子银行对金融稳定性的影响[J].金融经济学研究，2014年第4期：3-12

[188] 贺俊，丁若麟，毕功兵.信贷期限结构对经济增长的影响——基于非线性和异质性的考量[J/OL].系统工程理论与实践，2021年第5期：1-14

[189] Hansen,B.Threshold effect in non-dynamic panels:estimation,testing and inference[J].Journal of Econometrics,1999(93):345-368

[190] Anselin L.Spatial Econometrics:Methods and Models[M].Springer Netherlands,1988:45-80

阅读型文献

[191] 胡援成，张文君.地方政府债务扩张与银行信贷风险[J].财经论丛，2012年第3期：59-65

[192] 吴盼文，曹协和，肖毅，李兴发，鄢斗，卢孔标，郭凯，丁攀，徐璐，

王守贞.我国政府性债务扩张对金融稳定的影响——基于隐性债务视角[J].金融研究,2013年第12期:57+59-71

[193] 贺军.基于地方政府债务扩张的商业银行信贷风险研究[D].广东财经大学,2015年:24-26

[194] 刘新平.政府干预、信贷结构和信贷风险[J].浙江学刊,2016年第6期:189-197

[195] 苟文均,袁鹰,漆鑫.债务杠杆与系统性风险传染机制——基于CCA模型的分析[J].金融研究,2016年第3期:74-91

[196] 刘尚希.中国地方债务:问题与建议[R].地方债务管理与重组:国际经验教训,2016年

[197] 田新民,夏诗园.地方政府债务风险影响研究——基于土地财政和房地产价格的视角[J].山西财经大学学报,2017年第6期:26-38

[198] 董迪.中国区域金融稳定研究[D].中南财经政法大学,2018年:80-89

[199] 张成科,张欣,高星.杠杆率结构、债务效率与金融风险[J].金融经济学研究,2018年第3期:57-67

[200] 徐忠.新时代背景下中国金融体系与国家治理体系现代化[J].经济研究,2018年第7期:4-20

[201] 钱崇秀,宋光辉,许林.超额贷款、不良率与商业银行流动性——流动性螺旋还是流动性权衡[J].财贸经济,2018年第7期:81-95

[202] 朱晨赫,杨筝,程晨.地方政府债务与企业创新——基于省级面板数据和国务院43号文件的实证研究[J].当代财经,2018年第8期:77-89

[203] 冀云阳,付文林,束磊.地区竞争、支出责任下移与地方政府债务扩张[J].金融研究,2019年第1期:128-147

[204] 沈丽,刘媛,刘华军,李文君.地方政府债务风险的空间溢出及其解释—基于关系数据的研究[J].财政研究,2019年第3期:79-92

[205] 朱军,寇方超.中国地方政府债务对全要素生产率的影响——兼谈地方政府债务扩张的动力源:来自强者还是弱者[J].河北大学学报(哲学社会科学版),2019年第6期:80-92

[206] 沈丽,张影,李文君,刘媛.我国区域金融风险的时空演化及驱动机制—

基于经济四部门视角[J].南方经济，2019年第9期：1-18

[207] 缪小林，赵一心.地方债对地区全要素生产率增长的影响——基于不同财政独立性的分组考察[J].财贸经济，2019年第12期：50-64

[208] 沈国庆.金融视角下地方政府债务问题研究[D].江西财经大学，2019年：71-79

[209] 姜鲁.地方政府债务扩张对商业银行风险影响的研究[D].山东大学，2020年：26-27

[210] 唐云锋，刘清杰.土地财政、房价上涨与地方政府债务风险——基于双向叠加视角的研究[J].财经问题研究，2020年第2期：81-89

[211] 毛捷，韩瑞雪.中国公共债务的风险在哪里？——国际比较与经验借鉴[J].国际经济评论，2020年第6期：85-103+6-7

[212] 马万里，张敏.中国地方债务缘何隐性扩张——基于隐性金融分权的视角[J].当代财经，2020年第7期：28-37

[213] 陈一琳，林炳华.科技金融效率与全要素生产率的关系研究——基于地方政府债务的门限效应[J].福建金融，2020年第11期：13-21

[214] 唐云锋，毛军.房地产与地方政府债务风险叠加机制及其金融空间溢出效应[J].社会科学战线，2020年第11期：65-73

[215] 张家源.财政预算软约束对中国地方金融风险的影响机制研究[D].对外经济贸易大学，2020年：43-55

[216] 沈丽，范文晓.地方政府债务扩张对区域金融风险的溢出效应[J].经济与管理评论，2021年第2期：51-63

[217] 冀云阳.新时代地方政府债务管理改革研究：从预算管理到绩效治理[J].经济学家，2021年第2期：62-70

[218] 张帅.影子银行、地方政府债务及金融发展动态关系研究——基于省级面板VAR模型[J].重庆大学学报(社会科学版)，2021年第3期：216-227

[219] 侯世英，宋良荣.财政-金融分权对地方政府债务扩张的影响研究[J].经济经纬，2021年第4期：141-149

[220] 王韧，刘柳巧，刘于萍.地方政府债务负担会阻碍区域经济一体化吗?——城市群视角的异质性诊断[J].财政研究，2021年第5期：70-84

[221] 张曾莲，王莹.地方政府隐性债务影响金融稳定的空间效应与门槛效应研

究[J]. 科学决策, 2021年第6期: 20-43

[222] 赵文举, 张曾莲. 地方政府债务风险会加剧区域性金融风险聚集吗[J]. 当代财经, 2021年第6期: 38-50

[223] 陈念东, 曹海涛. 分税制改革之后政府间财政体制与我国地方债务研究[J]. 福建论坛(人文社会科学版), 2021年第6期: 66-79

[224] 贺俊, 丁若麟, 毕功兵. 信贷期限结构对经济增长的影响——基于非线性和异质性的考量[J/OL]. 系统工程理论与实践, 2021年第8期: 1-14